Zur Implementation des Konzepts Bildung für nachhaltige Entwicklung

AF282273

Waxmann Verlag GmbH
Steinfurter Straße 555, 48159 Münster
info@waxmann.com

Empirische Erziehungswissenschaft

herausgegeben von

Rolf Becker, Sigrid Blömeke, Wilfried Bos,
Hartmut Ditton, Cornelia Gräsel, Eckhard Klieme,
Rainer Lehmann, Thomas Rauschenbach,
Hans-Günther Roßbach, Knut Schwippert,
Ludwig Stecher, Christian Tarnai, Rudolf Tippelt,
Rainer Watermann, Horst Weishaupt

Band 54

Waxmann 2014
Münster • New York

Magdalena Buddeberg

Zur Implementation des Konzepts Bildung für nachhaltige Entwicklung

Eine Studie an weiterführenden Schulen
in Nordrhein-Westfalen

Waxmann 2014
Münster • New York

Diese Arbeit wurde 2012 von der Fakultät Erziehungswissenschaft
und Soziologie der Technischen Universität Dortmund als Dissertation
angenommen.

Bibliografische Informationen der Deutschen Nationalbibliothek
Die Deutsche Nationalbibliothek verzeichnet diese Publikation in der
Deutschen Nationalbibliografie; detaillierte bibliografische Daten sind im
Internet über http://dnb.d-nb.de abrufbar

Empirische Erziehungswissenschaft, Band 54
ISSN 1862-2127
Print-ISBN 978-3-8309-3173-7
E-Book-ISBN 978-3-8309-8173-2

© Waxmann Verlag GmbH, 2014

www.waxmann.com
info@waxmann.com

Umschlaggestaltung: Pleßmann Design, Ascheberg

Gedruckt auf alterungsbeständigem Papier, säurefrei gemäß ISO 9706

Printed in Germany

In Gedenken an Benedikta Buddeberg

Abstract

In this study the implementation of 'Education for Sustainable Development' at secondary schools in North Rhine Westphalia in Germany is investigated by concentrating on the question, whether the respective measures undertaken are sufficient. Focusing on educational administration, local government and management in schools, it is the goal of this study to detect conducive conditions and hindrances of implementation processes. Therefore data from a quantitative survey and qualitative interviews are used in a triangulative design. The empirical findings show ways of including Education for Sustainable Development in schools. But there is still a need of disseminating Education for Sustainable Development. Even teachers who are already involved in this process would appreciate more support by means of concrete ideas and advanced training programs. Supporting exchanges with schools engaged in this field provide assistance in this area. Thus, if Education for Sustainable Development in schools is to be implemented, there is a need for more support by the educational administration. The findings indicate that such support would promote the implementation of Sustainable Development in School as there is considerable potential among teachers to bring forward this process.

Inhalt

1 Einleitung

Heranwachsende zu befähigen, ihr Leben und gesellschaftliche Prozesse aktiv so zu gestalten, dass die heutige Generation – auch aus globaler Perspektive – ihre Bedürfnisse befriedigen kann, ohne dabei auf Kosten der nachfolgenden Generationen zu leben, stellt das Ziel der ‚Bildung für nachhaltige Entwicklung' (BNE) dar. Dieses Ziel wurde 1992 im Rahmen der Agenda 21 von den Vereinten Nationen gesetzt (vgl. Konferenz der Vereinten Nationen für Umwelt und Entwicklung, 1992). Der dahinter liegende Gedanke umfasst eine Auseinandersetzung mit der weltweiten Zunahme von Umweltproblemen. Ihnen durch die Erarbeitung von Lösungs- und Präventionsstrategien zu begegnen, wird als Voraussetzung angesehen, um den Lebensstandard für zukünftige Generationen zu erhalten. Da dies nicht allein auf politischer Ebene zu bewerkstelligen ist, wird im Rahmen der Agenda 21 auf die Teilhabe jedes Individuums der Gesellschaft gesetzt. Bildung wird dabei als Möglichkeit angesehen, den Mitgliedern einer Gesellschaft diese Thematik nahe zu bringen und sie mit Kompetenzen auszustatten, die für eine entsprechende Partizipation benötigt werden.

Problemaufriss

Zwanzig Jahre nach der Einführung der Agenda 21 hat der Begriff ‚Nachhaltigkeit' starke Verbreitung gefunden und wird auf nahezu allen gesellschaftlichen Ebenen genutzt: In kaum einem politischen Dokument fehlt dieses Wort, Unternehmen werden auf Nachhaltigkeit ausgerichtet und den Verbrauchern wird der Begriff als neues Qualitätsmerkmal angepriesen. Auch im Kontext von Schule ist die Verwendung dieses Ausdrucks vermehrt zu beobachten. Es stellt sich allerdings die Frage, ob durch die Verbreitung des Wortes ‚Nachhaltigkeit' auch der dahinter stehende Gedanke der Agenda 21 mit transportiert wird. Fast könnte man meinen, Nachhaltigkeit habe sich zu einer leeren Worthülse entwickelt, welche inflationär Verwendung findet, ohne damit dem Ziel, die Gesellschaft zur Entwicklung eines nachhaltigkeitsbezogenen Bewusstseins und nachhaltigkeitsrelevanten Handelns anzuregen, tatsächlich näher gekommen zu sein.

Soll der gewünschte gesellschaftliche Wandel primär über Bildung vorangebracht werden, stellen sich die Fragen, welchen Stellenwert dieser Bildungsauftrag im Rahmen der schulischen Bildung einnimmt und inwiefern in diesem Kontext dazu beigetragen wird, das von den Vereinten Nationen gesetzte Ziel zu erreichen.

In Deutschland wurde der Bildungsauftrag für nachhaltige Entwicklung von Akteuren der Bildungsadministration aufgegriffen und als Innovation an die Schulen gerichtet. Der Einführungsprozess einer solchen Neuerung lässt sich – wie in der theoretischen Aufarbeitung der vorliegenden Arbeit gezeigt wird – in drei Bereiche gliedern: die Entwicklung eines entsprechenden Konzepts, die Implementation der Innovation und der Transfer des Konzepts an möglichst viele Schulen (vgl. Kapitel 2). Anhand von Ergebnissen aus der Innovationsforschung wird im Folgenden aufgezeigt, dass alle drei Bereiche entscheidend für eine erfolgreiche Einbindung von Innovationen im Schulsystem sind, um daran anschließend anhand der Begutachtung dieser Bereiche Hinweise darauf zu finden, welchen Stellenwert dem Bildungsauftrag für nachhaltige Entwicklung im schulischen Kontext beigemessen wird.

Das Konzept zur BNE wurde in Folge der Agenda 21 wissenschaftlich erarbeitet (vgl. Kapitel 3). Neben einer grundlegenden Wissensvermittlung ist es auf die Förderung von Kompetenzen ausgerichtet, um so dem zukunftsorientierten Bildungsauftrag gerecht werden zu können. Darüber hinaus wurden didaktische Prinzipien formuliert, die eine adäquate Vermittlung ermöglichen sollen. Befunde zur schulischen Bildung in diesem Bereich bestätigen, dass Heranwachsenden durch die Orientierung an diesem Bildungskonzept nachhaltigkeitsbezogene Inhalte und nachhaltigkeitsrelevante Kompetenzen vermittelt werden können (vgl. Kapitel 5). Die Implementation und der Transfer von BNE sind das Ziel zahlreicher bildungsadministrativer Maßnahmen. In diesem Bereich sind unter anderem die zwei bundesweit angelegten Modellversuche BLK-Programm „21" und Transfer-21 zu nennen sowie eine curriculare Einbindung in einige thematisch nahe Fächer (vgl. Kapitel 4). Aufgrund dieser Bemühungen lässt sich annehmen, dass für die Akteure in den Schulen grundsätzlich Möglichkeiten gegeben sind, den Bildungsauftrag für nachhaltige Entwicklung im schulischen Kontext umzusetzen. Es stellt sich jedoch die Frage, wie die Lehrkräfte und Schulleitungen diesen Bildungsauftrag wahrnehmen, welchen Stellenwert sie ihm beimessen und ob sie diese Innovation in Orientierung an das Bildungskonzept implementiert haben. Dadurch, dass in vielen gesellschaftlichen Bereichen der Begriff Nachhaltigkeit losgelöst von der Agenda 21 in einem inflationären Maße Verwendung findet, kann nicht davon ausgegangen werden, dass das Lehrpersonal den damit verknüpften Bildungsauftrag oder ein wissenschaftstheoretisches Bildungskonzept erkennt. Insofern ergeben sich die Fragen, ob die bisherigen bildungsadministrativen Maßnahmen zu einer Auseinandersetzung von Lehrkräften und Schulleitungen mit BNE im Sinne der Agenda 21 geführt haben und welche weiteren Maßnahmen notwendig sind, um die Implementation zu unterstützen.

Erkenntnisinteresse der Studie

Mit dieser Studie werden zwei Hauptanliegen verfolgt: Es liegen bisher wenig Befunde darüber vor, inwieweit BNE im deutschen Schulsystem verankert ist. Erst die Kenntnis über den Stand der Umsetzung des Bildungsauftrags für nachhaltige Entwicklung ermöglicht es aber, sich auf dem Weg in Richtung einer auf nachhaltige Entwicklung ausgerichteten Gesellschaft orientieren zu können. Es ist demnach von Bedeutung zu wissen, an welcher Stelle man sich derzeit befindet und in welche Richtung man geht, um herauszufinden, ob man weiterhin auf dem ursprünglich eingeschlagenen Weg ist. Dazu wird in der vorliegenden Studie den Fragen nachgegangen, inwieweit der Bildungsauftrag für nachhaltige Entwicklung an weiterführenden Schulen in Nordrhein-Westfalen verankert ist *(Forschungsfrage 1)*. Daran knüpft das zweite Anliegen der vorliegenden Studie an: aufzudecken, wie der Bildungsauftrag für nachhaltige Entwicklung – außerhalb von Modellversuchen – an weiterführenden Schulen umgesetzt werden kann *(Forschungsfrage 2)*. Hierzu wird für eine vertiefte Analyse der Fokus auf einzelne Schulen gerichtet, um konkreter darstellen zu können, wie sich BNE durch Unterrichtsthemen, Projekte, etc. umsetzen lässt und inwieweit schulische, kommunale und bildungsadministrative Akteure unterstützend dazu beitragen können. Dies ermöglicht eine Einschätzung darüber, wie viel Unterstützung benötigt wird, um auf diesem Weg weiterzukommen.

Überblick über das Forschungsvorhaben

Um empirisch fundierte Erkenntnisse über die beiden zuvor genannten Anliegen zu gewinnen, wird in der vorliegenden Studie die Umsetzung von BNE an weiterführenden Schulen in Nordrhein-Westfalen untersucht.[1] Der Fokus des For-

---

1 Die Einschränkungen auf den Bereich der Sekundarstufe und das Bundesland Nordrhein Westfalen sind folgenden Bedingungen geschuldet: Da das deutsche Schulsystem föderalistisch organisiert ist, fallen die bildungsadministrativen Vorgaben und unterstützenden Maßnahmen bei der Umsetzung des Bildungsauftrags für nachhaltige Entwicklung in den Ländern unterschiedlich aus. Um bisherige Maßnahmen von Seiten der Bildungsadministration und weiteren Förderungsbedarf eingehend beleuchten und diskutieren zu können, wurde der Fokus der Studie auf ein Bundesland gerichtet. Des Weiteren bestand für das Forschungsvorhaben die Möglichkeit einer Anbindung der Untersuchung an die Panel Study at the Research School ‚Education and Capabilities‘ in North-Rhine Westphalia (PARS) (vgl. Kapitel 7.1). Dies erleichterte die Rekrutierung der zu untersuchenden Schulen und ermöglichte

schungsvorhabens liegt auf der Befragung von Lehrkräften und Schulleitungen. Da sie die Akteure der Umsetzung von BNE an den Schulen sind, kann es als Voraussetzung für eine erfolgreiche Implementation angesehen werden, dass gerade sie sich des Bildungsauftrags für nachhaltige Entwicklung bewusst sind, die Bereitschaft für ein Engagement in diesem Bereich zeigen und das Bildungskonzept in Schule und Unterricht integrieren. Erst wenn diese Voraussetzungen als gegeben angenommen werden können, ist es sinnvoll, sich auf das Ergebnis, das heißt auf den Wissensstand und die Kompetenzen der Schülerinnen und Schüler in diesem Zusammenhang zu konzentrieren.

Um Erkenntnisse sowohl in der Breite als auch in der Tiefe zu gewinnen, wurde für die Befragung des Schulpersonals ein triangulatives Vorgehen gewählt. Die Lehrkräfte und Schulleitungen der teilnehmenden Schulen wurden anhand eines Onlinefragebogens zu ihrem Wissen und ihren Einstellungen zur BNE im schulischen Kontext sowie zur Umsetzung befragt. Anhand der dadurch gewonnenen Ergebnisse soll vorwiegend das erst genannte Forschungsanliegen bearbeitet werden, indem eine Standortbestimmung zur Implementation von BNE an weiterführenden Schulen in Nordrhein-Westfalen vorgenommen wird. Des Weiteren wurden Experteninterviews mit Lehrkräften und Schulleitungen ausgewählter Schulen durchgeführt. Die so erworbenen Erkenntnisse werden dazu genutzt, vertiefend die Möglichkeiten der Implementation des Bildungskonzepts zur nachhaltigen Entwicklung in Schule und Unterricht aufzudecken.

Aufbau der Arbeit

Die Darlegung der vorliegenden Studie ist in neun Kapitel gegliedert. Im Anschluss an die Einleitung (Kapitel 1) wird in Kapitel 2 eine Grundlage zur Reflexion des Implementationsprozesses der Innovation BNE geschaffen. Hierzu werden Annahmen zur Innovation, Implementation und zum Transfer innerhalb des schulischen Kontexts im Allgemeinen herangezogen und mit Erkenntnissen aus dem Bereich der Innovationsforschung gestützt. Eine Erörterung dieser Innovation findet in Kapitel 3 statt. Zunächst wird die Entstehungsgeschichte des Bildungsauftrags für nachhaltige Entwicklung skizziert und daran anschließend das für die Umsetzung dieses Bildungsauftrags entwickelte wissenschaftstheoretische Konzept beleuchtet. Welche Maßnahmen auf internationaler und nationa-

---

darüber hinaus, die Studie in einem größeren Umfang durchzuführen. Dadurch ergab sich jedoch eine bereits festgelegte Auswahl von weiterführenden Schulen in Nordrhein-Westfalen.

ler Ebene sowie insbesondere im Bundesland Nordrhein-Westfalen vorgenommen wurden, um den Implementations- und Transferprozess dieser Innovation im Schulsystem voranzubringen, wird in Kapitel 4 behandelt. Ein besonderer Fokus richtet sich dabei auf die Begutachtung der curricularen Verankerung von BNE. Kapitel 5 umfasst den derzeitigen Forschungsstand zur schulischen BNE, anhand dessen die Forschungsdesiderate, die Anlass für die vorliegende Untersuchung gaben, aufgezeigt werden. In diesem werden die Forschungsergebnisse aus den Bereichen der Lehr-Lern-Forschung (5.1), der Innovationsforschung (5.2), der Qualitätsforschung (5.3) sowie der Surveyforschung (5.4) in den Blick genommen, um bisherige Erkenntnisse zu den Möglichkeiten und der Umsetzung von BNE an Schulen aufzuzeigen und Forschungsdesiderate für das eigene Vorhaben zu verdeutlichen. Aus den theoretischen Überlegungen und der Auseinandersetzung mit den Forschungsergebnissen werden in Kapitel 6 für die beiden oben dargestellten Forschungsanliegen konkrete Forschungsfragen abgeleitet. Anschließend findet in Kapitel 7 eine ausführliche Beschreibung des Untersuchungsdesigns statt. Dazu wird zunächst die Einbettung der vorliegenden Untersuchung in die Studie PARS dargelegt und darauffolgend das triangulative Vorgehen anhand der Beschreibung der quantitativen und qualitativen Erhebungen dargestellt. Das Kapitel schließt mit dem methodischen Vorgehen zur Analyse der erhobenen Daten. In Kapitel 8 werden die Ergebnisse der vorliegenden Studie erläutert, wobei sich die Gliederung an den in Kapitel 6 aufgestellten Forschungsfragen orientiert. Die ersten zwei Abschnitte umfassen deskriptive Ergebnisse zum Wissen über BNE und den Stand der Implementation dieses Bildungsauftrags auf Seiten des Schulpersonals. Der dritte Abschnitt beinhaltet die Vorstellung der verschiedenen Lehrertypen, die anhand von Latent-Class-Analysen ermittelt wurden und sich in Bezug auf ihre Einstellungen zu diesem Bildungsauftrag und die Bereitschaft zu seiner Umsetzung unterscheiden. Damit wird das Ziel verfolgt, den Stand der Umsetzung von BNE im Rahmen der Schule zu präzisieren. Nachdem die Ergebnisse in einem weiteren Abschnitt durch die Sichtweisen der Schulleitungen auf die Implementation des Bildungskonzepts ergänzt wurden, ist der Abschnitt 5 der Auseinandersetzung über die Umsetzungsmöglichkeiten dieses Bildungsauftrags außerhalb von Modellversuchen gewidmet. In diesem sowie dem darauf folgenden Abschnitt, welcher die Ergebnisse zu den förderlichen und hinderlichen Bedingungen bei dem Implementationsprozess darstellt, wird vorwiegend auf die Ergebnisse der qualitativen Interviews eingegangen. In einem letzten Abschnitt werden die Erkenntnisse zum Zusammenhang von Innovationsklima und Implementation von BNE, die

in den qualitativen Analysen herausgearbeitet wurden, durch ein Strukturgleichungsmodell aus quantitativer Sicht gestützt. Abschließend findet eine Diskussion der anhand der vorliegenden Studie gewonnenen Ergebnisse statt. Dazu
werden die Ergebnisse resümierend reflektiert und im Hinblick auf bildungsadministrative Möglichkeiten zur Unterstützung der Umsetzung von BNE an den
Schulen diskutiert. Die Erörterung weiterer sich aus der vorliegenden Studie er-
gebender Forschungsdesiderate schließt die Studie ab.

2 Innovation, Implementation und Transfer

Mit Maßnahmen zur bildungspolitischen Steuerung sind im Bildungsbereich allgemein und damit auch speziell für Schulen konkrete schulische Innovationen verbunden. In Orientierung an Schaumburg, Prasse und Blömeke (2009) wird in der vorliegenden Studie Innovation als „eine neuartige (pädagogische) Idee, Methodologie, Verfahrensweise oder Technologie" (ebd., S. 596) verstanden, welche zum Ziel hat, die Schule zu verändern. Hauschildt und Salomo (2007) betonen in diesem Zusammenhang, dass die Neuerung eine deutliche Distinktion zu vorherigen Praktiken und Inhalten aufweisen muss. Offen ist dabei „die Frage, wie tiefgreifend und neuartig das Neue überhaupt sein müsse, um als Innovation gekennzeichnet werden zu dürfen" (Rürup, 2007, S. 56). So kann eine Innovation nach diesem Verständnis auch eine Kombination aus bereits bestehenden Konzepten und Inhalten umfassen, die in ihrer Gesamtheit eine Neuerung darstellt (Sherry, 2002). Insbesondere im Bereich der Schule ist es dabei notwendig, den Innovationsbegriff als ganzheitliches Konzept zu betrachten (Hunneshagen, 2005).

Als Implementation einer Innovation wird der Prozess verstanden, bei dem Innovationen für die einzelne Schule adaptiert und nachfolgend zu Standardpraktiken umgewandelt werden (Altrichter & Wiesinger, 2005). Nach Reinmann-Rotmeier und Mandl (1998) gibt sie im „Idealfall [...] neuen Ideen Impulse dafür, daß Schulen, Hochschulen und andere Bildungsinstitutionen zu lernenden Organisationen werden" (S. 308).

Für die Ausweitung der Innovation auf den gesamten eigenen Schulbereich oder auf andere Schulen wird der Begriff des Transfers einer Innovation verwendet. Nach Euler (2001) kann Transfer beschrieben werden „als die Anwendung von erprobten Problemlösungen, die in einem spezifischen institutionellen und personellen Kontext entwickelt wurden, auf Problemlagen in ähnlich strukturierten Bereichen" (S. 1).

In der vorliegenden Studie wird die Implementation der Innovation BNE an weiterführenden Schulen in Nordrhein-Westfalen untersucht. Damit wird ein Beitrag dazu geleistet aufzudecken, auf welche Art und Weise der Transfer dieser Innovation auf Schulen, die nicht an Modellversuchen beteiligt sind, möglich ist. Im Folgenden werden die relevanten Ansätze und einschlägigen empirischen Ergebnisse aus dem Bereich der Innovations- und Implementationsforschung dargestellt, um die für die vorliegende Studie durchgeführten empirischen Erhebungen theoretisch einbetten und an den Forschungsstand angliedern zu können. Dazu wird zum einen die Implementation von Innovationen als Gesamtprozess skizziert und zum anderen werden die Aspekte, die in diesem Prozess zu berücksichtigen sind, erläutert. In diesem Zusammenhang wird ein besonderer Fokus auf die beteiligten Akteure gerichtet und Schule im Sinne eines Mehrebenensystems verstanden (vgl. Fend, 2008). Der nachfolgende Überblick dient dazu, die für Implementationsprozesse förderlichen und hinderlichen Bedingungen aufzuzeigen.

2.1   Wege der Implementation von Innovationen

Maßnahmen zu Veränderungen im Schulsystem werden vielfach durch die Änderung und Erweiterung von Gesetzen, die Einführung neuer Lehrpläne oder den Erlass von Vorschriften an die Schulen herangetragen. Bei einer solchen Top-Down-Strategie werden die Ziele der Veränderung und die Inhalte und Methoden, die zur Erreichung dieser Ziele verwendet werden sollen, extern festgelegt; der Einzelschule kommt vorwiegend die Rolle einer ausführenden Kraft zu (Gräsel & Parchmann, 2004). Dabei wird oft stillschweigend angenommen, dass allein durch eine hierarchisch angelegte Anordnung – beispielsweise in Form eines Gesetzes – die Weitergabe von Informationen und ihre Umsetzung gesichert sind (Altrichter & Wiesinger, 2005; Kriegesmann, Kerka, Sieger, Striewe & Yaldizli, 2006). Dass dies in der Praxis eher selten in einer solchen einfachen Wirkungskette zutrifft, lässt sich unter anderem dadurch erklären, dass häufig die Passungsmöglichkeiten der Neuerung zu den bereits bestehenden Gegebenheiten in den Einzelschulen bei der Planung unberücksichtigt bleiben (Schramm, 2007). So stellen Gräsel und Parchmann (2004) in einem Überblick zu Erkenntnissen aus der Implementationsforschung ernüchternd fest, dass nur wenige Innovationen und Vorgaben in Schulen und in den Unterricht so übernommen wurden, wie sie konzipiert sind. Als Grund dafür sehen sie die starke Trennung von der Entwicklung von Innovationen und ihrer Umsetzbarkeit an Schulen. Oft erkennen demnach die Lehrkräfte die Relevanz in ihrem umfassenderen Kontext nicht oder es besteht eine zu große Diskrepanz zwischen alten und erwarteten neuen Praktiken.

Um Implementationsmöglichkeiten einer Innovation für Schulen zu eruieren, wird die Einführung zumeist durch Innovationsprojekte unterstützt. Dabei wird an einem kleinen Teil von Schulen die Umsetzung der Innovation modellhaft erprobt. Dadurch, dass diese Projekte von Seiten der Bildungsforschung durchgeführt, begleitet und ausgewertet und zudem von der bildungspolitischen Seite (finanziell) getragen werden, hat die Implementation in diesem Rahmen einen besonderen – sich von einer durchschnittlichen Implementation außerhalb von Modellversuchen stark unterscheidenden – Status (Kriegesmann et al., 2006). Die Erprobung dient dazu, Wege der Umsetzung aufzudecken, ihre potenziellen Schwierigkeiten zu identifizieren sowie Bewältigungsstrategien und Beispiele einer effizienten Implementation herauszuarbeiten. Für die Bedeutung der Erprobung einer Innovation stellt Sherry (2002) heraus: „Change must be effective at a local level, or it will not work at the system level, no matter how good the innovation may be" (S. 219). Neben zahlreichen Einzelprojekten sind in diesem Zusammenhang besonders die zwischen 1998 und 2008 von Bund und Ländern gemeinsam finanzierten BLK-Modellprogramme zu nennen.[2]

Die als konträr zur Top-Down-Strategie angesehene Herangehensweise, um Veränderungen in der Schule herbei zu führen, ist die Bottom-Up-Strategie. Darunter werden vor allem von Schulen bzw. Lehrkräften initiierte Innovationen gefasst, die sich aus dem Umfeld der Einzelschule ergeben:

> [...] die Schule kann sich den Umfeldproblemen nicht entziehen, wenn beispielsweise Schüler/innen lebensweltliche Probleme in die Schule importieren oder Eltern neue Anforderungen an Unterricht, Schulleben oder zeitliche Kinderbetreuung stellen. (Holtappels, 1995a, S. 329)

In diesem Sinne werden die Schulen durch eigene Herausforderungen angeregt Veränderungen vorzunehmen sowie Innovationen zu entwickeln und zu implementieren. Der Vorteil der Bottom-Up-Strategie ist, dass die Innovationen einen direkten und praxisnahen Bezug haben und in der Regel eine unmittelbare Umsetzung auf lokaler Ebene erfolgt.

Demgegenüber stellen Hall und Hord (2006) als Vorteile der Top-Down-Strategie heraus, dass durch sie klare Ziele und Prioritäten auf breiter Ebene gesetzt werden sowie eine klare Erwartung von der bildungsadministrativen Seite zur Umsetzung der Innovation vermittelt wird. Allerdings ist es von Bedeutung, dass kontinuierlich unterstützende Maßnahmen mit dieser Strategie verbunden sind und diese nicht nur während der Anfangsphase durchgeführt werden – wie es in der Praxis wiederholt der Fall ist (Altrichter & Wiesinger, 2005). Hall und

---

2 Eine Übersicht der seit 1998 von der Bund-Länder-Kommission für Bildungsplanung und Forschungsförderung (BLK) geförderten Programme und Einzelförderungen im Bildungswesen ist verfügbar unter http://www.bildungsserver.de/pdf/blk_98.pdf (Abruf vom 12.09.2013).

Hord (2006) sehen in diesem Zusammenhang zwar die Schulen als Kern für die Umsetzung von Innovationen, die aber nur durch Unterstützung zu ihrem Ziel gelangen können: „The school can and must do a lot by itself, but it also needs to move in concert with and be supported by the other components of the system" (S. 12).

Da die Top-Down-Strategie häufig allein von der bildungspolitischen Ebene ausgeht und damit isoliert von der auf Schulebene eingeleiteten Neuerungen verstanden wird – worin Hall und Hord (2006) die weitläufig kritische Einschätzung zu dieser Strategie begründen –, plädiert Capaul (2005) für eine horizontal angelegte Strategie, bei der sowohl die Regierungs- als auch die Schulebene auf derselben Stufe stehen. Damit soll verdeutlicht werden, dass eine kontinuierliche Beteiligung aller am Implementationsprozess notwendig ist, um Innovationen erfolgreich umsetzen zu können. Denn erst wenn die Beteiligten aller Ebenen in die Umsetzung einer Innovation investieren, seien die Voraussetzungen dafür geschaffen, dass diese Innovation dauerhaft im Schulsystem implementiert wird (Lauer, 2006). So kann die Effizienz von Top-Down-Strategien beispielsweise dadurch gesteigert werden, dass sie durch Bottom-Up-Elemente unterstützt werden, um so eine Einbeziehung der Handlungsebene zu gewährleisten (Capaul, 2005). Demnach wird bei dieser in aller Kürze skizzierten horizontalen Sichtweise – die besonders für die Analyse von Veränderungsprozessen als vorteilhaft erscheint – davon ausgegangen, dass sowohl auf politischer Ebene als auch auf Einzelschulebene Anlässe geschaffen werden müssen, um Innovationen anzustoßen. Beide Bereiche werden dabei nicht nur als betroffen, sondern auch als aktiv daran beteiligt angesehen. Diese horizontale Sichtweise spiegelt auch stärker den in der Praxis zu verortenden Implementationsprozess wider. Allerdings erscheinen vielfach die Prozesse zur Umsetzung von Innovationen auf breiter Ebene in der Realität kaum als gebündelter Ansatz. Insbesondere fehlt in der Regel eine strategische Berücksichtigung und Beteiligung aller Akteure (Capaul, 2005).

Ein Beispiel für eine idealtypische strategische, horizontale Umsetzung stellt der von Gräsel und Parchmann (2004) aufgezeigte symbiotische Weg dar, bei dem ein gemeinsames Erarbeiten einer zielführenden Implementationsstrategie durch Beteiligung und Kooperation von Personen aus der Forschung und der schulischen Praxis die Umsetzung ermöglichen soll. Mit Hilfe von Modellversuchen, Innovationsprojekten oder vergleichbaren Maßnahmen wird an einer kleinen Teilgruppe aller Schulen im Zielgebiet die Innovation zunächst erprobt und implementiert. Idealtypisch findet dabei eine enge Zusammenarbeit aller Akteu-

re aus Schule, Wissenschaft und Politik in der Weise statt, dass die Ziel- und
Erfolgsvorstellungen nicht im Vorhinein deterministisch von einer Seite vorgegeben werden. Vielmehr wird durch die Zusammenarbeit überprüft, wie die In-
novationsideen konkret in den Schulen und im Unterricht umgesetzt und durch
Optimierungen der anfänglichen Ideen weiterentwickelt werden können. Vor-
rangiges Ziel ist dabei eine praxisorientierte und dauerhafte Implementation der
Innovation.

Somit sollten Schulen nicht nur als Adressaten von Innovationen aufgefasst
werden, sondern Innovationen strategisch mitgestalten können. Erst durch die
Ergänzung der praxisnahen Expertise von Lehrkräften kann der Weg zur Implementation von Innovationen geebnet werden (Schaumburg et al., 2009). Darauf aufbauend werden im Weiteren theoriegeleitete Annahmen und Konzepte
zur Implementation von Innovationen in Schulen vorgestellt und im Hinblick
auf ihre Potenziale für das hier vorgestellte Forschungsprojekt und vor dem Hintergrund des aktuellen Forschungsstandes zur Implementationsforschung analysiert.

2.1.1 Der Implementationsprozess

Die Umsetzung von Innovationen ist kein singuläres Ereignis, sondern nur in –
teilweise langwierigen – Prozessen möglich. Nach Hall und Hord (2006) werden
im schulischen Kontext durchschnittlich drei bis fünf Jahre benötigt, um eine
Innovation erfolgreich zu implementieren. Entscheidend ist, dass diese Zeit-
spanne nicht nur für die flächendeckende Verbreitung gilt, sondern dass auch
jede Schule für sich diese Zeit benötigt. Das bedeutet, je weniger publik und
transparent eine Innovation gemacht wird, desto länger dauert es, sie in der Breite zu implementieren.

Begründen lässt sich der Zeitaufwand in erster Linie damit, dass Innovationen nicht deckungsgleich mit ihrer Konzipierung im schulischen Alltag umgesetzt werden können. Da jede Schule mit unterschiedlichen Ressourcen ausge-
stattet ist und individuelle Rahmenbedingungen hat, lassen sich Innovationen
nicht ohne Einpassung in einzelne Schulen implementieren, sondern bedürfen
eines Adaptionsprozesses (Capaul, 2005).

Es ist zu berücksichtigen, dass Veränderungen von Schule zentral auch
dadurch beeinflusst werden, wie es jeder einzelnen Person gelingt, die an sie
herangetragenen Neuerungen zu verarbeiten:

> Transfer- bzw. Innovationsbemühungen treffen stets auf gewachsene Strukturen,
> nicht selten auch auf 'eingeschliffene Traditionen'. Sie verlangen von einzelnen

Personengruppen ein ausgeprägteres Engagement und die Bereitschaft, eingespielte Problemlösungen in Frage zu stellen und damit den Willen zu Veränderungen.
(Euler & Sloane, 1998, S. 324)

Ein weiterer Grund für den zeitlichen Aufwand liegt darin, dass in der Prozess-
planung nicht alle Eventualitäten bekannt sind und eingerechnet werden können.
Denn der Neuigkeitsgrad einer Innovation, die meist zugrunde liegende Komplexität sowie die Schule als lebendiges System erlauben es nicht, genaue Ent-
wicklungsverläufe vorzuzeichnen (Schramm, 2007). Berücksichtigt werden
muss „die Komplexität eines zeitintensiven Veränderungsprozesses, in dem individuelle Einstellungen und Kompetenzen entwickelt, eingeübt und modifiziert
werden müssen und in der sozialen Interaktion mit anderen angepasst und verbreitet werden" (Schaumburg et al., 2009, S. 597).

Der Implementationsprozess umfasst in der Regel nicht nur einen einzigen
Prozess, sondern Prozesse der Veränderungen müssen auf unterschiedlichen
Ebenen und in verschiedenen Bereichen vorgenommen werden, um eine Innovation erfolgreich zu verankern (Capaul, 2005). Dazu sind mithin viele verschiedene Aspekte zu berücksichtigen. Schaumburg et al. (2009) bündeln diese in
vier Bereiche, die für die Implementation von Innovationen von Bedeutung sind:
Dazu zählen die Merkmale einer Innovation selbst, z.B. die Klarheit von Zielen
und die Komplexität, die Schule mit ihren Strukturen und Akteuren, die durch
ihre Einstellungen, Kompetenzen, etc. Einfluss auf die Umsetzung von Innovationen nehmen und der bildungspolitische Kontext der Schulen wie politische
Prioritäten und die Unterstützung von Seiten der Politik. Diese Bereiche werden
im Folgenden erläutert.

2.1.2 Förderliche Merkmale eines Innovationskonzepts

Nach Fullan (2007) lässt sich ein Innovationskonzept durch vier Merkmale charakterisieren, deren Ausprägungen Auswirkung auf die Akzeptanz und die damit
einhergehende Bereitschaft zur Umsetzung einer Innovation haben: Klarheit,
Notwendigkeit, Komplexität sowie die Qualität verbunden mit der Durchführ-
barkeit des Konzepts. Diese vier Aspekte sollen im Folgenden näher erläutert
werden.

Rait (1995) stellt heraus, dass eine Wahrnehmung und Einschätzung immer
auf Grundlage eigener Erfahrungen geschieht, das heißt Personen tendieren zu
selektiven Einschätzungen, die sich als mit den eigenen Denk- und Handlungs-
mustern konform erweisen. Die Aspekte, welche die Neuerung umfassen, müssen demnach deutlich herausgestellt werden, damit die Lehrkräfte wirksam dazu

angeregt werden, eigene Einstellungen und Handlungsweisen zu überdenken. Gleichzeitig sollten die Änderungen nur einen gewissen Grad annehmen, so dass den Lehrkräften nicht das Gefühl einer Ablehnung ihrer bisherigen Arbeit vermittelt wird. Neuerungen, die mit Innovationen einhergehen, sollten zwischen einer tatsächlichen Neuheit und einem zu starken Eingriff austariert werden (Haenisch, 1994). Können Lehrkräfte die Novität erkennen und an bereits eingespielte Handlungsweisen anknüpfen, so besteht eine hohe Wahrscheinlichkeit, dass die Innovation sowohl angenommen als auch umgesetzt wird (Schramm, 2007).

Für die Annahme einer Innovation genügt es allerdings nicht allein, dass die Prämissen der Novität bei der Konzipierung berücksichtigt werden. Ihre Umsetzung muss darüber hinaus einen Mehrwert für Schule, Lehrkräfte oder Schülerinnen und Schüler bedeuten. Erst wenn der Mehrwert einer Innovation im Entscheidungsprozess vermittelt werden kann, wächst die Bereitschaft im Kollegium, die Neuerung umzusetzen. Fishman und Krajcik (2003) beschreiben eine gewinnbringende Innovation wie folgt:

> If an innovation is "usable", this means three things: (1) that the innovation is adaptable to the organization's context, (2) that the organization is able to enact the innovation successfully, and (3) that the organization is able to sustain the innovation. (S. 565)

Eine weitere, aus dem bereits Beschriebenen hervorgehende Prämisse betrifft die Komplexität der Innovation: Ist der Grad der Komplexität zu hoch gewählt, so wird auf diese Weise die Ersichtlichkeit der Novität und der Effizienz erschwert (Jäger, 2004; Schaumburg et al., 2009). Darüber hinaus erweist sich die Komplexität einer Innovation als Maßstab für den Aufwand ihrer Implementation. Daher ist es von Bedeutung, die zusätzliche Belastung der Akteure zu berücksichtigen und ihnen mögliche Erleichterungen aufzuzeigen (Haenisch, 1994). Jäger (2004) formuliert in diesem Zusammenhang den Begriff einer „Kosten-Nutzen-Abwägung, die auf dem Hintergrund des persönlichen Wertesystems und der Abschätzung der individuellen Ressourcen" (S. 120) erfolgt. Ein weiterer Vorteil für die Akzeptanz einer Innovation besteht, wenn die Möglichkeit gegeben ist, sie inkrementell, das heißt schrittweise, zu implementieren. Gleichzeitig ist es vorteilhaft, wenn sich dabei zeitnah positive Effekte einstellen (Rogers, 2003). Werden diese Aspekte bei der Konzipierung und Vermittlung der Innovation berücksichtigt, erleichtert dies den Prozess der Auseinandersetzung der Lehrkräfte mit der Innovation.

2.1.3 Lehrkräfte und Innovationen

Einen Schwerpunkt der Implementationsforschung liegt auf der Auseinandersetzung mit der konkreten Umsetzung von Innovationen durch Lehrkräfte. Ihnen wird eine essenzielle Rolle bei der Implementation von Innovationen in der Schule beigemessen (vgl. z.B. Hall & Hord, 2006). Denn die Rolle von Lehrkräften im Implementationsprozess einer Innovation ist nicht lediglich die eines Konsumenten, sondern die eines Akteurs, der auf Grundlage der Konstellationen der eigenen Schule die Neuerungskonzepte adaptiert (Holtappels, 1995a). Infolgedessen steht und fällt eine Implementation mit dem Engagement der Lehrkräfte. Allein die zu marginale Berücksichtigung dieses personellen Aspekts führt – so Capaul (2005) – in vielen Fällen zum Ausbleiben des Erfolgs. Daher müssen Fragen, wie und aus welchen Gründen Lehrkräfte Innovationen annehmen oder ablehnen und welche Einflussfaktoren sich auf ihr Verhalten und ihre Unterstützung auswirken, beantwortet werden, um Erkenntnisse für optimierte Implementationsstrategien zu erzielen. Dabei ist ein zentraler Aspekt, dass die Implementation nicht nur für die Schule, sondern auch für die Lehrkräfte eine Veränderung mit sich bringt, indem sie Denk- und Verhaltenmuster reflektieren und ggf. anpassen oder gar überwinden (van den Akker, 1992). Ihr Lernen prägt wiederum das Lernen der Organisation (vgl. Senge, 1990).

Zu Beginn des Auseinandersetzungsprozesses mit einer schulischen Neuerung erweist sich die erste Reaktion von Lehrkräften auf Innovationen in vielen Fällen als selbstbezogen, das heißt auf die antizipierte eigene, zusätzliche Belastung ausgerichtet (Gräsel, 2010). Ein Grund hierfür ist, dass an Schulen und damit an Lehrkräfte viele unterschiedliche Erwartungen herangetragen werden, die nicht alle mit der oftmals von außen geforderten Priorität umgesetzt werden können. Der dadurch entstehende Druck kann zu einer grundsätzlichen Abnahme der Innovationsbereitschaft führen, so dass der Schwellenwert für eine Auseinandersetzung mit und die Annahme einer Innovation steigt (Ebner, 2005; Rait, 1995). Die Gewinnung der Zustimmung zu einer Innovation stellt nach van den Akker (1992) einen zeitaufwendigen Prozess dar, in dem die Lehrkräfte ihre Einstellung zur Innovation entwickeln und Modifikationen ihrer bisherigen

Sichtweisen zulassen.[3] Erst wenn die Lehrkräfte bereit sind, ihre Einstellung und ihr Handeln zu revidieren oder zumindest zu reflektieren, kann sich auch die Einzelschule verändern. So fasst Sherry (2002) zusammen: „How the innovation is perceived by the individual will strongly influence the outcome" (S. 214).

Die Entwicklung der Einstellung zu einer Innovation fußt wiederum auf unterschiedlichen Bedingungen, die – wie zuvor erläutert – unter anderem die Merkmale der Innovation inkludieren. So stellt Schramm (2007) bei ihrer Forschung zum Umgang mit einem im Zuge der Einführung des achtjährigen Gymnasiums (G8) in Bayern erstellten neuen Lehrplans folgende, aus Sichtweise einzelner Lehrkräfte, förderliche Aspekte in Bezug auf Innovationen heraus: Innovationen werden dann von Lehrkräften angenommen, wenn sie als sinnvoll erachtet werden, nicht als eine vorübergehende Erscheinung wirken und durch einen strukturellen Rahmen unterstützt werden. Daher ist die inhaltliche Transparenz der Innovation von großer Bedeutung, infolge derer die Lehrkräfte ihre Einschätzung vornehmen können (Jäger, 2004). Eine weitere Facette entdeckten Abrami, Poulson und Chambers (2004) bei ihrer Untersuchung zur Implementation kooperativen Lernens: Nicht allein die beigemessene Relevanz einer Innovation ist ein wichtiger Aspekt für die Lehrkräfte bei der Befürwortung oder Ablehnung einer Innovation, sondern auch die mit der Innovation verbundene Erfolgserwartung: Erst wenn Lehrkräfte davon überzeugt sind, dass eine Innovation erfolgreich im Kontext der eigenen Schule mit ihren Gegebenheiten umgesetzt werden kann, sind sie bereit, Veränderungen zu wagen. So stellen Ghaith und Yaghi (1997) in einer Befragung von Lehrkräften einen signifikanten Zusammenhang zwischen der Selbstwirksamkeitsüberzeugung des eigenen beruflichen Handelns und der Innovationsbereitschaft fest. Die Berufserfahrung steht dagegen eher in einem negativen Zusammenhang zur Innovationsbereitschaft. Als Begründung dafür vermuten Ghaith und Yaghi (1997), dass mit zunehmender Expertise die Begeisterung für affektive Beteiligung an Innovationen sinkt. Doch nicht nur die eigene Selbstwirksamkeitsüberzeugung ist relevant für die Auseinandersetzung mit einer Innovation. Auch die antizipierte Unterstützung

---

3 Hall und Hord (2006) gehen hinsichtlich des Auseinandersetzungsprozesses von Lehrkräften auf der Individualebene von verschiedenen Stufen aus, die schrittweise zur Akzeptanz der Innovation führen. Mit ihrem siebenstufigen Modell lassen sich die Einstellungen der Lehrkräfte erfassen. Allerdings zeigt sich empirisch, dass die Stufen nicht nach der theoretisch angenommenen Reihenfolge verlaufen müssen (Bitan-Friedlander, Dreyfus & Milgrom, 2004; Gräsel, 2010).

im Kollegium und wahrgenommene Wirksamkeit des gemeinsamen Handelns beeinflussen die Entscheidung für eine Innovation (Cantrell & Callaway, 2008; Geijsel, Sleegers, Leithwood & Jantzi, 2003).

Weiterhin wirkt die Einstellung gegenüber der zu implementierenden Innovation auf die Motivation der Lehrkräfte, sich für die Umsetzung einzusetzen. Dabei ist Motivation ein essentieller Faktor für das Gelingen von Implementationen (vgl. Jäger, 2004; Schellenbach-Zell & Gräsel, 2010). In diesem Zusammenhang stellt Schellenbach-Zell (2009) heraus, dass es nicht genügt, die Lehrkräfte einmalig von Innovationen zu überzeugen. Vielmehr muss die Motivation, sich an der Umsetzung eines neuen Konzepts zu beteiligen, während des Prozesses kontinuierlich aufrechterhalten werden. Unterstützend kann in diesem Zusammenhang die Hervorhebung der Bedeutung der Innovation dienen, denn das Relevanzempfinden einer Innovation wirkt sich positiv auf die Motivation aus, wie Schellenbach-Zell (2009) in ihrer Untersuchung der Motivation von Lehrkräften in Schulinnovationsprojekten festgestellt hat. Ein weiteres Kriterium stellt das Autonomieempfinden der Lehrkräfte dar: Bei einem weitgesteckten Handlungsspielraum sind Lehrkräfte motivierter, sich auch dauerhaft für eine Innovation bzw. ein Projekt zu engagieren (Schellenbach-Zell, 2009).

Wie die hier genannte Studie und weitere belegen (vgl. auch Gräsel & Parchmann, 2004), haben die Wahrnehmung, Einstellung und Motivation der Lehrkräfte gegenüber Innovationen eine große Bedeutung für das Gelingen. Gleichwohl ist dafür entscheidend, dass das Innovationskonzept von Beginn an explizit kommuniziert wird und Gelegenheiten für die Auseinandersetzung mit der Innovation und ihren Inhalten geschaffen werden. Von diesen Erkenntnissen ausgehend wird im nächsten Abschnitt anhand der Diffusionstheorie nach Rogers (2003) näher beleuchtet, welche Rolle Kommunikation bei der Verbreitung einer Innovation in einem sozialen System zukommt.

2.1.4 Diffusion von Innovationen

Rogers (2003) hat sich seit den sechziger Jahren des vergangenen Jahrhunderts in seiner Theorie zur Diffusion mit der Verbreitung von Innovationen auseinandergesetzt. „Als Diffusion wird dabei der Prozess bezeichnet, durch den eine Innovation innerhalb eines sozialen Systems mittels bestimmter Kommunikationskanäle verbreitet wird" (Jäger, 2004, S. 86 f.). Kommunikation wird infolgedessen als entscheidender Faktor bei der Verbreitung von Innovationen angesehen: Je mehr über die Innovation kommuniziert wird, desto stärker werden die Personen dazu angeregt, sich damit auseinanderzusetzen.

Die Verbreitung einer Innovation lässt sich nach Rogers (2003) anhand einer s-förmigen Kurve darstellen (vgl. Abbildung 2.01). In der Anfangsphase ist ein schwacher Anstieg zu verzeichnen: In dieser ersten Phase beschäftigt sich nur eine geringe Anzahl von Personen mit der Innovation und ihre Anzahl steigt kaum oder nur allmählich.

Abbildung 2.01: Idealtypischer Verlauf der Verbreitung einer Innovation

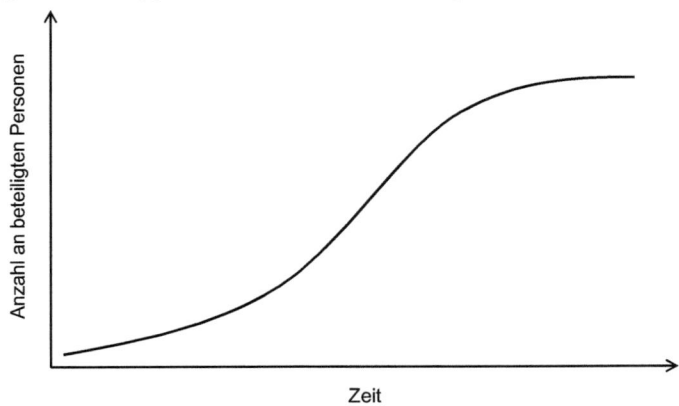

Quelle: In Anlehnung an Rogers, 2003, Figure 7-1

Wird die Innovation angenommen, so kommt es zu einem deutlichen, grafisch als besonders steil abgebildeten Anstieg an beteiligten Personen, die sich mit der Innovation auseinandersetzen. Ist die Mehrheit der Personen involviert, so findet eine Sättigung der Kurve statt, in der nur eine Minderheit verspätet hinzukommt oder aber die Innovation vollständig ablehnt (vgl. auch Schaumburg et al., 2009).

Diese Kurve zum zeitlichen Ablauf der Verbreitung einer Innovation zeigt deutlich, dass Personen in einer Organisation zu verschiedenen Zeitpunkten eine Innovationsidee annehmen. Vor diesem Hintergrund schlägt Rogers (2003) vor, die Personen auf Grundlage ihres Entscheidungszeitpunktes für eine Innovation in fünf idealtypische Gruppen zu unterteilen, die er unter Annahme einer Normalverteilung mittels Standardabweichungen gebildet hat (vgl. Abbildung. 2.02).

Abbildung 2.02: Idealtypische Verteilung der fünf Typen im Akzeptanzprozess einer
                 Innovation

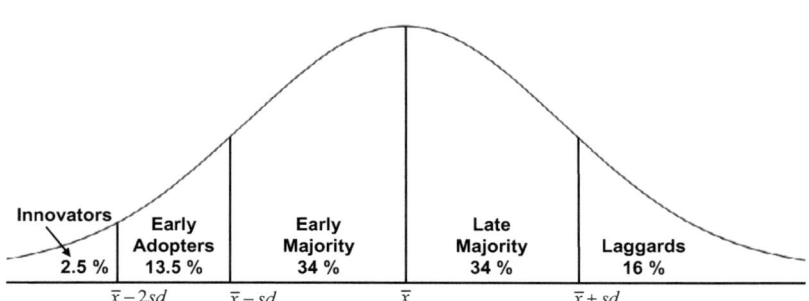

Quelle: Rogers, 2003, Figure 7-3

Als erste Gruppe beschreibt Rogers (2003) die Innovatoren, welche die Innovation in die Schule hineintragen. Sie umfasst mit 2.5 Prozent den geringsten Anteil und ist darauf angewiesen, dass ihr Kollegium zu einem späteren Zeitpunkt
die Innovation übernimmt. Da sie oftmals keinen großen Einfluss in einer Organisation hat, benötigt sie die Unterstützung von Vorreitern, sogenannten Erstan-
wendern (*early adopters*; 13.5%):

> Charakteristisch für diesen Typ ist die starke Position innerhalb des sozialen Sys-
> tems als Meinungsführer mit zahlreichen Kontakten. Die Vorreiterrolle bedeutet
> dabei, Innovationen für die Anwendung im System zu überprüfen und zu adaptie-
> ren. (Jäger, 2004, S. 95)

Erst wenn die Gruppe der Vorreiter davon überzeugt werden kann, dass sich die
Innovation in der Schule implementieren lässt und sie von Nutzen ist, kann eine
Mehrheit gewonnen werden. Dadurch, dass sich die Gruppe der Vorreiter jedoch
nicht mit gleicher Geschwindigkeit wie die Innovatoren von einer neuen Idee
begeistern lassen, führt eine Annahme der Innovation zur stärkeren Auseinandersetzung mit der Neuerung im Kollegium und somit zur Überzeugung der
Mehrheit (Hall & Hord, 2006). Diese Mehrheit lässt sich nach Rogers (2003)
wiederum nicht in einem einzigen Schritt überzeugen: Rogers unterteilt vielmehr die Personen, die sich maßgeblich durch die Vorreiter überzeugen lassen,
in die *early majority* (34%), die leichter gewonnen werden kann und die *late
majority* (34%), die sich erst dann überzeugen lässt, wenn schon die Mehrheit an
der Umsetzung der Innovation beteiligt ist. Zu der letzten Gruppe zählt Rogers
(2003) die Nachzügler, die sich aufgrund einer geringeren Risikobereitschaft
erst vergleichsweise spät der Umsetzung der Innovation anschließen.

Auch wenn Rogers Darstellung eher einen schematischen Ablauf der Annahme einer Innovation durch Organisationsmitglieder beschreibt, wird deutlich, dass unterschiedliche Personengruppen unterschiedlich viel Zeit benötigen, um sich von einer Innovation überzeugen zu lassen. Daher ist von besonderer Bedeutung, dass möglichst alle Personengruppen von Anfang an in den Kommunikationsprozess zur Innovation eingebunden werden. Jedoch ist die Kommunikation zwischen den nach diesem Modell zeitlich angrenzenden Gruppen am stärksten. Die nachfolgenden Personen werden daher von den zuvor überzeugten am stärksten beeinflusst (Hall & Hord, 2006).

Wie Jäger (2004) herausstellt, berücksichtigt Rogers in dieser idealtypischen Aufstellung jedoch nicht, dass auch bei einer gelungenen Implementation einer Innovation in der Praxis zusätzlich eine Gruppe zu erwarten ist, die sich gegen die Innovation entscheidet. „Der Fehler liegt hier also nicht in der Entscheidung, sondern in der Vorannahme, dass diese Innovation für alle Personen des sozialen Systems attraktiv sei" (Jäger, 2004, S. 102). Damit ist die Diffusionstheorie zwar für die Auseinandersetzung mit dem Transfer von Innovationen dienlich – insbesondere dadurch, dass eine Sensibilisierung für den zeitlichen Verlauf und die Berücksichtigung unterschiedlicher Personengruppen erfolgt –, sie berücksichtigt jedoch nur die Personengruppen, die im Laufe des Prozesses die Innovation annimmt. Über die Personengruppe, die sich nicht für eine Mitarbeit bei der Umsetzung der Innovation entscheidet, können mit dieser Theorie keine Aussagen gemacht werden.

Zudem sollte die Diffusion nicht als einziges Merkmal für den Erfolg der Implementation von Innovationen genutzt werden, da sie das Ausmaß nur in der Breite beschreibt. Coburn (2003) beschreibt die Schwierigkeit, die einhergeht, wenn der Erfolg einer Innovation allein an der Verbreitung gemessen wird, wie folgt:

> This definition is attractive in its simplicity, its intuitiveness, and its measurability. But what does it really mean to say that a reform program is scaled up in these terms? It says nothing about the nature of the change envisioned or enacted or the degree to which it is sustained, or the degree to which schools and teachers have the knowledge and authority to continue to grow the reform over time. (S. 4)

Um die Qualität des Erfolges einer Implementation zu erfassen, schlägt Coburn (2003) daher die Erfassung von drei weiteren Facetten vor (vgl. auch Gräsel, 2010): Neben der Breite als Erfolgskriterium für eine Innovation sieht er die Tiefe der Verankerung von Veränderungen, die durch die Innovation bewirkt werden, als bedeutend an. Die Tiefe wird dabei definiert als Veränderungen in den Einstellungen und Überzeugungen von Lehrkräften und Änderungen in pädagogischen Leitlinien. Die zentrale Frage dabei ist, ob die Implementation allein aufgrund von neuen Richtlinien und Vorgaben stattfindet oder ob die Lehrkräfte ihr eigenes Denken und Handeln anhand der Innovation reflektiert haben. Darauf baut nach Coburn (2003) ein weiteres Erfolgskriterium für Innovationen auf: die Identifikation der beteiligten Personen mit den Inhalten der Innovation. Demnach ist die Implementation von Innovationen dann erfolgreich, wenn eine Wandlung von einer externen Reform zu einer internen Reform vollzogen wurde. Erst dann ist – und dies ist die vierte Facette, um die Qualität einer Implementation zu erfassen – eine dauerhafte Verankerung möglich. Dieses letzte Qualitätsmerkmal impliziert, dass der Erfolg der Umsetzung einer Innovation nicht nur einmalig – zum Beispiel nach Beendigung eines Modellversuchs – gemessen werden sollte. Erst diese vier Merkmale der Breite, Tiefe, Identifikation und Dauerhaftigkeit ermöglichen nach Coburn (2003) die Qualität der Implementation einer Innovation auch im Hinblick auf eine fortwährende Umsetzung zu überprüfen.

2.1.5 Die Rolle der Schulleitung in Implementationsprozessen

Eine essentielle Bedeutung bei der Implementation einer Innovation kommt der Schulleitung zu. Dies zum einem, da sie von allen Akteuren in der Schule den größten Einfluss auf organisatorische Rahmenbedingungen hat und maßgeblich für die Gestaltung von Faktoren verantwortlich ist, die Implementationsprozesse befördern oder hemmen können (vgl. Eickelmann, 2010). Zum anderen, da ihre eigene Haltung zur Innovation die Einstellungen anderer schulischer Akteure wie Lehrkräfte, Eltern und Schülerinnen und Schüler beeinflusst (vgl. Gräsel & Parchmann, 2004; Holtappels, 1995b). Eine ergebnisreiche Implementation von Innovationen in Schulen beruht demzufolge ebenso wie die bereits aufgeführten Aspekte maßgeblich auf der Handlungsweise der jeweiligen Schulleitung:

> Zum einen muss sie eine Art psychologische Stütze geben in dem Sinn, dass sich die Multiplikatoren der Neuerungen [...] sicher sein können, ernst genommen zu werden und durch die Schulleitung Ermunterung, Zuspruch und Wertschätzung erfahren. Zum anderen müssen sich die Leitungspersonen aber auch als Ideengeber verstehen [...] (Schramm, 2007, S. 25)

Schulleitungen wissen in der Regel, dass sie ausschließlich im Einvernehmen und mit der Unterstützung des Lehrerkollegiums Neuerungen vorantreiben können. Sie müssen daher oftmals Überzeugungsarbeit leisten, um Lehrkräfte zu innovativen Veränderungen zu bewegen. Trotzdem werden Implementationsprozesse in dem überwiegenden Teil der Fälle von Widerständen begleitet (Holtappels, 1995b). Diese Aufgabe stellt also eine besondere Herausforderung dar; insbesondere wenn man bedenkt, dass die Schulleitung nur in sehr begrenztem Maße Anreize setzen kann, jeder innovative Prozess gleichwohl aber im Regelfall Mehrarbeit bedeutet (vgl. Dalin, 1999).

Es ist natürlich auch möglich, dass Schulleitungen hemmend auf Innovationsprozesse einwirken, beispielsweise in Form von skeptischen oder neutralen Einstellungen gegenüber einer Implementation (Dalin, 1999). Eine fehlende Unterstützung der Schulleitung kann dazu führen, dass Lehrkräfte, welche die Innovation befürworten und bereit sind, diese umzusetzen, sich aufgrund der fehlenden Unterstützung auf Schulleitungsebene nicht engagieren oder nur einen vergleichsweise kleinen Teil der Innovation übernehmen (McLaughlin, 1990).

> Soll eine Innovation auf Dauer in ein System einziehen, so muss sie von der Zusatzbelastung zur alltäglichen Anforderung werden. Diese Integration in den Arbeitsalltag kann nur über die Verfestigung des Wandels in der Infrastruktur geschehen. Eine zielorientierte Strukturveränderung ist jedoch in der Regel auf die Unterstützung durch innovationsfördernde Leitungspersonen und Vorgesetzte angewiesen. (Capaul, 2005, Kapitel 4.1, Abs. 21)

Wichtig ist dabei nicht nur die einmalige Zustimmung der Schulleitung zu einer Innovation, sondern auch – so stellt Jäger (2004) mit seinen Ergebnissen zum Transfer von Schulentwicklungsprozessen heraus – die kontinuierliche Unterstützung sowie die Teilhabe an den Implementationsprozessen.

Schulleitung als Prozessbegleiter

Hall und Hord, die sich seit mehreren Jahrzehnten mit Innovationsprozessen unter besonderer Berücksichtigung der involvierten schulischen Akteure auseinandersetzen, bezeichnen die Schulleitung als *Change Facilitator*, das heißt als eine Person, welche die Umsetzung einer Innovation begleitet und unterstützt (Hall & Hord, 1987, 2006). Schulleitungen können aufgrund ihrer leitenden Funktion in der Schule maßgeblich zur erfolgreichen Umsetzung von Innovationen beitragen. In diesem Zusammenhang stellen Hall und Hord (2006) auf der Grundlage ihrer Forschung drei Verhaltensmuster heraus: (a) die Schulleitung als *Initiator*, (b) die Schulleitung als *Manager* und (c) die Schulleitung als *Responder*.

Als *Initiator* beschreiben die Autoren Schulleitungen, die über klare Vorstellungen von einer ‚guten' Schule verfügen. Novitäten bewerten sie vorab aufgrund ihrer Effizienz und ihrem Mehrwert für ihre Schule, für die Lehrkräfte sowie die Schülerinnen und Schüler. Wenn sie einen Nutzen in einer möglichen

Innovation erkennen, treffen sie mitunter schnelle Entscheidungen und stellen bei der Umsetzung hohe Erwartungen an alle Beteiligten. Zugleich kann ihre Handlungsweise das Engagement der Beteiligten fördern, indem sie motivieren und den Blick erkennbar auf die Weiterentwicklung der Schule richten. Hall und Hord fanden in verschiedenen Studien bestätigt, dass es Schulleitungen so möglich ist, Innovationen aktiv zu gestalten (vgl. Hall & Hord, 2006).

Die Herangehensweise der Schulleitungen, die von Hall und Hord (2006) in diesem Kontext als *Manager* beschrieben werden, ist auf organisatorische Tätigkeiten ausgerichtet, welche das zur Verfügung stellen von Ressourcen einbeziehen. Solche Schulleitungen analysieren Innovationen dahingehend, inwieweit sie sich mit den vorhandenen Ressourcen realisieren lassen bzw. ob weitere Ressourcen notwendig sind und für die Implementation zur Verfügung gestellt werden müssen. Das Ziel der *Manager* ist es, die Schule so zu führen, dass die Umsetzung von Innovationen in allen betroffenen schulischen Bereichen in einem vertretbaren Rahmen erfolgt. In ihren Untersuchungen zum *Change Facilitator Style* fanden Hall und Hord (2006) empirisch bestätigt, dass Schulleitungen, die vorwiegend als *Manager* fungieren, Innovationen nicht gezielt initiieren, aber unterstützen: „They protect their teachers, but when implimentation becomes an objective, it is accomplished efficiently. However, unlike the Initiators, they do not have the excitement and energy to keep doing more" (S. 219).

Schulleitungen, die das dritte Verhaltensmuster aufweisen, werden als *Responder* bezeichnet: Ihnen fällt es vergleichsweise schwer, innovationsbezogene Entscheidungen zu treffen. Sie benötigen dafür einen längeren Zeitraum und attribuieren den Lehrkräften hohe Kompetenzen, so dass die Betrachtungsweisen der Lehrkräfte wertgeschätzt und viele Entscheidungen und Handlungen delegiert werden. Bei Novitäten nehmen sie in der Regel nicht das Innovative wahr, sondern erkennen darin tendenziell die Elemente, die bereits in der Schule verwirklicht werden. Insgesamt ist ihr Fokus eher auf momentane Geschehnisse und aktuelle Handlungsbedarfe ausgerichtet (Hall & Hord, 2006).

Für die empirische Überprüfung ihres Ansatzes entwickelten Hall und Hord (2006) einen Fragebogen, mit dessen Hilfe die drei Verhaltensmuster detailliert erfasst und voneinander unterschieden werden können.

Abbildung 2.03: Verhaltensprofile des *Inititator*, *Manager* und *Responder*

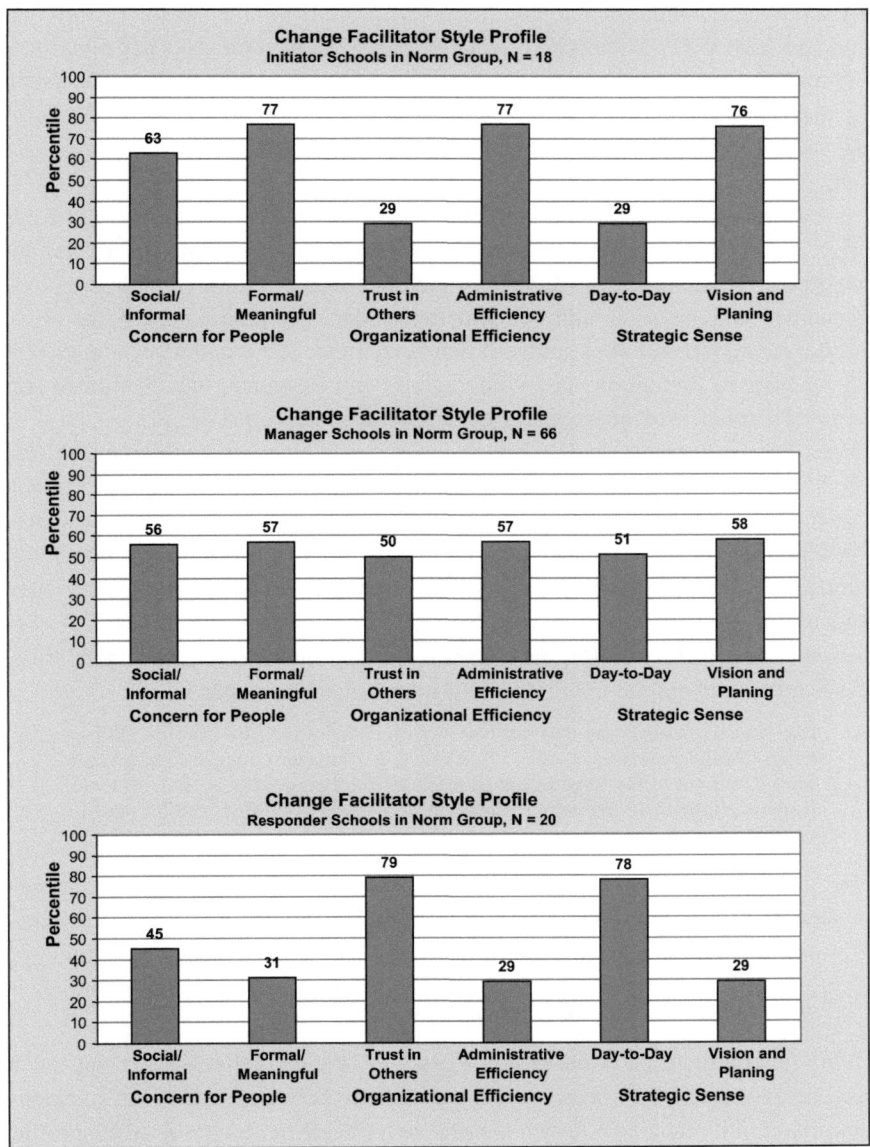

Quelle: Hall & Hord, 2006, Figure 10.3

Wie die Ergebnisse dazu in Abbildung 2.03 zeigen, differenzieren die Autoren zwischen sechs Dimensionen, von denen sich jeweils zwei zu einem Teilbereich bündeln lassen: (1) Mitarbeiterorientierung, (2) organisatorische Effizienz und (3) strategische Wahrnehmung. Das Verhaltensprofil des *Managers* erweist sich in allen Bereichen als ausgeglichen, wohingegen der *Initiator* und der *Responder* sich durch ihre gegensätzlichen Orientierungen voneinander abgrenzen lassen.

Der Initiator zeichnet sich in seinen Interaktionen mit Kolleginnen und Kollegen durch einen verbindlichen, sinnstiftenden Stil aus, zeigt in seinem Verhalten eine hohe administrative Effizienz und plant zukunftsweisend. Alle drei vorgenannten Dimensionen sind bei dem Responder eher gering ausgeprägt. Responder richten ihren Fokus stark auf den derzeitigen Stand und planen tendenziell für kürzere Zeiträume. Des Weiteren ist beim Responder das Vertrauen auf andere Personen stark ausgeprägt (vgl. auch Capaul, 2002).

Diese drei divergenten Verhaltensmuster von Schulleitungen konnten in zahlreichen Studien, auch in unterschiedlichen kulturellen Kontexten, bestätigt werden (einen Überblick dazu geben Hall & Hord, 2006). Dabei zeigte sich zum einen ein Zusammenhang zwischen den verschiedenen innovationsbezogenen Führungsstilen und dem Gelingen der Implementation von Innovationen und zum anderen ein innovationswirksamer Vorteil für Schulleitungen als *Initiator*. So fassen Hall und Hord (2006) die Ergebnisse ihrer Untersuchungen zum Einfluss der Schulleitung auf die Lehrkräfte folgendermaßen zusammen:

> The general finding was that teachers with Initiator principals have the highest levels of implementation success. Teachers with Manager principals are successful too, but not to the same extent as teachers in Initiator schools. Teachers with Responder principals are rated a distant third in terms of implementation success. (S. 219)

Hall und Hord (2006) betonen zudem, dass die drei identifizierten Verhaltensmuster das ganze Spektrum einer umfassenden Typenbildung abdecken können:

> The different CF Styles described here do not represent all principals, nor do all principals fit perfectly into one of these styles. However, they do appear to represent the more commonly found approaches to change leadership. (S. 217)

Daher unterbreiten die Autoren den Vorschlag, die Verhaltensmuster auf einer Skala einzuordnen, die von einem als laissez-faire bezeichneten bis hin zu einem autoritären Stil reichen. Wie sich die drei zuvor beschriebenen Verhaltensprofile zwischen diesen zwei Polen einordnen lassen, wird aus der Abbildung 2.04. ersichtlich.

Abbildung 2.04: Führungsstile des *Change Facilitator*: von laissez-faire (geringster Wert) bis autoritär (höchster Wert)

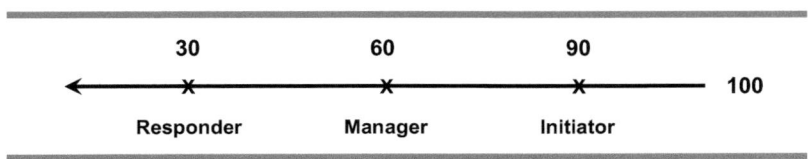

Quelle: Hall & Hord, 2006, Figure 10.2

Merkmale innovationsfördernder Schulleitung

Den Befund, dass Initiatoren besonders geeignet sind Innovationen umzusetzen, bestätigen auch die Ergebnisse von Leithwood, Tomlinson und Genge (1996). Auf Grundlage des Modells *transformational leadership* von Burns (1978) stellten sie wichtige Merkmale der Schulleitung bei Veränderungsprozessen heraus und untersuchten diese. Dabei wird von ihnen zunächst zwischen dem alltäglichen Schulleiterhandeln und der Förderung innovativen Handelns des Lehrerkollegiums durch die Schulleitung unterschieden:

> Transactional practices foster ongoing work by attending to the basic needs of organizational members. Such practices do little to bring about changes in the organization, however. For this to occur, members must experience transformational practices, in addition. (Leithwood et al., 1996, S. 787)

In einer Metaanalyse über 21 Studien, bei der das Konzept *transformational leadership* im Schulkontext untersucht wurde, stellen Leithwood et al. (1996) drei Verhaltenseigenschaften heraus, die sie als innovationsfördernd identifizieren: (a) *vision building,* (b) *individual consideration* und (c) *intellectual stimulation*. Gräsel und Prachmann (2004) haben diese Klassifizierung aufgenommen und beschreiben eine Schulleitung, bei der diese drei Verhaltensweisen stark ausgeprägt sind, wie folgt:

> Sie regt zu Innovationen an und gibt den Lehrkräften eine Vision, die sie durch ihr eigenes Verhalten als Modell unterstützt (vision building), sie respektiert die Bedürfnisse und Interessen der einzelnen Lehrkräfte an der Schule (individual consideration) und schafft ein anregendes Umfeld für die Entwicklung von Lehrkräften, wozu vor allem die Ermöglichung von Fortbildungen gehört (intellectual stimulation). (S. 203 f.)

Geijsel et al. (2003) untersuchten zudem die Zusammenhänge zwischen *transformational leadership* von Schulleitungen und Einstellungen der Lehrkräfte zu einer Innovation in den Niederlanden und Kanada. Dabei zeigte sich, dass Lehrkräfte, die die drei als förderlich identifizierten Verhaltensweisen des *Transfo-mational Leadership* bei ihrer Schulleitung erkennen, auch eine stärkere Unter-stützung durch Kolleginnen und Kollegen bei der Umsetzung der Innovation wahrnehmen. Allerdings wird durch *individual consideration* kaum Varianz aufgeklärt. Des Weiteren zeigte sich ein kleiner, aber dennoch signifikanter Zu-sammenhang zwischen (a) *vision building* sowie *intellectual stimulation* und (b) der Zustimmung zu der Innovation (vgl. auch Gräsel & Parchmann, 2004).

Insgesamt lässt sich festhalten, dass die Einstellung der Schulleitung zur In-novation sowie ihr Verhalten während des gesamten Implementationsprozesses entscheidend für den Erfolg der Innovation sind. Hall und Hord (2006) betonen jedoch, dass die Schulleitung im Rahmen eines Innovationsprozesses dennoch nicht zwingend zentral leitend sein muss bzw. nicht allein für die Prozessbeglei-tung während einer Implementation verantwortlich ist. Gerade bei der Betrach-tung der historischen Entwicklung des Aufgabenbereichs der Schulleitung im nationalen Kontext, von der – neben den traditionellen Verwaltungsaufgaben – eine Vielzahl weiterer Tätigkeiten erwartet wird, ist die Beteiligung anderer Per-sonen sowie die Delegation von Aufgaben in besonderem Maße bedeutsam (Bonsen, 2011). Bei Implementationsprozessen von Innovationen ist demnach neben der Rolle der Schulleitung auch das Management innerhalb der Schule, welches nicht nur unter der Lenkung der Schulleitung stehen muss, zu berück-sichtigen.

2.1.6 Schulinternes Management von Innovationen

„Für den Erfolg von Innovationen wird entscheidend sein, wer sie initiiert, vo-rantreibt und trägt, aber auch wer sie fördert und unterstützt" (Holtappels, 1995b, S. 25). Obwohl ein Implementationsprozess nicht strukturiert planbar ist, bedeutet dies im Sinne von Holtappels nicht, dass er sich ohne Steuerung aus sich selbst heraus so entwickelt, dass die Implementation ertragreich verläuft. Eine Steuerung erfolgt mithilfe von Interventionen, das heißt durch Ereignisse und Aktionen, die im Rahmen des Implementationsprozesses durchgeführt wer-den (vgl. u. a. Capaul, 2005; Hall & Hord, 2006). Insbesondere vor dem Hinter-grund der vielen kleineren Veränderungen, die in den verschiedenen schulischen Bereichen im Kontext eines Innovationsprozesses durchgeführt werden müssen, ist es für den Erfolg einer Implementation von zentraler Bedeutung, dass auch diese ‚kleineren' Prozesse bewusst angeleitet werden. Infolgedessen wirken un-geklärte Zuständigkeiten hinsichtlich der Organisation der Umsetzung einer In-novation und ihrer Teilstrukturen nach Hunneshagen (2005) innovationsfeindlich. Im Gegensatz dazu wird durch ein strukturiertes und koordinierendes Vorgehen ein Innovationsprozess zielgerichtet gesteuert. Zusätzlich werden auf diese Weise die Belastungen der beteiligten Personen reduziert oder zumindest aufgefangen (Capaul, 2005).

Promotorenmodell

Zur Beschreibung und Analyse des Managements eines Implementationsprozesses wird in der Innovationsforschung auf das sogenannte Promotorenmodell zurückgegriffen (vgl. dazu u.a. Witte, 1973). Nach diesem Modell sind für eine erfolgreiche Implementation einer Innovation führende Akteure für zwei Bereiche notwendig: Personen, die als Fachpromotoren bezeichnet werden können, sowie solche, die als Machtpromotoren fungieren. Der Fachpromotor verfügt über das notwendige Wissen und Inhalte der Innovation. Der Machtpromotor demgegenüber fördert und unterstützt die Umsetzung der Innovation im Rahmen seiner hierarchisch hergeleiteten Machtposition. Er überschaut die gesamten Strukturen und Geschehnisse der Organisation und richtet seinen Blick auf langfristige Strategien mit Zukunftsperspektive. Durch seine Stellung verfügt er auch über die Möglichkeit, Ressourcen für den Implementationsprozess freizusetzen (Hunneshagen, 2005; Luchte, 2005).

Übertragen auf den Kontext Schule besitzt die Schulleitung die Machtposition, um Innovationen zu erwirken. Jedoch ist zu berücksichtigen, dass die Schulleitung mit einer solchen Vielzahl von Aufgaben betraut ist, dass sie sich nur bedingt in die Inhalte einer Innovation vertiefend einarbeiten kann. Aus diesem Grund ist für eine ertragreiche Umsetzung der Innovation eine weitere Person – ein Fachpromotor – vonnöten, zum Beispiel in Form einer dazu beauftragten Lehrkraft, die sich inhaltlich umfassend mit der Innovation auseinandersetzt. Der Fachpromotor ist seinerseits auf den Machtpromotor angewiesen, da er meist nicht die Befugnis hat, sich gegen Widerstände durchzusetzen und Interventionen zu legitimieren. Fungiert die Schulleitung sowohl als Macht- wie auch als Fachpromotor, so besteht die Gefahr, dass eine Innovation nicht ganzheitlich erfasst und umgesetzt wird. Nimmt die Schulleitung demgegenüber keine der beiden Positionen ein, so wird es schwierig sein, die Innovation außerhalb eines kleinen Kreises von Personen im gesamten Kollegium zu etablieren und von diesem Unterstützung zu bekommen (vgl. Hunneshagen, 2005).

Schulen verfügen i.d.R. über eine formal wenig gegliederte und aufgabenspezifisch wenig differenzierte Organisationsstruktur, die Leitungsspanne ist groß, und die Hierarchie ist flach. Die Aufgabe einen Innovationsprozess zu steuern, wird

zumeist nicht formal in der Organisation verankert, die Lehrpersonen, die mit die-
ser Aufgabe betraut werden bzw. sich ihrer annehmen, bewegen sich in einem – in
Bezug auf explizit formulierten Pflichten und Rechte – wenig definierten Raum.
Dem entsprechend schwach ist ihre Legitimation zu handeln. (Ebner, 2005, S. 9)

Ist das Management auf den Schultern des Macht- und des Fachpromotors ver-
teilt, so kann diesem Problem entgegengesteuert werden. Dabei ist allerdings
von zentraler Bedeutung, dass beide im regen Austausch miteinander stehen
(Luchte, 2005).

Hauschildt und Chakrabarti (1988) erweitern das Modell aufgrund der Ergebnisse ihrer Untersuchungen durch eine dritte Funktion: den Prozesspromotor.
Der Prozesspromotor ist für die Aufgabenteilung während des Implementationsprozesses verantwortlich und koordiniert sie. Er hat damit eine vermittelnde
Rolle. Die Autoren sehen in dieser Dreiteilung (Troika) die am ehesten geeigne-
te Möglichkeit, Innovationen erfolgreich zu implementieren. Auch wenn in der
Praxis eine solche Art der Arbeitsteilung oft nicht vorliegt und die Steuerung
häufig nicht bewusst verläuft, konnte empirisch eruiert werden, dass die Anwendung dieser Arbeitsteilung sich als äußerst effizient erweist:

> Das effektivste Ergebnis in Bezug auf den Informationsaustausch wird durch das
> Dreier-Gespann (Macht-, Fach- und Prozesspromotor/inn/en) erreicht. Insbeson-
> dere das Auftreten von Prozesspromotor/inn/en scheint die Beschaffung relevanter
> Informationen zu erhöhen. Durch ihre Rolle als Vermittler/innen zwischen Macht-
> und Fachpromotor/inn/en und ihre entsprechenden organisationsbezogenen und
> personellen Kenntnisse verfügen Prozesspromotor/inn/en über weitere Informati-
> onsquellen. (Hunneshagen, 2005, S. 59)

Hieraus wird ersichtlich, dass es sinnvoll ist, ein dreigeteiltes Management für
den Implementationsprozess vorzunehmen, wobei die Schulleitung als Machtpromotor fungiert, wenn eine Innovation auf der gesamten Schulebene institutionalisiert werden soll. Durch eine solche Verteilung von Aufgaben können auch
die Partizipation der Lehrkräfte und Kooperationen im Kollegium ermöglicht
und koordiniert werden.

Partizipation der Lehrkräfte

Beim Management der Implementation einer Innovation ist die Berücksichtigung der Teilhabe des Lehrerkollegiums von herausragender Bedeutung, um
Innovationsprozesse in der Schule voranzutreiben. Als Grundlage hierfür wird
die Schaffung eines positiven Innovationsklimas angesehen, in dem eine generelle Förderung der Innovationsbereitschaft und -kompetenz erfolgt (Schramm,
2007). Die Förderung umfasst zum einen die Animierung des Kollegiums, sich

mit neuen Ideen und Innovationen auseinanderzusetzen. Zum anderen ist es ge-
winnbringend, die Entwicklung neuer Ideen und das Herantragen von Innovati-
onskonzepten in die Schule durch Lehrkräfte zu würdigen und ihnen Wege zu
ebnen, um diese Konzepte umzusetzen (vgl. Kapitel 2.1.2). So konnten Geijsel,
Sleegers und van den Berg (1999) empirisch aufzeigen, dass in Schulen, in denen viele Innovationen erfolgreich umgesetzt werden, der Bottom-Up-Einfluss
wesentlich ausgeprägter ist als in Schulen, die sich durch ein geringes Maß an
realisierten Innovationen auszeichnen.

Des Weiteren kann sich die Ermöglichung der Partizipation von Lehrkräften
bei Entscheidungen innerhalb des Implementationsprozesses als förderlich erweisen. Wenn Lehrkräfte mit in die Entscheidungsprozesse eingebunden werden
und damit die Chance haben, Einfluss auf Entwicklungen zu nehmen, können
sie sich stärker mit der Innovation identifizieren. In diesem Zusammenhang
konnte empirisch gezeigt werden, dass an innovationsbereiten Schulen die Möglichkeiten zur Partizipation an Entscheidungsprozessen größer ist als an wenig
innovationsbereiten Schulen (Geijsel et al., 1999). Wird die Beteiligung der
Lehrkräfte bei Entscheidungen unterbunden, so kann dies zu einer Abnahme der
Beteiligung an der Umsetzung führen (Geijsel, Sleegers, van den Berg &
Kelchtermans, 2001). Um dies zu verhindern, sind nach McLaughlin (1990) die
Einbeziehung aller Betroffenen bei der Situationsanalyse, die Findung eines
Konsenses und das Verständnis für oppositionelle Einstellungen anzustreben.
Unterstützend können ferner Fortbildungen wirken, um dem Kollegium und da-
mit der Schule Anreize für Neuerungen schaffen zu können (Haenisch, 1994;
Holtappels, 1995b; Lauer, 2006). Dabei geben von Rosenstiel und Wastain
(2001) allerdings zu bedenken:

> Die Innovativität einer Organisation ist aber nicht die Leistung einiger handverle-
> sener Individuen, die ein Training erhalten haben, sondern vielmehr ein Prozess
> oder das Ereignis eines Prozesses, an dem alle Mitglieder einer Organisation be-
> teiligt sind. (S. 231)

Kooperationsförderung

Versteht man Innovation als ganzheitliches Konzept, das – mehr oder minder
starke – Auswirkungen auf die gesamte Schule hat, so ist die Initiierung von
langfristigen Kooperationen zwischen den verschiedenen Akteuren, Fächern etc.
unerlässlich. Denn negativ auf eine erfolgreiche Etablierung von Innovationen
wirkt sich die so bezeichnete Insellösung aus: Wenn sich nur eine kleine Gruppe
von Personen dauerhaft isoliert mit der Innovation beschäftigt, so gelingt es

nicht, diese ganzheitlich zu implementieren (Hunneshagen, 2005). Daher werden Kooperationsstrukturen ebenfalls als förderlich für die Umsetzung von Innovationen angesehen (Jäger, 2004; Koch, 2011). So konnte in unterschiedlichen Studien immer wieder ein positiver Zusammenhang zwischen einer starken Kommunikations- und Kooperationsstruktur und der Implementation von Innovationen festgestellt werden (vgl. z.B. Jäger, 2004; Wiechmann, 2002). „Und nur wenn letztlich auch eine neue Lern-, Kommunikations- und Kooperationskultur angestrebt wird, können aus einzelnen Aktivitäten von heute innovative Entwicklungen von morgen werden" (Ebner, 2005, S. 5).

Resümierend erweist sich der Implementationsprozess – unter der Voraussetzung, dass bereits bei der Konzipierung der Innovation implementationsfördernde Aspekte berücksichtigt wurden – idealtypisch unter den folgenden Bedingungen als erfolgversprechend: Dem gesamten Kollegium sollten Anregungen und Möglichkeiten gegeben werden, am Implementationsprozess aktiv zu partizipieren, die Interventionen sollten mit dem Fokus auf gesetzte Ziele durch ein dreiteiliges Management geleitet werden und die Umsetzung sollte von Seiten der Schulleitung aktiv gefördert und gesichert werden.

Jedoch ist eine ertragreiche Implementation zwar die Prämisse für eine dauerhafte Verankerung, das heißt eine Institutionalisierung der Innovation, indes aber noch kein Garant dafür. Ebenso impliziert die gelungene Umsetzung einer Innovation an Modellschulen noch keinen zwangsläufigen Transfer auf andere Schulen. Denn auch der Erfolg des Transfers beruht auf eigenen Bedingungen, die im Weiteren näher beleuchtet werden.

2.2   Interner und externer Transfer

Um die Umsetzung von Innovationen in der Breite zu verwirklichen, bedarf es des Transfers. Dabei unterscheidet Euler (2001) zwischen internem und externem Transfer: Interner Transfer bezeichnet die Ausbreitung der Innovation auf den gesamten Bereich innerhalb einer Schule, da bei der Implementation von Innovationen zunächst in der Regel nur einige Akteure und Teilbereiche betroffen sind.

> Interner Transfer sollte das Ergebnis jeden Modellversuchs sein, wenn sich die Innovation bewährt hat. Dennoch kann selbst das Erreichen dieser Transferform eine Herausforderung darstellen: wenn nämlich die Verstetigung nur mit zusätzlichen Ressourcen und unter den Bedingungen des Modellversuchs gelingen würde. (Koch, 2011, S. 58)

Externer Transfer dagegen umfasst die Ausweitung der Innovation auf Schulen, die bisher nicht an der Implementation der jeweiligen Innovation beteiligt waren. Nach erfolgreicher Erprobung und Implementation von Innovationen in einem relativ kleinen Teilbereich von Schulen findet eine Ausweitung durch die Erweiterung des Pools an Schulen statt, deren Ziel es ist, möglichst viele Schulen zu erreichen (Euler, 2001).

Insgesamt stellt sich die entscheidende Frage, inwieweit es gelingt, möglichst flächendeckend den Transfer einer Innovation zu erreichen. Denn auf Makroebene findet zwar bereits der Transfer statt, auf Mikroebene stellt dies für die einzelne Schule jedoch wiederum erst den Anfang der Implementation einer Innovation – beginnend mit der Auseinandersetzung – dar (Holtappels, 1995a). Für die einzelne Schule lässt sich dann der externe Transfer wiederum aus Erkenntnissen des internen Transfers ableiten. Ausgangspunkt für den externen Transfer sind demnach wiederum einzelne Lehrkräfte, die sich mit der Innovation auseinandersetzen. Aber erst wenn das Kollegium die Umsetzung unterstützt, vollzieht sich der Transfer. Sie müssen demnach den ganzen Prozess für die eigene Schule neu nachvollziehen, wobei ihnen dabei nicht eine solch beratende und finanzielle Unterstützung zur Seite steht, wie dies bei den Schulen der Fall gewesen ist, die an Modellversuchen bzw. Projekten beteiligt waren (Jäger, 2004; Koch, 2011).

Im Folgenden werden die internen und externen Transfergegebenheiten und die dafür notwendigen Bedingungen näher erläutert. Zudem werden der derzeitige Stand von Transferbemühungen in Bezug auf die Innovationen im deutschen Bildungswesen und Ansätze zum Umgang mit den damit verbundenen Schwierigkeiten aufgezeigt.

2.2.1 Interner Transfer und Institutionalisierung von Innovationen

Generell gilt für Implementationsprozesse, dass der interne Transfer der Innovationen auf die gesamte Schulebene essentiell ist. Denn erst dadurch kann gewährleistet werden, dass die Innovation an der Schule dauerhaft verankert, das heißt institutionalisiert wird.

Stehen bei Erprobung und Implementation in Rahmen von Modellversuchen und Projekten zusätzliche Ressourcen und Unterstützung zur Verfügung, bleiben die Schulen während des internen Transfers und der Institutionalisierung der Innovation auf die gesamte Schulebene oftmals sich selbst überlassen. Sobald die Beratung und Unterstützung durch Initiatoren beendet ist, laufen daher viele bereits realisierte Innovationen Gefahr, reduziert zu werden oder gar ganz zu verschwinden (vgl. Gräsel & Parchmann, 2004). Sherry (2002) fasst die oftmals zu beobachtende weitere Entwicklung von Implementationsprozessen wie folgt zusammen:

> One often sees pockets of change, or grassroots activities among a small set of us-ers within an organization in an effort to share and implement an innovation. All too often, these efforts remain localized and do not become institutionalized. (S. 216)

Auch Euler (2001) stellt als Defizit heraus, dass bei der Implementation von Innovationen oft der interne Transfer, das heißt der Transfer auf andere Kolleginnen und Kollegen sowie auf den gesamten Schulkontext, unberücksichtigt bleibt. In einem solchen Fall führt die Auseinandersetzung mit Innovationen zwar zu einem Kompetenzzuwachs für die beteiligten Lehrkräfte, eine Institutionalisierung, das heißt eine dauerhafte Implementation auf Schulebene, bleibt aber häufig aus.

Ein Grund dafür ist, dass die Ergebnisse und Erfahrungen nicht dokumentiert bzw. nicht problemlos anderen zugänglich gemacht werden (Euler, 2001). Erst wenn dies geschieht, besteht die Möglichkeit, dass andere Lehrkräfte die Erfahrungen nutzen können, auch wenn durch einen personellen Wechsel die ursprünglichen Initiatoren nicht mehr an der Schule tätig sind. Zudem kann man mit einer Dokumentation der Gefahr entgehen, dass trotz Institutionalisierung das dahinter stehende innovative Konzept versandet und allein die Umsetzung in die Schulstruktur verwoben wird. Andernfalls kann es passieren, dass das Konzept ‚unsichtbar' wird und dadurch dauerhaft aus dem Bewusstsein verschwindet und an Bedeutung verliert (Sherry, 2002). Allerdings erweist sich eine Innovation nur dann als anhaltend implementiert, wenn sie aktiv weitergestaltet wird und Eingang in den Schulalltag findet, ohne dass dies für die Lehrkräfte fortwährend Mehraufwand bedeutet.

Neben den Lehrkräften benennt Holtappels (1995b) die Ausweitung der Innovation in Form von Kooperationen mit den Eltern der Schülerinnen und Schüler. Aber auch eine öffentlich zugängliche Darstellung der Erfolge, beispielsweise durch Zeremonien und öffentliche Anerkennung, erweisen sich als bedeutend für den internen Transfer. Ferner können diese Interventionen weiterführend auch einen Beitrag zum externen Transfer leisten. Denn es genügt nicht allein, dass die Innovationen intern transferiert werden, sondern es bedarf auch eines externen Transfers, um sie im Schulsystem dauerhaft zu verankern. So haben vergangene Entwicklungsprozesse gezeigt, dass zwar der interne Transfer durchgeführt wurde, das heißt dass Innovationen oftmals stark erprobt wurden, dass sie aber „nur in einer kleinen Zahl von Schulen realisiert und institutionalisiert worden sind; für [die] Breite des Schulwesens blieben sie weitgehend folgenlos" (Wiechmann, 2002).

2.2.2 Externer Transfer

Auch wenn die Bedeutung des Transfers unumstritten ist und Innovationen ohne ernsthafte Bemühungen, diese zu verbreiten, für das Schulsystem bedeutungslos bleiben (Jäger, 2004), wird diesem Bereich im Innovationsprozess meist wenig Beachtung geschenkt. Aus diesem Grund blieb eine flächendeckende Verbreitung von vielen Innovationen aus. So resümiert Wiechmann (2002) im Rückblick auf Prozesse im 20. Jahrhundert:

> Die aus unterschiedlichsten Perspektiven angemahnte nachhaltige Veränderung der Schulwirklichkeit und insbesondere ihres unterrichtspraktischen Kernbereichs – so kann geschlossen werden – scheitert nicht am Mangel leistungsfähiger Innovationen, sondern an einem mangelhaften Transfer dieser Innovationen in die Breite des Schulwesens. (S. 96)

Dieses Defizit konnte auch in den letzten Jahren – trotz stärkerer Bemühungen – nicht ausgeglichen werden (Kriegesmann et al., 2006).

Im zeitlichen Rückblick auf die unterschiedlichen Herangehensweisen zur Steuerung von Schulen in Richtung Modernisierung deutet sich eine Erklärung hierfür an: Nachdem die Bildungsreformen der siebziger Jahre, die makropolitisch das gesamte Schulsystem fokussierten, stagnierten, rückte in den neunziger Jahren die Entwicklung der Einzelschule in den Fokus (Rolff, 1991). Unter dem Stichwort der Autonomie der Einzelschule wurden Schulen Möglichkeiten eröffnet, um Schulentwicklungsprozesse selbst aktiv zu gestalten. Bei dieser Strategie der Ermöglichung wurde auf die individuelle Gestaltung und ihre Motivierung gesetzt. Mit Beginn des 21. Jahrhunderts und im Zuge der internationalen Schulleistungsstudien rückte das gesamte Schulsystem in den Vordergrund. Hier liegt das Augenmerk wieder auf der flächendeckenden Verbreitung der Innovationen (Altrichter, 2006). Jedoch wird bei dem externen Transfer vorwiegend auf eine schnelle Umsetzung gesetzt. So werden als Strategie häufig die Erkenntnisse der neunziger Jahre vernachlässigt und stattdessen frühere makrosystemische Steuerungsprogramme herangezogen. Mit der Annahme einer „selbsttransformativen Kraft" und unter den Bedingungen von knappen finanziellen Ressourcen fließt „der Löwenanteil an Aufmerksamkeit und Ressourcen [...] dann oft in die *Konzeption* der Innovation und ihre Aufbereitung als ,*Information*' (Broschüre, Buch, Materialien, Internet-Homepage), die der Öffentlichkeit politisch-administrative Aktivität signalisiert" (Altrichter, 2006, S. 8, Hervorhebungen im Original). Zwar erfordert der externe Transfer die Bereitstellung von Informationen über die Innovation, von Ergebnissen der Implementation, Materialien zur Umsetzung der Innovation (dies kann unterstützt werden durch Beispiele guter Praxis von Schulen, die die Implementation der Innovation realisiert haben) (Jäger, 2004) und Anreizen zur Umsetzung (z.B. durch Auszeichnungen und Wettbewerbe), allerdings ist dies nicht ausreichend. „Die zahlreichen Implementationsstudien machen deutlich, dass es unrealistisch ist, den Unterricht dadurch verändern zu wollen, indem man Schulen und Lehrkräfte neue Materialien zur Verfügung stellt und darauf hofft, dass sie wie geplant umgesetzt werden" (Gräsel & Parchmann, 2004, S. 204). Denn offensichtlich ist die Brücke zwischen der Innovation und der selbstständigen, praktischen Umsetzung an den Schulen durch die Aufbereitung von Materialien nur teilweise gebaut, so dass die Innovation die meisten Schulen weiterhin nicht erreicht. Daher ist, neben offiziellen Programmen von Bedeutung, den Implementationsprozess weiter zu verfolgen, um herauszufinden, welche unterstützenden Maßnahmen weiterhin notwendig sind und diese dann zur Verfügung zu stellen, wenn eine Innovation langfristig in möglichst vielen Schulen verankert werden soll.

Doch nicht nur in der Praxis wurde dem externen Transfer bisher wenig Beachtung geschenkt, sondern auch im Bereich der Bildungsforschung wurde dazu im Vergleich zur Implementationsforschung bisher weit weniger geforscht. So eruiert Koch (2011), dass in der Forschung der achtziger und neunziger Jahre des vergangenen Jahrhunderts der Transfer von Innovationen außerhalb vom Entwicklungs- und Entstehungsort nur marginal berücksichtigt wurde, so dass die entsprechenden Desiderate bis zum derzeitigen Zeitpunkt nicht ausgeglichen werden konnten: „Mit Blick auf vorhandene wissenschaftliche Analysen zum Transfer von Innovationen besteht in der Praxisforschung ein ausgeprägtes Forschungsdefizit. Kennzeichnend für dieses Defizit sind wenige empirisch und theoretisch fundierte Aussagen über Bedingungen des Innovationstransfers" (Koch, 2011, S. 18). Die Forschungsdesiderate liegen im Besonderen bei Transferwegen von Innovationen zu ‚Durchschnittsschulen' (Wiechmann, 2002), Gestaltungsbedingungen des Transferprozesses, Kommunikationsstrukturen im Bereich des externen Transfers (Gräsel & Parchmann, 2004) sowie der schulexternen Steuerung und dem schulinternen Innovationsmanagement (Holtappels, 1995b). Somit wird der Mangel an externem Transfer vorwiegend in der noch nicht ausreichenden Erforschung dieses Prozesses gesehen, weniger aber in den

Bemühungen der Schulen, Innovationen umzusetzen (Koch, 2011; Wiechmann, 2002).

Da in der Technologieforschung Transferprozesse bereits weitreichend erforscht wurden, ziehen Kriegesmann et al. (2006) in diesem Zusammenhang gewonnene Erkenntnisse, die sich auf den Bildungsbereich übertragen lassen, als Beitrag für die Bildungsforschung zum Transfer heran. Dabei verdeutlichen die Autoren anhand eines Beispiels aus dem Technologietransfer, welche Aspekte bei einem Transferprozess beachtet werden müssen, um Erfolge zu erzielen: So wurden von China zunächst in Deutschland stillgelegte Stahlwerke demontiert und im eigenen Land wieder aufgebaut. Dass ein reiner Technologietransfer nicht ausreicht, um den Fortschritt zu importieren, wurde schnell erkannt, als technische Schwierigkeiten aufkamen. Als Erkenntnis daraus wurde bei dem Kauf des Transrapids anhand von Plänen und technischen Informationen auch Wissen transferiert. In der heutigen Zeit – so schließen Kriegesmann et al. (2006) ihr Beispiel – werden darüber hinaus auch das Expertenwissen und die Erfahrungen mit eingeholt, indem man zusätzlich personelle Unterstützung kauft. Dieses Beispiel verdeutlicht, dass es nicht genügt, einfach Materialien zur Verfügung zu stellen, sondern dass sowohl explizites Wissen über den Umgang mit den Materialien sowie implizites Wissen, in welches Erfahrungen und Problemlösestrategien mit einfließen, für die Effizienz von Transferbemühungen notwendig sind. Der Fehlschluss liegt damit in der Annahme, Innovationen ließen sich ausschließlich anhand expliziten Wissens transferieren:

> Die Ergebnisse von Entwicklungsprojekten – so nimmt man an – werden über Berichte, Materialien, Konzeptbeschreibungen, Veranstaltungen oder Bildung von Netzwerken verbreitet. Dieses Vorgehen abstrahiert [...] von den komplexen Entstehungszusammenhängen des Transfergegenstandes und versucht die dabei aufgebauten Kompetenzen von den handelnden Akteuren zu entkoppeln. Die so erreichten Effekte bleiben jedoch hinter den Erwartungen zurück. (Kriegesmann et al., 2006, S. 18)

Somit wird die Weitergabe von implizitem Wissen kaum berücksichtigt. Dies ist besonders gravierend, da sich das explizite Wissen der zu übertragenden Erkenntnisse in der Regel auf 20 Prozent, das implizite dagegen auf 80 Prozent beläuft (Staudt, 1996). Denn für die Vermittlung ist das explizite, entkontextualisierte Wissen zwar von Bedeutung, aber ohne die Unterstützung durch implizites Wissen scheitert die Anwendung (Kriegesmann et al., 2006). Neben der Weitergabe von Informationen sieht Altrichter (2006) daher die folgenden Aspekte als relevant: Beratungsangebote, (Weiter-)Qualifikationen der maßgeblich Beteiligten, konkrete Unterstützung und Begleitung bei der Umsetzung und Hilfe-

stellungen beim Umgang mit Schwierigkeiten und Widerständen. So besteht
beispielsweise durch eine Ausbildung von Multiplikatorinnen und Multiplikatoren die Möglichkeit, Schulen außerhalb von Modellversuchen bei der Umsetzung der Innovation zu unterstützen (Euler, 2001; Holtappels, 1995b). Kriegesmann et al. (2006) schlagen zudem vor, die praktischen Erfahrungen von bereits
aktiven Lehrkräften zu nutzen, indem Erfahrungsaustausch, Patenprogramme,
Hospitationen etc. gefördert werden.

Ein weiteres Defizit bisheriger Transferbemühungen besteht in der alleini-
gen Ausrichtung auf Top-Down eingeführte Innovationen. So werden von Schulen selbst entwickelte Innovationen bzw. Möglichkeiten der Umsetzung selten
zur Kenntnis genommen, geschweige denn für den Transfer an andere Schulen
aufbereitet.

> Das Ausblenden derartiger Transferpotenziale ist umso problematischer als davon
> auszugehen ist, dass gerade die selbst initiierten Projekte besonders passfähig zu
> den realen Problemen vor Ort sind und die Umsetzungswahrscheinlichkeit relativ
> hoch ist. (Kriegesmann et al., 2006, S. 43)

Auch hierbei könnte die Expertise praktischer Anwender vor Ort genutzt werden, um praxisnahe Innovationen zu verbreiten und Anpassungs- sowie Umsetzungsmöglichkeiten von Top-Down-Innovationen an andere Schulen zu vermitteln.

Bei der Auseinandersetzung mit dem Transfer befindet sich der Bildungsbereich demnach noch in den Anfängen (Kriegesmann et al., 2006). Daher ist es
von zentraler Bedeutung gerade diesen Bereich noch weiter zu erforschen, damit
Innovationen flächendeckend in den Schulen verankert werden können.

2.3   Fazit

Insgesamt zeigt sich, dass die Umsetzung einer Innovation in drei grobe Teilbereiche gegliedert werden kann: die Konzipierung, die Implementation und den
Transfer (Capaul, 2005). Dabei erweisen sich die Akteure mit ihren Einstellungen, ihrer Motivation und ihrem Handeln als maßgeblich für eine erfolgreiche
Umsetzung (Gräsel & Parchmann, 2004; Hall & Hord, 2006; Sherry, 2002). Bereits bei der Konzeption muss ein Ausgleich zwischen neuen Ideen und eine
Verknüpfung mit bereits etablierten Elementen stattfinden, damit eine Innovation auf Akzeptanz stößt (Fishman & Krajcik, 2003; Haenisch, 1994; Jäger, 2004;
Schramm, 2007). Für die Verbreitung steht die Kommunikation im Mittelpunkt:

Durch das Kommunizieren der Innovation entstehen erst die Anlässe zur Beschäftigung mit ihr. Dies gilt sowohl für die flächendeckende Erreichung von Schulen als auch für die Verbreitung innerhalb einer Schule. Hier zeigt Rogers (2003) Diffusionstheorie anschaulich, wie die Kommunikation die Auseinandersetzung veranlassen kann. Erst diese kann zur Annahme der Innovation führen, die wiederum weitere Kommunikation darüber hervorruft, so dass im Idealfall eine Auseinandersetzung aller beteiligten Personen damit stattfindet. Doch die Akzeptanz allein ist nicht ausreichend, die Implementation benötigt auch Unterstützung und strategisches Vorgehen, um die Motivation aufrechtzuerhalten und so eine erfolgreiche Umsetzung zu ermöglichen. Als besonders geeignet hat sich dabei ein Management nach dem dreigeteilten Promotorenmodell erwiesen, welches bei der Leitung des Prozesses zwischen Macht-, Fach-, und Prozesspromotoren unterscheidet (Hauschildt & Chakrabarti, 1988; Hunneshagen, 2005; Witte, 1973). Nicht allein aufgrund ihrer Rolle als Machtpromotor kommt der Schulleitung bei dem Implementationsprozess eine Schlüsselrolle zu. Durch ihre Einstellung und ihre Handlungsweise kann sie die Umsetzung einer Innovation anregen, vorantreiben, unterstützen und zum Erfolg bringen, aber auch hemmen, behindern oder sogar verhindern (Geijsel et al., 2003; Gräsel & Parchmann, 2004; Hall & Hord, 2006).

> Innovationsstudien müssen daher auch Forschung über Innovations-Management sein, was Fragestellungen zu Einfluß und Handeln in Leitung, Steuergremien und Teams impliziert. (Holtappels, 1995a, S. 340)

Wird eine Innovation an einer Schule angenommen und implementiert, so ist es von Bedeutung, dass sie nicht dauerhaft nur einen kleinen Teilbereich der Schule betrifft, sondern die Ideen und Konzepte innerhalb der gesamten Schule transferiert werden. Denn erst durch eine Institutionalisierung in möglichst vielen Bereichen der Schule ist eine dauerhafte Verankerung einer Innovation möglich. Zudem ist die Verankerung von Innovationen im Schulsystem nur gegeben, wenn auch ein externer Transfer stattfindet:

> Entsprechend ließe sich sagen, dass Modellversuchsergebnisse sozusagen den Samen bilden, der auf unterschiedlichen Böden in unterschiedlicher Weise wirken kann. Entsprechend stellen die Ergebnisse zunächst ‚nur' ein Potenzial bereit, das in Abhängigkeit von den vorgängigen Erfahrungen ihrer Abnehmer bei diesen zur Erweiterung ihrer Handlungskompetenzen führt oder aber folgenlos versiegt. (Euler, 2001, S. 4 f.)

Wie jedoch aufgezeigt werden konnte, mangelt es besonders in diesem Bereich an Forschung. Während bei der Implementation von Innovationen im Zusammenhang mit Modellversuchen und Projekten zahlreiche Erkenntnisse zu Implementationsbedingungen erzielt werden konnten, bleiben bei dem Transfer von Innovationen in die Breite erhebliche Forschungsdesiderate bestehen. So ist weitgehend ungeklärt, unter welchen Bedingungen Schulen – außerhalb von Modellversuchen und Projekten – dazu angeregt werden, sich mit Innovationen auseinanderzusetzen. Des Weiteren ist klärungsbedürftig, wie diese Schulen Innovationen umsetzen können und welche Bedingungen sich für die Implementation als fördernd bzw. hemmend erweisen (Gräsel & Parchmann, 2004; Koch, 2011; Wiechmann, 2002).

In der vorliegenden Studie findet eine Auseinandersetzung mit diesen Forschungsdesideraten statt. Hierzu wird die Innovation BNE im Rahmen von weiterführenden Schulen in Nordrhein-Westfalen untersucht. Die so gewonnenen Erkenntnisse leisten damit einerseits einen Beitrag dazu, Möglichkeiten der Implementation von BNE außerhalb von Modellversuchen an weiterführenden Schulen sowie Erkenntnisse zu dem externen Transfer dieser Innovation aufzuzeigen. Andererseits tragen die Ergebnisse zur Erschließung der Forschungsdesiderate im Bereich der Transferforschung bei.

3 Bildung für nachhaltige Entwicklung als Innovation

BNE stellt ein innovatives Bildungskonzept dar, das seit knapp zwanzig Jahren sowohl auf internationaler als auch auf nationaler Ebene vorangebracht wird. Wie sich diese Innovation entwickelt hat und welche Inhalte darunter gefasst werden, wird im Folgenden erläutert. Den Ausgangspunkt bildet das dieser Arbeit zugrunde liegende Verständnis von nachhaltiger Entwicklung (Kapitel 3.1), um darauf aufbauend den damit verbundenen Bildungsauftrag zu verdeutlichen (Kapitel 3.2). An diese Darstellung knüpft eine Auseinandersetzung mit dem Innovationskonzept BNE an, mit der inhaltliche und didaktische Merkmale herausgearbeitet und die Novität der Konzipierung aufgezeigt werden (Kapitel 3.3).

3.1 Zum Verständnis von nachhaltiger Entwicklung

Nachhaltigkeit hat sich auf politischer und gesellschaftlicher Ebene zu einem populären Begriff entwickelt. Sein Bekanntheitsgrad impliziert jedoch nicht, dass auch das Konzept der nachhaltigen Entwicklung im Sinne der Agenda 21 (vgl. Kapitel 3.2) einer breiten Bevölkerung vermittelt wurde. Vielmehr wird der Begriff oftmals inflationär verwendet und auf viele lebensweltliche Bereiche übertragen. Reichel (2006) sieht darin eine Entwertung des Begriffs, da inzwischen in nahezu allen politischen, wirtschaftlichen und gesellschaftlichen Bereichen Nachhaltigkeit propagiert werde. Auswirkungen, die sich aus einem derartigen Umgang mit dem Begriff ergeben, beschreibt Di Giulio (2004) wie folgt: „Insgesamt scheint eine oft unreflektierte Verwendung des Ausdrucks zu einer Verunklärung des dahinterstehenden Begriffes geführt zu haben – mit dem Resultat, dass 'Nachhaltigkeit' zum leeren Modewort zu werden droht, das keinerlei diskriminatorische Funktion erfüllt" (S. 11). Aus diesem Grund werden im Folgenden zunächst die Entstehungsgeschichte des Begriffs nachhaltige Entwicklung skizziert und das dieser Studie zugrunde liegende Verständnis von Nachhaltigkeit definiert.

3.1.1 Entstehungsgeschichte

Ausgangspunkt für die Einführung des Begriffs nachhaltige Entwicklung ist die weltweite Steigerung von Umweltproblemen, die zu einer internationalen Auseinandersetzung mit Umweltfragen geführt hat. 1972 wurde in Stockholm von den Vereinten Nationen erstmals eine internationale Umweltkonferenz organisiert (vgl. Di Giulio, 2004); 1983 bildeten die Vereinten Nationen die Weltkommission Umwelt und Entwicklung (WCED), deren Aufgabe es war, anhand einer Analyse der zentralen umwelt- und entwicklungspolitischen Probleme Vorschläge für Lösungen zu erarbeiten, die in internationaler Zusammenarbeit umgesetzt werden könnten. 1987 entstand im Zuge einer Konferenz der WCED der Bericht ‚Our Common Future‘, auch bekannt als Brundtlandbericht[4]. Er zeigt Entwicklungs- und Umweltprobleme auf und benennt Handlungsempfehlungen zum Umgang mit diesen Herausforderungen und zur Gestaltung der Zukunft (Hauff, 1987). Der Ausdruck *sustainable development* wird in diesem Dokument aufgegriffen und beschrieben als eine „Entwicklung, die die Bedürfnisse der Gegenwart befriedigt, ohne zu riskieren, dass künftige Generationen ihre eigenen Bedürfnisse nicht befriedigen können" (Hauff, 1987, S. 46). Mit der Verknüpfung von *sustainable* und *development* wird an die Termini *ecologic sustainability* (welcher als ökologische Tragfähigkeit übersetzt werden kann) und *economic development* (im Deutschen: ökonomische Entwicklung) angeschlossen (vgl. Hellberg-Rode, 2006). *Sustainable development* wurde im deutschsprachigen Raum zunächst als dauerhafte oder auch nachhaltige Entwicklung übersetzt. Inzwischen hat sich Letzteres durchgesetzt (vgl. Di Giulio, 2004).

Der Begriff Nachhaltigkeit stammt aus dem 18. Jahrhundert, war lange Zeit weitgehend ungenutzt und wurde in der zweiten Hälfte des 20. Jahrhunderts wiederbelebt. In seinem Ursprung wurde er im Bereich der Forstwirtschaft verwendet, in der es durch zu starke Rodung der Wälder in Preußen zu einer Holzknappheit kam. Nachhaltigkeit bezog sich daher auf den Umgang mit Holz, das nur in einem solchen Maße gerodet werden sollte, dass die Ressourcen nicht vollständig aufgebraucht wurden, um einen dauerhaften Nachwuchs der Bäume gewährleisten zu können (Di Giulio, 2004; Hauenschild & Bolscho, 2007).

Die Verknüpfung des Begriffs Entwicklung mit dem Terminus Nachhaltigkeit (bzw. die Verbindung von *sustainable* mit *development*) zeigt auf, dass in diesem Zusammenhang alle gesellschaftlichen Entwicklungen verstanden werden, wobei dieser Entwicklungsprozess auf das Ziel der Nachhaltigkeit ausgerichtet ist (vgl. Di Giulio, 2004).

---

4   Die Bezeichnung erfolgte aufgrund des Namens der seinerzeitigen Kommissionsvorsitzenden und norwegischen Ministerpräsidentin Gro Harlem Brundtland (vgl. Harenberg, 2001).

> Dieser Zustand der Nachhaltigkeit wäre dann erreicht, wenn die gesamte Weltbevölkerung ihre Bedürfnisse und ihren Wunsch nach einem besseren Leben befriedigen könnte und zugleich gesichert wäre, dass dies auch für künftige Generationen der Fall sein wird. Eine nachhaltige Entwicklung wiederum wäre eine Entwicklung, die diesen Zustand anstrebt und ihn nach Erreichen auf Dauer sichert. (Di Giulio, 2004, S. 47 f.)

Gesellschaftliche Veränderungen sind somit auf Grundlage dieses Konzeptes auf Nachhaltigkeit auszurichten, so dass das Weiterleben mit allen damit verbundenen Bedürfnissen gesichert wird. Nachhaltige Entwicklung umschreibt jedoch keinen einmalig zu erreichenden Zielzustand, sondern eine dauerhafte Entwicklung, an deren Verlauf beständig und unter sich fortwährend verändernden Bedingungen gearbeitet werden muss (Künzli David, 2007).

> Es geht nicht um Stagnation oder Wachstum, es geht nicht um Beibehalten oder Verändern, sondern es geht darum, dass sich das Gesamtsystem unseres globalen Zusammenlebens ständig weiterentwickelt und dass wir Kriterien brauchen, anhand derer wir die Entwicklung bewerten und beeinflussen können. (Rost, 2002, S. 9)

Nachhaltige Entwicklung bezieht sich sowohl auf das Individuum als auch auf die Gesellschaft und fordert eine Entwicklung im Einklang mit der Umwelt (vgl. Stengel, Liedtke, Baedeker & Welfens, 2008). Infolgedessen wird auf die Vernetztheit der Bereiche Ökologie und Ökonomie geachtet und gleichzeitig die Verbindung mit sozialen und kulturellen Aspekten berücksichtigt. Diese drei Dimensionen der nachhaltigen Entwicklung werden im Folgenden näher erläutert.

3.1.2 Aspekte des Nachhaltigkeitsverständnisses

Die Notwendigkeit der Verbindung der drei Bereiche Umwelt, Wirtschaft und Soziales wurde bereits von der WCED im Brundtlandbericht 1987 festgehalten. So werden die Ursachen und Lösungsvorschläge für die in diesem Dokument aufgedeckten Problemfelder aus Sicht der Umwelt, der Wirtschaft und des Sozialen beleuchtet und miteinander in Verbindung gebracht. Ebenso werden bei den von der WCED gesetzten Zielen – bezogen auf ihre Bestimmung und Erreichung – die drei Bereiche miteinander verflochten, indem die mit einer Dimension verknüpften Ziele auch die mit den anderen Dimensionen verknüpften Ziele enthalten sowie Umsetzungsvorschläge, die in einer Dimension veranschlagt werden, auch zu Zielen im Bereich der anderen Dimensionen führen. Di Giulio (2004) veranschaulicht dies anhand des folgenden Beispieles:

> So dienen die meisten wirtschaftlichen Ziele der Verringerung der Armut und der Steigerung des Lebensstandards insbesondere in den Entwicklungsländern. Hier geht es also letztlich um die Erreichung sozialer Ziele. Zunehmender Wohlstand wiederum soll dazu führen, dass die umweltbezogenen Ziele insgesamt erreicht werden können, da die WCED davon ausgeht, mehr Wohlstand habe ein umweltverträglicheres Handeln zu Folge. (S. 55)

Seither wird nachhaltige Entwicklung in drei Dimensionen eingeteilt, die gleichberechtigt nebeneinander stehen und miteinander verbunden sind: die ökologische, die ökonomische und die sozio-kulturelle Dimension. Diese drei Bereiche bilden den Referenzrahmen für die inhaltliche Ausgestaltung der nachhaltigen Entwicklung (Hauenschild & Bolscho, 2007). Die ökologische Dimension umfasst die Erhaltung der materiellen Lebensgrundlagen. Die ökonomische Dimension bezieht sich auf die wirtschaftliche Entwicklung und die Existenzsicherung bzw. den Wohlstand der Menschheit. Wohlstand und Erhalt der Lebensgrundlagen sollen aber nicht einzelnen Ländern oder Bevölkerungsgruppen vorbehalten sein, sondern – und hierauf zielt die sozio-kulturelle Dimension – im Hinblick auf die Gleichberechtigung aller Menschen und das damit verbundene Recht aller, ein erfülltes Leben zu führen, gestaltet werden (Künzli David, 2007). Damit liegen der nachhaltigen Entwicklung zwei ethische Annahmen zugrunde: die Annahme einer global integrativen und sozialen Gerechtigkeit (Gräsel, 2009).

Die Entwicklung der Gesellschaft in Richtung Nachhaltigkeit wurde bereits von der WCED nur dann als möglich angesehen, wenn sie einen partizipativen Charakter erhält. Die Beteiligung der Gesellschaft bei der Lösung gesellschaftlicher Probleme wird daher als wichtiges Kennzeichen der nachhaltigen Entwicklung erachtet (Hauff, 1987; Konferenz der Vereinten Nationen für Umwelt und Entwicklung, 1992). Damit dies gelingen kann, bedarf es jedoch der Konkretisierung der zu erreichenden Ziele. Eine gerichtete Entwicklung ist daher zugleich auch ein normativer Ansatz. Hintergrund der vorgegebenen Norm ist eine sozialethische Herangehensweise, bei der die Folgen menschlichen Handelns für jetzige und zukünftige Generationen in den Fokus genommen werden. So werden beispielsweise Entwicklungen im Umweltbereich dahingehend beurteilt, inwieweit sie die Bedürfnisbefriedigung der Menschen beeinflussen (Di Giulio, 2004).

Insgesamt ist festzuhalten, dass nachhaltige Entwicklung von den Vereinten Nationen als ein normativer und zugleich partizipativer Ansatz verstanden wird, der eine ökonomische, ökologische und sozio-kulturelle Dimension umfasst.

Damit wird eine regulative Idee vorgegeben, die in Form von Konzipierungen zu konkretisieren ist.

3.1.3 Konzipierung von nachhaltiger Entwicklung

Eine einheitliche Konzipierung nachhaltiger Entwicklung findet sich weder auf politischer Ebene noch im wissenschaftlichen Bereich. Nach Schätzungen gibt es eine Vielzahl von unterschiedlichen Definitionen und daran anknüpfende Konzipierungen (vgl. Dobson, 2000; Hauenschild & Bolscho, 2007). Dies muss sich allerdings nicht nachteilig auswirken, sondern ist nach Becker (2008) sogar erforderlich:

> Die oft beklagte Pluralität oder Unschärfe von Vorstellungen und Begriffsbedeu-
> tungen von nachhaltiger Entwicklung ist insofern eine notwendige Erscheinung,
> weil das Prinzip einer umfassenden Partizipation auf allen Ebenen zu den zentra-
> len und unverzichtbaren Merkmalen nachhaltiger Entwicklung gehört. (S. 2)

So kann kein weltweit einheitliches Verständnis von nachhaltiger Entwicklung erwartet werden, da das Konzept von politischen Schwerpunktsetzungen, gesellschaftlichen und wirtschaftlichen Entwicklungen der Staaten abhängt (vgl. Bundestagsdrucksache 13/11200, 26. Juni 1998).

Zudem stellt die Zeitdimension einer sich immerwährend verändernden Welt eine weitere Herausforderung für eine konkrete und damit auch eingeschränkte begriffliche Konzeptualisierung dar. Vor diesem Hintergrund erachtet es Künzli David (2007) als sinnvoll, die Diskussion zur nachhaltigen Entwicklung auf zwei Ebenen zu betrachten: die Ebene der regulativen Idee und die Ebene der Konkretisierung. Auf der ersten, übergeordneten Ebene „lassen sich Anforderungen an die Verwendung des Begriffs „Nachhaltigkeit" bestimmen, welche erfüllt sein müssen, um von einer nachhaltigen Entwicklung in einem Bereich, von einer nachhaltigen Strategie, einem nachhaltigen Programm etc. sprechen zu können" (Künzli David, 2007, S. 22 f.). Auf der Ebene der regulativen Idee ist es möglich einen Konsens sowohl international wie auch in Bezug auf die Zeitdimension zu bilden. Die zweite Ebene, die der Konkretisierung der nachhaltigen Entwicklung, ist zeitlich und geografisch gebunden und dem Gesetz des ständig neuen Aushandelns unterworfen (Künzli David, 2007).

Nachhaltige Entwicklung muss innerhalb einzelner Gesellschaften konkretisiert und im Laufe der Zeit kontinuierlich angepasst werden. Der damit einhergehende Bildungsauftrag wird im Folgenden umrissen.

3.2 Nachhaltige Entwicklung als Bildungsauftrag

1992 fand in Rio de Janeiro die zweite internationale Konferenz für Umwelt und Entwicklung der Vereinten Nationen statt (*United Nations Conference on Environment and Development*, UNCED), in der die Weiterentwicklung von Umwelt- und Klimaproblematiken thematisiert wurde. Als ein bedeutsames Resultat der Konferenz verabschiedeten 178 Staaten ein Aktionsprogramm für das 21. Jahrhundert, das die Bezeichnung ‚Agenda 21' trägt. In den dort festgeschriebenen 40 Kapiteln verpflichten sich die beteiligten Staaten zu einer Zusammenarbeit im Bereich Umwelt und Entwicklung. Hauptziel des Aktionsplans ist es, ein Leitbild für nachhaltige Entwicklung zu konkretisieren (Konferenz der Vereinten Nationen für Umwelt und Entwicklung, 1992).

> ‚*Nachhaltige Entwicklung'* ist damit auch gemäß der UNCED *zu verstehen als* eine globale, regionale und nationale Entwicklung der menschlichen Gesellschaft, die sich am umfassenden und übergeordneten Ziel orientiert, die Bedürfnisse aller Menschen – gegenwärtiger wie künftiger – zu befriedigen und allen Menschen ein gutes Leben zu gewährleisten. ‚*Nachhaltigkeit'* wiederum *ist zu verstehen als* der durch eine nachhaltige Entwicklung anzustrebende Zustand [...] (Di Giulio, 2004, S. 145, Hervorhebungen im Original)

Ausgehend vom Brundtlandbericht (vgl. Kapitel 3.1.1) werden in der Agenda 21 die ökonomische, ökologische und soziale Dimension des Nachhaltigkeitsverständnisses aufgegriffen und konkrete Ziele für die deklarierten Herausforderungen benannt. Ebenso wird der Partizipationsgedanke in Bezug auf die Umsetzung der nachhaltigen Entwicklung weitergedacht und konstatiert, dass ohne die Beteiligung der Bevölkerung bei Entscheidungsfindungen, die Umsetzung der nachhaltigen Entwicklung nicht möglich sei. Um die Lebensbedingungen derzeitiger und zukünftiger Generationen zu erhalten, wird daher auf „die Lern- und Innovationsbereitschaft von Menschen und Institutionen und auf die Möglichkeit eines tiefgreifenden kulturellen Wandels" (Bund-Länder-Kommission für Bildungsplanung und Forschungsförderung [BLK], 1998, S. 23) gesetzt. Es muss jeder einzelne angeregt werden, sein Leben auf nachhaltige Weise zu gestalten, um die mit dem Konzept der nachhaltigen Entwicklung verbundenen Ziele langfristig zu erreichen. Dabei wird davon ausgegangen, dass eine Sensibilisierung bzw. Bewusstseinsförderung im Bereich der Nachhaltigkeit mit Hilfe verschiedener Bildungsangebote zu Verhaltensänderungen führen kann. Bildung wird mithin als Schlüsselelement für die gesellschaftliche Neuausrichtung in Richtung Nachhaltigkeit angesehen. In der Agenda 21 ist Bildung unter dem

Titel ‚Förderung der Bildung, der Bewusstseinsbildung und der Aus- und Fortbildung' ein vollständiges Kapitel gewidmet; dort wird u.a. konstatiert:

> Bildung [...] ist als ein Prozess zu sehen, mit dessen Hilfe Menschen wie Gesell-
> schaften ihr volles Potenzial verwirklichen können. Bildung ist eine unerlässliche
> Voraussetzung für die Förderung der nachhaltigen Entwicklung und die bessere
> Befähigung der Menschen, sich mit Umwelt- und Entwicklungsfragen auseinan-
> derzusetzen. (Konferenz der Vereinten Nationen für Umwelt und Entwicklung,
> 1992, S. 329)

Ein Ziel der BNE ist somit die Befähigung zur Auseinandersetzung mit ökologischen, ökonomischen und sozialen Fragestellungen. Dies soll durch Bewusstseinsbildung sowie durch das Erlernen von Fähigkeiten wie Einschätzen, Bewerten, Entscheiden und Handeln ermöglicht werden:

> Um wirksam zu sein, sollte sich die Umwelt- und Entwicklungserziehung sowohl
> mit der Dynamik der physikalischen/biologischen und der sozioökonomischen
> Umwelt als auch mit der menschlichen (eventuell auch einschließlich der geisti-
> gen) Entwicklung befassen, in alle Fachdisziplinen eingebunden werden und for-
> male wie nichtformale Methoden wie auch wirksame Kommunikationsmittel ver-
> wenden. (Konferenz der Vereinten Nationen für Umwelt und Entwicklung, 1992,
> S. 329)

Die Agenda 21 stellt somit einen Bildungsauftrag zur Förderung von nachhal-
tigkeitsbezogenem Bewusstsein und Handeln dar, der sowohl innerhalb des Bildungssystems als auch außerhalb umgesetzt werden soll. Mit dem Konzept BNE
wird das Ziel verfolgt, zum nachhaltigkeitsbezogenen Denken und Handeln zu
befähigen. Im Bildungssystem soll dieses Konzept umgesetzt und daraus fol-
gend Nachhaltigkeit unterrichtet werden (Hauenschild & Bolscho, 2007).

> Ziel ist die Förderung einer breitangelegten öffentlichen Bewusstseinsbildung als
> wesentlicher Bestandteil einer weltweiten Bildungsinitiative zur Stärkung von
> Einstellungen, Wertvorstellungen und Handlungsweisen, die mit einer nachhalti-
> gen Entwicklung vereinbar sind. (Konferenz der Vereinten Nationen für Umwelt
> und Entwicklung, 1992, S. 333)

Damit wird nachhaltige Entwicklung im Bildungsbereich nicht als ein optionaler
bzw. additiver Bereich angesehen, sondern als ganzheitliches Konzept, dass in
allen Bereichen des Bildungssystems verankert werden soll (Ständige Konferenz
der Kultusminister der Länder in der Bundesrepublik Deutschland [KMK] &
Deutsche UNESCO-Kommision [DUK], 2007). BNE umfasst infolgedessen die
Neuausrichtung der Bildung im Hinblick auf Nachhaltigkeit. Dies soll sowohl
innerhalb des Schulsystems als auch außerhalb, etwa im Bereich der Kinder-
und Erwachsenenbildung, geschehen.

Die Verankerung von BNE in und außerhalb des Schulsystems stellt zunächst einmal eine gesellschaftliche bzw. politische Forderung dar. In diesem Zusammenhang wird der Begriff nachhaltige Entwicklung mit dem Terminus Bildung[5] verknüpft und nicht mit Erziehung in Verbindung gesetzt, denn:

> Im Unterschied zu Bildung ist Erziehung ein transitiver Begriff, das heißt, Erziehung gilt als ein Handeln, das bestimmte (positiv ausgezeichnete) Ziele an einer anderen Person erreichen will [...]. Bildung erscheint demgegenüber als [...] ein «autopoietischer» und selbstregulativer Prozess [...] (Herzog & Künzli David, 2007, S. 286)

Daher erscheint eine Vermittlung von Inhalten und Kompetenzen aus dem Bereich der nachhaltigen Entwicklung im Sinne des von Herzog und Künzli David (2007) dargelegten Bildungsbegriffs sinnvoll. Für den Begriff Bildung lässt sich eine Vielzahl an Bedeutungen finden, so dass Bildung nicht mit einer Definition gefasst werden kann. Allerdings konnte Durdel (2002) Übereinstimmungen bei verschiedenen Definitionen von Bildung aus den neunziger Jahren und zu Beginn des 21. Jahrhunderts finden: Demnach stelle Bildung einen lebenslangen Prozess dar, in dessen Verlauf Kompetenzen erlernt werden. Diese Kompetenzen sollen dazu beitragen, ein selbstbestimmtes Leben führen sowie gesellschaftliche Verantwortung übernehmen zu können (vgl. auch Künzli & Bertschy, 2008).

In Bezug auf BNE werden dabei insbesondere drei Aspekte als wesentlich erachtet: Offenheit, Reflexivität und Dynamik. Die Offenheit bezieht sich auf das Individuum, das bereit sein soll neue Erfahrungen und Wissen aufzunehmen. Damit wendet sich Bildung in einem solchen Verständnis „gegen einen bildungstheoretischen Objektivismus, aus dem heraus man meinen könnte, einen Kanon an anzueignendem Wissen und Interpretationen von Welt festlegen zu können" (de Haan, 2002, S. 14). Das Bewusstsein, dass in einer sich immerwährend verändernden Welt auch das Wissen über diese Welt und die Bewertungen und Konsequenzen, die daraus folgen, neu überdacht werden müssen, hat Auswirkungen sowohl auf den Lehrenden als auch auf den Lernenden. Lehrende müssen selbst immer wieder aufs Neue dazulernen und sollten bereit sein, auch Interpretationen der Welt außerhalb ihrer auf eigenen Erfahrungen aufgebauten

---

5   Es sei darauf hingewiesen, dass in der erziehungswissenschaftlichen Diskussion der Begriff Bildung weit gefächert ist und diesem keine einheitliche Definition zugrunde liegt. Eine vertiefende Auseinandersetzung über Bildungsverständnisse im Allgemeinen würde den Rahmen der vorliegenden Arbeit sprengen, für einen Überblick sei an dieser Stelle auf Durdel (2002) verwiesen.

Weltanschauungen zuzulassen. Für die Lernenden bedeutet dieses Verständnis von Bildung im Besonderen, eine über den Wissenserwerb hinausgehende Aneignung von Kompetenzen (vgl. Kapitel 3.3.1), da die Welt und Erkenntnisse sich ständig verändern. Erst die Offenheit und Kenntnisnahme von Wandel ermöglicht ihnen mit Veränderungen umgehen zu können (Michelsen, 2008b). Daran geknüpft ist der zweite Aspekt von Bildung in diesem Verständnis: die Reflexivität. Denn die Voraussetzung für einen sinnvollen Umgang mit einer sich stetig verändernden Welt ist die Fähigkeit, diese Veränderungen und sein eigenes Handeln in Verbindung mit Erfahrungen reflektieren zu können (Michelsen, 2008b). Der dritte Aspekt, die Dynamik, bezieht sich auf die Globalisierung: Denn – so formuliert es de Haan (2002) – in „dem Maße wie die Pluralität der Kulturen sichtbar und die Unsicherheiten im Wandel kenntlich werden, werden Hierarchisierungen zwischen Kulturen und Wissensformen mehr und mehr obsolet" (S. 14). Durch die Dynamik steigen die Unsicherheiten, in welche Richtung sich die Welt und einzelne Komponenten in Zukunft entwickeln werden. Diese Unsicherheit kann aber gleichsam auch als Chance genutzt werden, um jenseits kultureller Eigenheiten gemeinsam die Zukunft zu gestalten (de Haan, 2002).

Somit ist Bildung im Zusammenhang mit nachhaltiger Entwicklung zukunftsgerichtet aufzufassen. Sie soll nicht nur der Bewältigung des derzeitigen Alltags dienen, sondern die Lernenden darauf vorbereiten, mit zukünftigen Ereignissen umzugehen, sich für Neues zu öffnen, Derzeitiges und Vergangenes zu reflektieren und die Dynamik der Welt als Chance zur Gestaltung der Welt zu nutzen.

Für BNE selbst gibt es vielfältige Definitionen, was nicht zuletzt der Breite der damit angesprochenen Thematik geschuldet ist:

> Das Hineintragen des Nachhaltigkeitsdiskurses in den pädagogischen Kontext impliziert, sich in Bildungs- und Erziehungsprozessen mit der Grundidee der nachhaltigen Entwicklung, eine inter- und intragenerative gerechte Welt zu schaffen, ebenso auseinander zu setzen wie mit Ressourcenverbräuchen, Schadstoffeinträgen, Formen effizienten und konsistenten Wirtschaftens, mit den heutigen Formen von Mobilität und Metabolismus, mit dem Konsum und den nicht-nachhaltigen Lebensstilen sowie suffizenzorientierten Lebensformen etc. (Deutsche Gesellschaft für Erziehungswissenschaft [DGfE], 2004, S. 4)

Die DGfE hebt hier insbesondere Nachhaltigkeit im Hinblick auf inter- und intragenerative Aspekte, sowie die Bereiche Ökologie, Ökonomie und die soziokulturelle Dimension hervor, die im Zuge der BNE explizit miteinander verknüpft werden. Themen wie Ressourcenerhalt, nachhaltigkeitsrelevantes Wirtschaften und fairer Handel müssen immer auch aus der Perspektive der jeweils anderen Dimensionen betrachtet werden (KMK/DUK, 2007), nur so ist es möglich einer zunehmend globalisierten Welt gerecht zu werden:

> Bildung für eine nachhaltige Entwicklung soll zur Realisierung des gesellschaftlichen Leitbilds einer nachhaltigen Entwicklung im Sinne der Agenda 21 beitragen und hat zum Ziel, die Menschen zur aktiven Gestaltung einer ökologisch verträglichen, wirtschaftlich leistungsfähigen und sozial gerechten Umwelt unter Berücksichtigung globaler Aspekte zu befähigen. (Bundesministerium für Bildung und Forschung [BMBF], 2002, S. 4)

Neben der horizontalen Vielfältigkeit der BNE angesichts ihrer Interdisziplinarität, tritt ferner eine vertikale, auf der zeitlichen Ebene angesiedelte Vielfältigkeit hervor, die aus Wandlungsprozessen resultiert. De Haan und Harenberg (1999) schlagen vor diesem Hintergrund die folgende Definition von BNE vor:

> *Bildung für nachhaltige Entwicklung ist als Bildungskonzept darauf angelegt,* den jungen Menschen die Möglichkeit zu eröffnen, in einer Welt der knappen Ressourcen und nicht realisierter inter- wie intragenerationeller Gerechtigkeit gestaltend mitwirken zu können. Es ist mithin kein Konzept der Funktionalisierung, sondern eines der *Entfaltung und Freisetzung von Kompetenzen für eine ökonomisch globalisierte, ökologisch gefährdete und sozial unausgeglichene Welt.* (S. 11, Hervorhebungen im Original)

Damit wird mit diesem Bildungskonzept eine normative Wertorientierung vorgegeben, die sich am Gerechtigkeitsprinzip orientiert (vgl. Kapitel 3.1.2 und 3.3.4). Wie im Bildungsbereich mit dieser Normativität umgegangen wird, ohne dem Individuum einen Lebensstil vorzuschreiben, wird im Kapitel 3.3.1 zur Gestaltungskompetenz, welche als Ziel der BNE gilt, deutlich.

Aufbauend auf dem soeben skizzierten Verständnis von BNE wird nun das damit verknüpfte Innovationskonzept für den schulischen Bereich dargelegt und vor dem Hintergrund der in Kapitel 2 dargestellten theoretischen Annahmen und empirischen Erkenntnisse kritisch reflektiert.

3.3   Das Innovationskonzept zur BNE

Auf Grundlage des Verständnisses von nachhaltiger Entwicklung im Sinne der Agenda 21 werden im Folgenden Konzepte zur Umsetzung von BNE als Innovation in der Schule dargelegt. Dazu wird zunächst das grundlegende Ziel dieser Innovation erläutert (Kapitel 3.3.1) und die inhaltliche Ausrichtung beschrieben (Kapitel 3.3.2). Um die Novität des Konzeptes zu verdeutlichen, findet eine Auseinandersetzung mit inhaltlich angrenzenden Bildungskonzepten statt (Kapitel 3.3.3). Anschließend wird anhand von didaktischen Aspekten aufgezeigt, auf welche Weise die Innovation umgesetzt werden kann (Kapitel 3.3.4).

3.3.1 Zielsetzung der Innovation

Ziel der BNE ist die Förderung von nachhaltigkeitsrelevantem Denken und Handeln. Dies setzt zunächst eine Wissensvermittlung über die Gründe des Handlungsbedarfs in einer nachhaltigen Weise voraus. Infolgedessen wird auch bei der BNE die Vermittlung von Wissen als Grundvoraussetzung gesehen, um ein Verständnis für komplexe Zusammenhänge gesellschaftlicher Entwicklungen zu schaffen (BLK, 1998). Denn erst durch eine Wissensgrundlage können Handlungsmotive entwickelt werden. Darüber hinaus ist in einem weiteren Schritt notwendig, über das reine Wissen hinaus auch ein Problembewusstsein zu vermitteln, indem eine bewusste Auseinandersetzung mit diesen Themen stattfindet. So stellte schon 1986 der Soziologe Niklas Luhmann in Bezug auf die ökologische Dimension heraus:

> Es mögen Fische sterben oder Menschen, das Baden in Seen oder Flüssen mag Krankheiten erzeugen, es mag kein Öl mehr aus den Pumpen kommen und die Durchschnittstemperaturen mögen sinken oder steigen: solange darüber nicht kommuniziert wird, hat dies keine gesellschaftlichen Auswirkungen. (S. 63)

Aus dem Wissen soll so ein Problembewusstsein herausgearbeitet werden, das erst dazu veranlasst zu agieren. Es sei an dieser Stelle betont, dass die Wissensvermittlung und die Förderung des Problembewusstseins innerhalb der BNE einen bedeutenden Stellenwert haben. Dennoch steht diese nicht im Mittelpunkt der im folgenden vorgestellten Konzepte. Denn zum einem hat die Umweltbewusstseinsforschung gezeigt, dass Umweltwissen nicht zwangsläufig mit umweltorientierten Handeln einhergeht (Hellberg-Rode, 2006; Michelsen, 2002). So resümiert Gräsel (2009) auf Grundlage des Forschungsstands, dass empirisch nur zwischen 10 und 20 Prozent der Varianz von Umwelthandeln auf Umweltbewusstsein zurück gehen. Da die Auseinandersetzung mit der ökologischen Umwelt einen großen Teilbereich der BNE darstellt und die anderen Bereiche mit dieser ökologischen Dimension in Verbindung stehen, ist naheliegend, dass sich die Befunde der Umweltbewusstseinsforschung ebenfalls auf nachhaltigkeitsrelevantes Handeln übertragen lassen.

Zum anderen wandeln sich in einer sich so schnell verändernden Welt auch die Problematiken und Herausforderungen. Würde BNE allein auf Wissensvermittlung abzielen, so wäre das zu kurzfristig gedacht. Die Menschen wären in der Lage heutige Probleme wahrzunehmen, würden aber nicht darauf vorbereitet, mit zukünftigen Veränderungen umgehen zu können. In Bezug auf das Schulsystem, welches die Schülerinnen und Schüler auf das (zukünftige) Leben vorbereiten soll, wäre reine Wissensvermittlung im Bereich des heutigen Kenntnisstands daher nur bedingt förderlich.

Aus diesen Gründen wird bei den wissenschaftlichen Konzepten zur BNE neben der Wissensvermittlung und der Auseinandersetzung mit Problematiken auf die Förderung von Kompetenzen gesetzt, die auf Grundlage des Problembewusstseins ein nachhaltigkeitsrelevantes Handeln (auch bei zukünftigen Herausforderungen) ermöglichen. Kompetenz wird in diesem Zusammenhang nach der Definition von Weinert (2002) wie folgt verstanden:

> [...] die bei Individuen verfügbaren oder durch sie erlernbaren kognitiven Fähigkeiten und Fertigkeiten, um bestimmte Probleme zu lösen, sowie die damit verbundenen motivationalen, volitionalen und sozialen Bereitschaften und Fähigkeiten, um die Problemlösungen in variablen Situationen erfolgreich und verantwortungsvoll nutzen zu können. (S. 27 f.)

Als Leitziel der BNE stellt Künzli David (2007) demnach heraus, dass die Heranwachsenden Fähigkeiten zur Mitgestaltung besitzen. Als Grundlage für den Einsatz dieser Kompetenz soll dazu ein Bewusstsein für nachhaltige Themen aus Sicht und in Vernetzung aller drei Dimensionen geschaffen werden. Eine Erreichung dieses Ziels wird in der Vermittlung von Gestaltungskompetenz gesehen. Der Begriff Gestaltungskompetenz wurde von de Haan (2001) auf den Bereich BNE angewandt und kann wie folgt definiert werden:

> Gestaltungskompetenz zu besitzen bedeutet, über solche Fähigkeiten, Fertigkeiten und ein solches Wissen zu verfügen, die Veränderungen im Bereich ökonomischen, ökologischen und sozialen Handelns möglich machen, ohne dass diese Veränderungen immer nur eine Reaktion auf vorher schon erzeugte Problemlagen sind. (DGfE, 2004, S. 4)

Wie aus dieser Definition ersichtlich wird, bezieht sich der Kompetenzerwerb im Bereich von BNE auf die drei Dimensionen der nachhaltigen Entwicklung: Das Konzept sieht vor, dass dazu befähigt wird, sowohl auf ökologischer Ebene, wie auch auf ökonomischer und sozialer Ebene handeln zu können. Bedeutsam ist dabei eine aktive Gestaltung anstelle einer bloßen Reaktion auf bereits passierte Veränderungen und Geschehnisse. Gestaltungskompetenz impliziert damit, dass prospektiv gedacht und gehandelt wird. Um eine solche Befähigung zu erreichen, sind verschiedene Teilfähigkeiten notwendig. Insofern stellt Gestaltungskompetenz eine übergeordnete Kompetenz dar, die sich wiederum in Teilkompetenzen zerlegen bzw. konkretisieren lässt (vgl. de Haan, 2001).

Bei der Bestimmung der Teilkompetenzen wurde als Orientierung eine starke Anlehnung an die von der *Organisation for Economic Co-operation and Development* (OECD) formulierten Schlüsselkompetenzen (Rychen & Salganik, 2003) vorgenommen, indem diese in den Kontext der nachhaltigen Entwicklung eingeordnet und ausformuliert wurden. Die Konzipierung der Schlüsselkompetenzen durch die OECD wurde mit dem Ziel umgesetzt, diejenigen Kompetenzen zusammenzustellen, die für die eigene sowie die gesellschaftliche Entwicklung als relevant erachtet werden (Michelsen, 2008a). Die Schlüsselkompetenzen berücksichtigen demnach sowohl individuelle als auch gesellschaftliche Ziele:

> Kompetenz ist nicht nur ein Faktor im Hinblick auf die Art und Weise, wie die Menschen mit der Welt zurechtkommen, sondern auch wie sie mit den gesellschaftlichen Veränderungen umgehen und zur Gestaltung der Welt beitragen. (Rychen, 2008, S. 16 f.)

Als Kern der Schlüsselkompetenzen wird die Fähigkeit zum eigenständigen und reflexiven Denken angesehen, die zu einem verantwortungsvollen Handeln befähigt. Die Menschen sollen durch sie befähigt werden, Erfahrungen in der Weise zu nutzen, dass sie mit Veränderungen umgehen und das gesellschaftliche Leben aktiv mitgestalten können (Organisation for Economic Co-operation and Development [OECD], 2005). Für eine bessere Erfassung und Verortung werden dafür drei Kategorien dargelegt, die miteinander verknüpft sind, sich aber in ihrer jeweiligen Perspektive unterscheiden: autonomes Handeln, Interaktion in (sozial heterogenen) Gruppen und die interaktive Nutzung von Medien (Rychen, 2008). Diese Kategorien sind als Dimensionen zu verstehen, mit Hilfe derer sich ein Raum darstellen lässt, in dem sich die jeweiligen Schlüsselkompetenzen einordnen lassen und diese somit gekoppelt an verschiedene Kontexte in Verbindung mit anderen Schlüsselkompetenzen stehen (OECD, 2005).

In Tabelle 3.01 sind die im Rahmen der BNE spezifizierten Teilkompetenzen der Gestaltungskompetenz in die drei Hauptkategorien der OECD eingeordnet. Es wird deutlich, dass Gestaltungskompetenz als Leitziel betrachtet wird, welches weitere Subkompetenzen umfasst. Zudem klingen an dieser Stelle bereits der interdisziplinäre Charakter und didaktische Umsetzungsmöglichkeiten an, die an späterer Stelle weiter vertieft werden (vgl. Kapitel 3.3.4).

Tabelle 3.01: Zuordnung der Teilkompetenzen zu den Kompetenzkategorien der OCED (2005)

Kompetenzkategorien der OECD	Teilkompetenzen der Gestaltungskompetenz
Interaktive Verwendung von Medien und Tools	T.1 Weltoffen und neue Perspektiven integrierend Wissen aufbauen
	T.2 Vorausschauend denken und handeln
	T.3 Interdisziplinär Erkenntnisse gewinnen und handeln
Interagieren in heterogenen Gruppen	G.1 Gemeinsam mit anderen planen und handeln können
	G.2 An Entscheidungsprozessen partizipieren können
	G.3 Andere motivieren können, aktiv zu werden
Eigenständiges Handeln	E.1 Die eigenen Leitbilder und die anderer reflektieren können
	E.2 Selbstständig planen und handeln können
	E.3 Empathie und Solidarität für Benachteiligte zeigen können
	E.4 Sich motivieren können, aktiv zu werden

Quelle: de Haan, 2008, Tabelle 1

Des Weiteren zeigt sich anhand der Konzipierung von Gestaltungskompetenz ein stark prospektiv ausgerichteter Charakter, indem nicht nur dazu befähigt wird, Probleme zu lösen, sondern auch durch vorausschauendes Handeln die Zukunft so zu gestalten, dass potenzielle Probleme gar nicht erst entstehen:

> Das Konzept der Gestaltungskompetenz ist daher stärker als andere gegenwärtige Kompetenzkonzepte an einer Zukunftsdimension ausgerichtet. Zwar ergeben sich ihre Teilkompetenzen auch aus der Notwendigkeit, sich in veränderten gesellschaftlichen, politischen und natürlichen Rahmenbedingungen zurechtzufinden, doch liegt der Fokus auf jener individuellen Kompetenz, diese Rahmenbedingungen eigenständig und in Kooperation mit anderen zu gestalten. (Michelsen, 2008a, S. 50)

Die Vermittlung von Gestaltungskompetenz beinhaltet damit die Befähigung, die Zukunft aktiv gestalten zu können. Ein Handeln auf nachhaltige Weise wird aber immer nur als Angebot gesehen und die Entscheidung dazu jedem Einzelnen überlassen (de Haan, 2002).

Somit ist festzuhalten, dass das Leitziel für BNE so konzipiert wurde, dass die Heranwachsenden die Kompetenzen erlernen, die ihnen eine aktive Gestaltung der Zukunft in Richtung Nachhaltigkeit ermöglichen. Der Fokus auf dem Kompetenzerwerb hilft dabei, dass die Menschen dazu befähigt werden auch zukünftige Probleme und Herausforderungen aktiv und verantwortungsvoll zu bewältigen, die nach heutigem Wissensstand noch nicht ersichtlich sind. Wissen dagegen „bildet die Basis für die Entwicklung sachlich angemessener Handlungs- und Gestaltungskompetenzen im Prozess einer ökologisch tragfähigen, als nachhaltig bezeichneten Entwicklung" (Hellberg-Rode, 2006, S. 126). Mit der Ausrichtung der Kompetenzvermittlung in Richtung der Gestaltung der Gesellschaft – besonders auch in der Zukunft – findet in dem Konzept der Gestaltungskompetenz die zeitliche Dimension einen höheren Stellenwert als bei anderen Kompetenzmodellen (Michelsen, 2008a). Da Gestaltungskompetenz jedoch bewusst ohne die Fokussierung auf einzelne thematische Inhalte entwickelt wurde, wird im folgenden Abschnitt die inhaltliche Auseinandersetzung mit nachhaltiger Entwicklung näher beleuchtet.

3.3.2 Inhalte von BNE

Aufgrund der Komplexität und des inhaltlichen Facettenreichtums der BNE stellt sich die Frage nach der Möglichkeit zur Erfassung inhaltlich relevanter Themen. Denn in dem zeitlich begrenzten Rahmen des Schulalltages ist nur die Bearbeitung einer exemplarischen Auswahl von Themen möglich (Engelhard, 1998).

Eine umfassende Liste von Inhalten ist aufgrund der Konzipierung von nachhaltiger Entwicklung (vgl. Kapitel 3.1.3) nicht leistbar. De Haan (2002) stellt jedoch eine Auflistung von Kernthemen, die für den Bildungsbereich von Bedeutung sind, zusammen. Als Inhalte mit dem Schwerpunkt auf der ökologischen Dimension nennt er folgende (ebd., S.17):

- Globaler Wandel von Ökosystemen
- Indikatoren für globale (nicht) nachhaltige ökosystemare Entwicklungen
- Ökologische Ressourcen
- Ökologische Senken und Critical Loads
- Umweltbeobachtungssysteme
- Handlungsregelungen für den Umgang mit Ökosystemen

Mit stärkerem Fokus auf die ökonomische Perspektive lassen sich nach de Haan (2002, S. 18) neun Inhalte als relevant für BNE festhalten:

- Wachstumskriterien
- Traditionelle ökonomische Logiken und nachhaltiges Wirtschaften
- Technologien und Technik
- Produktion
- Produkte und Dienstleistungen
- Handel und Distribution
- Konsum
- Preise, Schulden und Steuern
- Evaluation

Stärker aus der Perspektive der sozialen Dimension stellen die folgenden Themen zentrale Aspekte in der Auseinandersetzung im Bereich der BNE dar (de Haan, 2002, S. 19):

- Gerechtigkeitskonzeptionen
- Verantwortungsübernahme
- Risikoabwägung
- Suffiziente Lebensformen
- Regionale Entwicklung
- Unterstützungsstrategien
- Kulturelle Anpassungsfähigkeit

Auch wenn die hier aufgeführten Themen den einzelnen Dimensionen zugeordnet wurden, so ist von Bedeutung, dass die Themen sich am Leitbild der nachhaltigen Entwicklung, das heißt an der verbindenden Integration aller drei Bereiche, orientieren und auch bei der Auseinandersetzung alle drei Dimensionen und ihr Verhältnis zueinander berücksichtigt werden (KMK/DUK, 2007). Zudem stellen diese inhaltlichen Aspekte eher rahmengebene Themenbereiche dar, die wiederum mit Unterthemen gefüllt werden müssen.

Als Hilfestellung eröffnet de Haan (2002) durch die Aufstellung von vier allgemeinen Selektionskriterien einen Zugang zur Zuordnung und Relevanzbemessung möglicher Themen im Hinblick auf BNE. Dazu wird als erstes Kriterium der Globalitätsaspekt des Bildungskonzepts fokussiert: Da nachhaltige Entwicklung im globalen Kontext betrachtet wird, ist dies ein klares Kriterium zur Einordnung von Themen. Allerdings muss gerade im schulischen Kontext darauf geachtet werden, dass Bezüge zur eigenen Lebenswelt der Lernenden hergestellt werden:

> Bildung für nachhaltige Entwicklung muss am Erfahrungshorizont und den Werthaltungen der Schüler und Schülerinnen anknüpfen bzw. ihnen Erfahrungen ermöglichen und von diesen ausgehend, nicht nur den Zugang zur Zukunft, sondern auch zum Komplexen und Abstrakten schaffen. (Künzli David, 2007, S. 71)

Damit sollten nach de Haan (2002) die Themen so gewählt werden, dass Verbindungen zwischen lokalem Handeln und globalen Veränderungen verdeutlicht werden können. Themen, die fern der Lebenswirklichkeit der Heranwachsenden sind, sollten dagegen nicht Gegenstand des Unterrichts sein.

Ein zweites Kriterium für die Auswahl von relevanten Themen ist die Langfristigkeit der Bedeutung des Themas für die Schülerinnen und Schüler. Wie bereits erläutert, erhält BNE durch die Gestaltungskompetenz eine prospektive Ausrichtung (vgl. Kapitel 3.3.1). Daher genügt es nicht aktuelle Herausforderungen zu erörtern. Zwar ist es hilfreich Anknüpfungspunkte zu nutzen, indem tagesaktuelle Geschehnisse aufgegriffen werden, aber erst wenn sie von langfristiger Bedeutung sind, regen sie an, Möglichkeiten der Gestaltung der Zukunft zu durchdenken (vgl. de Haan, 2002).

Des Weiteren umfasst die Differenziertheit des über eine Thematik vorhandenen Wissens das dritte Selektionskriterium. Demnach sollen gerade diejenigen Themen ausgewählt werden, bei denen ein breites Ausmaß an Wissen besteht, um auf unterschiedliche Betrachtungsweisen aufmerksam machen zu können (de Haan, 2002). Eine solche Auswahl ermöglicht zudem eine interdisziplinäre Auseinandersetzung mit einer Thematik, die auch dazu beitragen kann, die Vernetzung der ökologischen, ökonomischen und sozio-kulturellen Dimension aufzuzeigen.

Als viertes Kriterium nennt de Haan (2002) das Handlungspotenzial eines Themas, das dazu anregt, sich am Nachhaltigkeitsprozess zu beteiligen und selbst aktiv zu werden (vgl. auch KMK/DUK, 2007). Dieses Kriterium verweist erneut auf die Zielsetzung der BNE: die Vermittlung von Gestaltungskompetenz.

Damit bleibt die Vielfältigkeit der nachhaltigkeitsbezogenen Inhalte bestehen, für die Auswahl im schulischen Kontext stehen aber hilfreiche Orientierungspunkte zur Verfügung. Diese Kriterien zeigen zudem die Novität des Bildungskonzeptes gegenüber bereits bestehenden Konzepten, wie im folgenden Abschnitt genauer erläutert wird.

3.3.3 Verhältnis zu angrenzenden Bildungskonzepten

Im Folgenden werden Verbindungen und Abgrenzungen von einigen – der BNE nahe stehenden – Konzepten dargelegt, um den Bildungsauftrag des hier erörterten Konzepts zu verdeutlichen. So bekommt die BNE durch die ökologische Dimension und das starke Engagement bei dem Voranbringen dieses Bildungskonzepts durch die naturwissenschaftlichen Disziplinen zuweilen den Anschein, nur eine Weiterentwicklung der über Jahrzehnte thematisierten Umweltbildung zu sein, wenn nicht gar die Umweltbildung unter einem neuen Deckmantel selbst, um sie für die heutige Bildung attraktiver zu machen. Dazu muss zunächst betont werden, dass besonders in Deutschland die Umweltbildung eine gefestigte Tradition hat und im Bereich der ökologischen Dimension eine gute Grundlage für BNE geschaffen wurde. Dennoch ist BNE nicht auf Umweltbildung zu reduzieren: „Sie unterscheidet sich von der Umweltbildung ebenso wie von der entwicklungspolitischen Bildungsarbeit durch einen breiteren und umfassenderen Ansatz" (BMBF, 2002, S. 4). Durch die Vernetzung der drei Dimensionen ist der hier betrachtete Bildungsauftrag nicht nur auf einen Bereich – wie im Beispiel der Umweltbildung auf naturwissenschaftliche Fächer – beschränkt (Gräsel, 2009). Dies kann in gleicher Weise auch auf andere Bildungskonzepte, für die sich eine inhaltliche Anlehnung in der BNE findet (wie beispielsweise Eine-Welt-Bildung), bezogen werden.

Hinzu kommt, dass ein Perspektivenwechsel bei der BNE im Vergleich zu den ‚Problemfeldpädagogiken' (Becker, 2008) stattgefunden hat. Michelsen (2008c) beschreibt aufgrund dessen die Differenz zur Umweltbildung wie folgt:

> Während Umweltbildung eher auf Bedrohungen von Natur und Menschen reagiert und sich in ihren Handlungsüberlegungen auf den Umweltbereich beschränkt, setzt Bildung für Nachhaltige Entwicklung auf die Gestaltung der Gesellschaft unter Berücksichtigung aller Sektoren und auf Teilhabe möglichst vieler Menschen an diesem Modernisierungsprozess. (S. 145)

Es soll der Blick weg von möglichen Katastrophenszenarien, bei denen ausgemalt wird, wie die Welt sich entwickelt, wenn kein anderer Lebensstil eingenommen wird, gelenkt werden, hin zu einem optimistischen, auf die Zukunft gerichteten Blick, der Gestaltungsmöglichkeiten aufzeigt, mit denen unsere Welt auf nachhaltige Weise weiterentwickelt werden kann (vgl. auch Gräsel, 2009).

Ein weiteres Bildungskonzept, welches starke Überschneidungen zu dem hier vorgestellten Konzept aufweist und damit auch eine erhebliche Erweiterung der klassischen Umweltbildung darstellt, umfasst der Ansatz des ‚Globalen Lernens' (vgl. z.B. Trisch, 2005). Entgegen früherer Abgrenzungen durch Vertreter der beiden Konzepte findet inzwischen eine starke Annäherung statt. Nach Michelsen und Overwien (2008) stellt globales Lernen eine übergeordnete Bezeichnung dar, die BNE umfasst und so „eigene zivilgesellschaftliche Verankerungen und Traditionslinien in einen gemeinsamen Prozess mit der Bildung für nachhaltige Entwicklung (BNE) eingebracht werden" (S. 301). Gleichzeitig hat auch in der BNE die globale Perspektive eine entscheidende Rolle. Durch die gemeinsame Annäherung der beiden Konzepte lassen sich die Unterschiede inzwischen vorwiegend in den damit verbundenen Kompetenzformulierungen finden (Michelsen & Overwien, 2008).

Becker (2008) merkt jedoch im Hinblick auf die derzeitige Umsetzung im Schulsystem an, dass die Konzepte, deren Inhalte in der BNE verknüpfend aufgenommen wurden, dadurch nicht abgelöst wurden, sondern parallel dazu weiter bestehen, sich allerdings von ihrer Ausrichtung und Zielsetzung der BNE annähern bzw. sie integrieren. Dies kann in dem Sinne dienlich für die Annahme des Innovationskonzepts BNE sein, da an bereits etablierte Konzepte angeknüpft wird und es sich somit leichter in den schulischen Alltag integrieren lässt. Gleichwohl besteht die Gefahr, dass die Novität der Innovation verkannt wird und der damit einhergehende Aspekt der Vernetzung der drei Dimensionen unberücksichtigt bleibt.

Insgesamt stellt sich die Frage, wie die sich überschneidenden und voneinander abgrenzenden Konzepte für das Bildungssystem so genutzt werden können, dass auf die damit verbundenen Ziele hingearbeitet werden kann. Gerade durch die derzeitige Fülle an Innovationen, die an Schulen herangetragen werden, ist zu überdenken, ob einige dieser Konzepte vereinigt werden könnten oder ob zumindest eine transparentere Einordnung zueinander den Akteuren im Bildungssystem die Auseinandersetzung mit und das Verständnis für die Innovationskonzepte erleichtern könnte. Denn wenn dies nicht zielgerichtet von Seiten der Bildungsadministration geschieht, so bleiben die Schulen damit allein. Selbst wenn sie gewillt sind, möglichst viele der neuen Impulse aufzugreifen, so müssen sie – der Fülle an Innovationen geschuldet – Eingrenzungen und Fokussierungen vornehmen. Ihnen wird dabei zeitlich kaum der Raum bleiben, sich über alle Innovationen zu informieren und sie gegeneinander abzuwägen, geschweige denn Überschneidungspunkte zu reflektieren. Besonders Innovationen wie BNE, die auf bereits bestehende Konzepte aufbauen, können daher schnell unter bereits vorhandenen Konzepten verbucht werden und bleiben damit unberücksichtigt.

Ein positives Beispiel für eine derartige Unterstützung von Seiten der Bildungsadministration zeigt sich in dem von dem Bundesministerium für wirtschaftliche Zusammenarbeit und Entwicklung (BMZ) und der Kultusministerkonferenz der Länder 2007 gemeinsam herausgegeben Orientierungsrahmen für den Lernbereich ‚Globale Entwicklung'. Hier findet eine eindeutige Zuordnung statt, indem dieser als eine bedeutende Säule der BNE deklariert wird: „Der Lernbereich Globale Entwicklung ist wesentlicher Bestandteil der BNE und durch das Leitbild nachhaltiger Entwicklung mit anderen Lernbereichen der BNE eng verbunden." (Bundesministerium für wirtschaftliche Zusammenarbeit und Entwicklung [BMZ] & KMK, 2008, S. 17) Durch eine derartige Zuordnung wird die Wahrnehmung beider Konzepte gestärkt: Schulische Akteure, die sich mit einem dieser Bereiche befassen, werden dadurch angeregt, auch den anderen wahrzunehmen. Gleichsam wird verhindert, dass sie als konkurrierend wahrgenommen werden. Vielmehr lässt sich dadurch die Verbindung der beiden sowie der Mehrwert jedes einzelnen Konzepts erkennen. Eine derartige Entfaltung und Bezugnahme weiterer Konzepte könnte es Schulen ermöglichen, das Verhältnis der einzelnen Konzepte besser erkennen und somit in der Praxis leichter umsetzen zu können.

3.3.4 Didaktische Konzipierung

Wie in den vorherigen Abschnitten angedeutet wurde, bedarf es bei der Umsetzung einer BNE neben den aufgestellten Inhalten auch didaktischen Konzipierungen, um das Ziel, Gestaltungskompetenz zu vermitteln, erreichen zu können. Dazu hat die Bundesländerkommission für Bildungsplanung und Bildungsförderung in einem Orientierungsrahmen zur BNE (vgl. Kapitel 4.2) sechs didaktische Komponenten dargelegt, die im Folgenden detaillierter beschrieben werden:

1. System- und Problemlöseorientierung
2. Verständigungs- und Werteorientierung
3. Kooperationsorientierung
4. Situations-, Handlungs- und Partizipationsorientierung
5. Selbstorganisation
6. Ganzheitlichkeit

Die Systemorientierung als didaktisches Prinzip steht im Kontext der Komplexität und Vernetztheit gesellschaftlicher Handlungen und Prozesse. Daher wird vernetzendes Lernen und die damit verbundene Vermittlung von vernetztem

Wissen zum Verstehen von Systemzusammenhängen als zentrales Element in der BNE angesehen. Nach Künzli David (2007) soll vernetztes Denken dabei auf drei Ebenen erlernt werden: Im Bereich der lokalen und globalen Gegebenheiten, auf der Zeitdimension und zwischen den drei Dimensionen der nachhaltigen Entwicklung (ökologisch, ökonomisch und sozio-kulturell). Im BLK-Orientierungsrahmen (1998) wird in diesem Zusammenhang von einem multiperspektivischen Zugang gesprochen. Demnach ist durch dieses didaktische Prinzip vorgesehen, den Schülerinnen und Schülern ein Zugang zu gesellschaftlichen Phänomenen zu ermöglichen, der ihnen verhilft diese zusammenhängend als Ganzheit zu begreifen und von verschiedenen Blickwinkeln aus zu betrachten. Dies ist die Voraussetzung für das daran geknüpfte Prinzip der Problemlöseorientierung, das darauf ausgerichtet ist, die Schülerinnen und Schüler dazu zu motivieren, sich am Prozess der Problemlösungsfindung bezüglich gesellschaftlicher Herausforderungen aktiv zu beteiligen.

Im didaktischen Prinzip der Verständigungs- und Werteorientierung wird der normative Charakter des Konzepts zur BNE ersichtlich (vgl. Kapitel 3.2.2). Demnach ist vorgesehen, dass das Erlernen von Reflexion und Kommunikation in diesem Bereich auf Grundlage von bestimmten Werten geschieht (BLK, 1998). Entscheidend dabei ist, dass die Schülerinnen und Schüler auf dieser Grundlage lernen, ihr eigenes Denken und Handeln und das anderer kritisch zu reflektieren, und die Fähigkeit erwerben, in einen Dialog dazu zu treten. Die Vermittlung von Kompetenzen im Bereich der nachhaltigen Entwicklung bedeutet aber auch die Herausforderung anzunehmen, keine gradlinigen Lösungswege aufzuzeigen, sondern die Vielschichtigkeit der Problemlösungsfindung ersichtlich werden zu lassen sowie Probleme bezüglich nachhaltigkeitsbezogener Themen ohne bereits vorhandene Antworten zu thematisieren (vgl. Hellberg-Rode, 2006). Damit wird bei der Vermittlung von Gestaltungskompetenz auf eine neue Lernkultur gesetzt, die nicht „auf dem Prinzip der Belehrens" (Michelsen, 2008a, S. 45) beruht.

Im Zusammenhang dazu wird das didaktische Prinzip der Kooperationsorientierung gesehen: Im Dialog mit anderen (auch auf internationaler und interkultureller Ebene) zu stehen und mit diesen zu kooperieren ist für Lösungsprozesse bei gesellschaftlichen Herausforderungen von zentraler Bedeutung (BLK, 1998):

Globale Wirkungszusammenhänge werden durch internationale Kooperationen, aber auch durch die Betrachtung lokaler Fragen verständlich, was wiederum voraussetzt, dass Bildungseinrichtungen in eine Beziehung zu ihrem Umfeld treten. Die Beziehung kann jedoch nicht nur in einer distanzierten Betrachtung und Analyse bestehen, vielmehr ist das lokale und regionale Umfeld als Ort für das Lernen und Praktizieren von Mitwirkung und Mitgestaltung von Bedeutung. (Michelsen & Overwien, 2008, S. 302)

Aber nicht nur außerschulische Kooperationen werden in diesem Zusammenhang propagiert. Gleichsam wird für wichtig erachtet, das Verständnis für interdisziplinäre Zusammenarbeit innerhalb des Kollegiums mit diesem didaktischen Prinzip zu stärken (BLK, 1998).

Auch Situations-, Handlungs- und Partizipationsorientierung erhalten einen wichtigen Stellenwert in der hier vorgestellten didaktischen Konzipierung zu BNE. Dies wird allein schon durch das übergeordnete Ziel, der Vermittlung und Förderung von Gestaltungskompetenz, deutlich (Rieckmann & Stoltenberg, 2011). Doch stellt der Aspekt der Partizipation nicht allein das Ziel dar, sondern wird auch als Teil der konkreten Umsetzung des Bildungsauftrags für nachhaltige Entwicklung im Schulkontext und damit innerhalb von Lehr-Lernprozessen verstanden (Gräsel, 2009). Demzufolge ist vorgesehen, dass die Vermittlung von Gestaltungskompetenz auf praxisbezogener Ebene stattfindet und Themen beinhaltet, die den Schülerinnen und Schülern zugänglich sind. Erst dadurch kann ihnen konkret aufgezeigt werden, dass und auf welche Weise sie gesellschaftliche Prozesse mitgestalten können.

> Das erfordert einen Rollenwandel der Lernenden und Lehrenden: Lernende sind nicht mehr passive Rezipienten, sondern aktive Konstrukteure. Professionell Lehrende müssen Bedingungen für die Selbstorganisation der Lernenden schaffen und Prozesse der selbsttätigen Wissenserschließung ermöglichen. (Michelsen, 2008a, S. 45 f.)

An dieser Stelle wird noch einmal das zugrunde liegende Bildungsverständnis deutlich (vgl. Kapitel 3.2.1). Umsetzungsmöglichkeiten und nachhaltigkeitsrelevantes Handeln sollen erprobt werden. Dafür bieten sich Unterrichtsprojekte an. Durch praktisches Handeln können die Schülerinnen und Schüler erfahren, was sie durch ihr eigenes Handeln bewirken können.

In diesem Zusammenhang kann ergänzend auf ein weiteres didaktisches Prinzip im Bereich der BNE aufmerksam gemacht werden, das Künzli David (2007) herausgearbeitet hat: die Visionsorientierung. Mit dem Prinzip der Visionsorientierung findet eine klare Abgrenzung zu der in der Umweltbildung vielfach verwendeten Ausrichtung in Richtung von Problem- und Katastrophenszenarien statt. Mit der Frage, wie wir die Welt gestalten wollen, wird der Blick nach vorn in Richtung eines Ziels, einer Vision ausgerichtet und damit die Chancen und Möglichkeiten der eigenen Mitgestaltung gesellschaftlicher Prozesse aufgedeckt. Auf Grundlage geschichtlicher Erfahrungen soll nach Künzli

David (2007) zur Entwicklung von Lösungsstrategien in optimistischer Weise angeregt werden. Die aktive Mitgestaltung der Gesellschaft setzt jedoch ein selbstständiges und eigenverantwortliches Handeln voraus. Die Vermittlung dessen ist in dem didaktischen Prinzip der Selbstorganisation festgehalten. Dabei wird herausgestellt, dass es die Aufgabe einer BNE ist, auf ein lebenslanges Lernen und ein nachhaltigkeitsrelevantes Handeln in allen Lebensphasen vorzubereiten (BLK, 1998).

BNE soll zudem nach diesem didaktischen Konzept ganzheitlich gelehrt werden. Mit diesem Prinzip der Ganzheitlichkeit werden die verschiedenen Elemente des didaktischen Rahmens in der BNE miteinander verbunden. Für die Institution Schule bedeutet dies folgendes:

> Schule ist als Teil einer soziokulturellen Umwelt zu verstehen, in der nicht nur intentionale Erziehungsprozesse, sondern auch das weniger gesteuerte *Erleben und Erfahren* dieser Umwelt ein gerüttelt Maß zur Herausbildung einer persönlichen Identität beisteuern. (BLK, 1998, S. 47, Hervorhebung im Original)

Das hier vorgestellte Konzept sieht vor, dass nicht nur im Unterricht den Schülerinnen und Schülern Kompetenzen für nachhaltigkeitsrelevantes Handeln vermittelt werden, sondern auch außerhalb des Unterrichts die Schule als Organisation Lebensweisen mit nachhaltiger Entwicklung aufzeigt und fördert. Demnach ist das Ziel, BNE ganzheitlich in der Schule zu verankern, so z.B. im schulischen Leitbild bzw. Schulprogramm oder in der Gestaltung und im Umgang mit dem Schulumfeld und den in der Schule befindlichen Ressourcen (Becker, 2001). Die Schule hat infolgedessen auch einen klaren Vorbildcharakter in Bezug auf nachhaltigkeitsrelevantes Handeln (vgl. auch Krumm, 1996).

Somit zeigt sich auch in dieser didaktischen Konzipierung des hier dargelegten Bildungsauftrags die darin enthaltene Komplexität. Doch gleichwohl wird durch BNE die Didaktik nicht neu erfunden, vielmehr wurde bei der didaktischen Konzipierung auf moderne Bildungsdidaktiken zurückgegriffen. BNE leistet daher auch einen Beitrag zur Stärkung der Implementation moderner didaktischer Konzepte. In diesem Zusammenhang schreibt Rost (2002): „Kein neues Bildungskonzept kann und wird die Didaktik von Grund auf revolutionieren. Aber vielleicht kommt jedes Mal ein neuer Baustein hinzu, der spezifisch ist für das neue Bildungskonzept" (S. 10). Bei der BNE sieht er die Kompetenz, Entwicklungen zu beurteilen, als einen solchen neuen Baustein. Denn entgegen einer traditionellen Wertevermittlung, bei der das Anerkennen bereits vorgegebener Normen im Vordergrund steht, wird mit dem didaktischen Konzept in diesem Zusammenhang die eigene Auseinandersetzung mit unterschiedlichen Wertvorstellungen fokussiert mit dem Ziel, den Schülerinnen und Schülern die Kompetenzen zu vermitteln, die ihnen helfen Entwicklungen eigenständig, reflektiert bewerten zu können.

Allerdings spiegeln sich auch die anderen didaktischen Grundlagen noch keineswegs als Routine im Schulalltag wider. Daher stellt sich die Frage, ob die didaktischen Prämissen zur Umsetzung einer BNE in ihrem Umfang nicht die Akzeptanz und die Bereitschaft der Umsetzung des Bildungskonzepts schmälern. Gleichwohl muss angemerkt werden, dass erst durch diese didaktische Konzipierung die BNE das Potenzial erhält, die Ziele dieser Innovation erfolgreich umzusetzen.

3.4   Fazit

Das dem Bildungskonzept zugrunde liegende Verständnis des Begriffs nachhaltige Entwicklung fußt auf dem 1987 verfassten Brundtlandbericht der Weltkommission Umwelt und Entwicklung der Vereinten Nationen. Demnach wird darunter – durch Einschließung ökologischer, ökonomischer und soziokultureller Aspekte – eine dreidimensionale Betrachtungsweise verstanden, vor deren Hintergrund so gehandelt werden soll, dass die Bedürfnisse der heutigen Generationen befriedigt werden können, ohne auf Kosten nachfolgender Generationen zu leben (Hauff, 1987). Um Gesellschaften zu einem nachhaltigeren Handeln zu bewegen, wurde 1992 im Rahmen der zweiten internationalen Umweltkonferenz der Vereinten Nationen von den beteiligten Staaten das Dokument Agenda 21 verabschiedet, in dem ein klarer Auftrag an die Bildung gerichtet wird. Dieser Bildungsauftrag für nachhaltige Entwicklung hat zum Ziel, den zu Bildenden die Kompetenzen zu vermitteln, die ihnen ermöglichen auf nachhaltige Weise die Welt zu erfassen und sie gestalten zu können:

> Es geht nicht zuvorderst um archivarisches, sondern um innovatives Wissen, nicht primär um die Kumulation von Kenntnissen, die losgelöst sind vom Alltag und der Lebenswelt, sondern um kontextualisierte, zum Handeln befähigende Möglichkeiten der Problembewältigung – und es geht um die Ausweitung von Gestaltungsmöglichkeiten. (de Haan, 2008, S. 28 f.)

BNE stellt infolgedessen eine Innovation dar, die unter anderem durch die Bildungsinstitution Schule umgesetzt werden soll. Innovativ ist dieser Bildungsauftrag sowohl durch seine inhaltliche Konzipierung als auch in seiner didaktischen

Ausgestaltung: So zeichnet sich die Novität zum einem darin aus, dass – entgegen angrenzender Bildungskonzepte – BNE umfassender konzipiert ist, indem die Vernetztheit der ökologischen, ökonomischen und sozio-kulturellen Dimensionen miteinfließt (BMBF, 2002; Gräsel, 2009). Zudem wird das Konzept durch die Zielsetzung auf Kompetenzvermittlung charakterisiert, die durch eine prospektive Ausrichtung zur Teilhabe an der Gestaltung der Zukunft vorbereiten soll (de Haan, 2008; Michelsen, 2008a). Zum anderen wird die Novität dadurch gekennzeichnet, dass auf didaktischer Ebene eine Verständigung- und Wertorientierung hinzugenommen wird, die nicht auf einer gradlinig vorgegebenen Ergebnisfindung, sondern vielmehr auf die Befähigung einer kritisch reflektierten Auseinandersetzung beruht und die Schülerinnen und Schüler dazu befähigt, Entwicklungen selbstständig bewerten zu können (BLK, 1998; Hellberg-Rode, 2006; Rost, 2002).

Gleichwohl – und dies ist, wie in Kapitel 2.1.2 bereits erläutert, als förderliche Implementationsvoraussetzung von Bedeutung – wird Bildung durch diese Innovation nicht neu erfunden, vielmehr wird sowohl inhaltlich als auch bei der didaktischen Umsetzung an bereits bestehende Konzepte angeknüpft. Die Herausforderung bei der Implementation von BNE wird allerdings sein, durch Hervorheben der Neuerungen Lehrkräfte und Schulen zur Auseinandersetzung mit der Innovation anzuregen, ohne durch die umfassende und ganzheitliche Konzipierung (die auch viele didaktische Aspekte umfasst, welche bisher noch nicht als feste Bestandteile des Unterrichtens angesehen werden können) eine Wahrnehmung der Überfrachtung des Bildungssystems und damit eine Ablehnung der Innovation hervorzurufen. Welche Strategien zur Begegnung dieser Herausforderung und zur Implementation sowie zum Transfer dieser Innovation auf internationaler und bundesweiter Ebene und auch speziell für das Bundesland Nordrhein-Westfalen verfolgt wurden bzw. werden, wird im folgenden Kapitel skizziert.

4 Implementation und Transfer von BNE in der Schule

Wie in Kapitel 2 mit Bezug auf die Innovationstheorie und -forschung erläutert wurde, genügt es nicht allein eine Innovation gut zu konzipieren. Vielmehr ist die Art und Weise des Herantragens von Innovationen an die Beteiligten und die Schaffung von förderlichen Rahmenbedingungen von Seiten der Bildungsadministration ebenso von zentraler Bedeutung, um eine Innovation erfolgreich implementieren und transferieren zu können. Als einflussreiche Faktoren bei der Umsetzung haben sich die Annahme und das Engagement der beteiligten Akteure – sowohl auf politischer als auch auf schulischer Ebene – herausgestellt (vgl. Kapitel 2.1). In diesem Kapitel wird betrachtet, welche Strategien von Seiten der bildungsadministrativen Ebene verfolgt werden, um die Implementation und den Transfer der Innovation BNE zu befördern. Dazu werden wesentliche auf internationaler und nationaler Seite zur Umsetzung dieses Bildungsauftrags unternommene Maßnahmen aufgezeigt und es wird danach gefragt, welche Bedeutung dem Bildungskonzept damit beigemessen wird (Kapitel 4.1 und 4.2). Inwieweit diese Initiativen von Nordrhein-Westfalen aufgenommen, erweitert und ergänzt wurden, wird im weiteren Verlauf des Kapitels heraus gearbeitet (Kapitel 4.3). Abschließend wird mit Hilfe einer Durchsicht der bundesweit geltenden Bildungsstandards sowie ausgewählter (Kern-)Lehrpläne für die Sekundarstufe I in Nordrhein-Westfalen untersucht, inwiefern durch eine curriculare Verankerung von BNE Lehrkräfte unterschiedlicher Fächer an den damit verknüpften Bildungsauftrag herangeführt werden (Kapitel 4.4).

4.1 Internationale Implementationsmaßnahmen

Im Anschluss an die zweite internationale Umweltkonferenz im Jahre 1992 in Rio de Janeiro (vgl. Kapitel 3.2) wurde von den Vereinten Nationen die sogenannte *Commission on Sustainable Development* (CSD) gegründet und damit beauftragt, die internationale Zusammenarbeit in Bezug auf nachhaltige Entwicklung zu unterstützen und voranzubringen. Um die Entwicklung zu verfolgen und weiter zu unterstützen, fand zehn Jahre später ein weiterer Weltgipfel für nachhaltige Entwicklung in Johannesburg statt. Dabei wurde die Relevanz nachhaltig wirksam werdenden Agierens auf allen gesellschaftlichen Ebenen betont (vgl. KMK/DUK, 2007) und erneut gefordert, BNE verbindlich in Curricula festzuschreiben, anstelle dies nur optional vorzugeben.

> However, if we are at all serious about environmental protection and sustainable development, education engendering genuine respect for nature and the environment must be a mandatory part of formal curricula, not optional. (Hens & Nath, 2005, S. 295)

Als wichtige Unterstützungsmaßnahme in diesem Sinne wurde empfohlen, eine Weltdekade dazu auszurufen (vgl. Michelsen, 2008c). Dieser Aufforderung ist die Generalversammlung der Vereinten Nationen noch im selben Jahr gefolgt und hat für die Jahre 2005 bis 2014 die UN-Dekade ‚Bildung für nachhaltige Entwicklung‘ proklamiert. Die im Kontext der Vereinten Nationen für BNE zuständige internationale Organisation ist die *United Nations Educational, Scientific and Cultural Organization* (UNESCO). Entsprechend wurde sie als Koordinatorin für die ausgerufene Dekade bestimmt; die Regierungen aller an der Dekade beteiligten Länder wurden aufgefordert, Aktionspläne und Bildungsstrategien zur Implementation von BNE in ihren Ländern zu entwickeln (vgl. Ministerium für Umwelt und Naturschutz Landwirtschaft und Verbraucherschutz des Landes Nordrhein-Westfalen [MUNLV NRW], 2006; United Nations Educational, Scientific and Cultural Organization [UNESCO], 2012). Die Weltdekade gilt – neben der Agenda 21 (vgl. Kapitel 3.2) – als ein weiterer Meilenstein für die Implementation von BNE (Michelsen, 2006a).

> Das Ziel der Weltdekade ist es, allen Menschen Bildungschancen zu eröffnen, die es ihnen ermöglichen, sich Wissen und Werte anzueignen sowie Verhaltensweisen und Lebensstile zu erlernen, die für eine lebenswerte Zukunft und eine positive gesellschaftliche Veränderung im Sinne der Nachhaltigkeit erforderlich sind. (KMK/DUK, 2007, Vorbemerkung, Abs. 1)

Die Dekade soll auf die Weise einen Beitrag zur BNE leisten, dass Bildungsmaßnahmen gefördert und das Konzept stärker in nationalen Bildungssystemen verankert werden (vgl. Hiller & Lange, 2006). Sie wird als Chance aufgefasst, Nachhaltigkeit im Bildungsbereich weltweit zu etablieren, indem langfristige Strategien entwickelt werden. Denn – so betont Michelsen (2006b) – mit „dem Beschluss zur Weltdekade wird anerkannt, dass nachhaltige Entwicklung ein langfristig angelegtes Lernprogramm ist, in dem immer wieder neue Ziele und Strategien erarbeitet werden müssen" (S. 17).

4.2 Nationale Maßnahmen zur Implementation

In der Bundesrepublik Deutschland wurden 1994 vom wissenschaftlichen Bei-ratsgremium der Bundesregierung, dem ‚Rat von Sachverständigen für Umwelt-fragen' (RSU) und zwischen 1993 und 1995 vom ‚wissenschaftlichen Beirat der Bundesregierung: Globale Umweltveränderungen' (WGBU) Gutachten veröf-fentlicht, die sich für die Inhalte einer BNE aussprechen. Auf dieser Grundlage wurde von der Bund-Länder-Kommission (BLK) für Bildungsplanung und For-schungsförderung 1998 der ‚Orientierungsrahmen Bildung für nachhaltige Ent-wicklung' vorgegeben. Dieser Orientierungsrahmen richtet sich an alle Bil-dungseinrichtungen (beginnend mit Kindertagesstätten über das Schulsystem inklusive des Hochschulsystems bis hin zu Aus- und Weiterbildungsstätten) und unternimmt den Versuch „bisherige Ansätze der umwelt- und entwicklungsori-entierten Bildung (ökologische und interkulturelle Bildung), aber auch der Frie-denserziehung, der Erziehung für Eine-Welt, der Gesundheitsförderung und -erziehung, der technologischen und politischen Bildung usw. [zu] verbinden und mit einer gemeinsamen Perspektive" (BLK, 1998, S. 25) weiterzuentwi-ckeln. Dargelegt werden für das deutsche Bildungssystem – ausgehend vom derzeitigen Stand der Umweltbildung – das Leitbild der nachhaltigen Entwick-lung, Grundsätze und didaktische Prinzipien für die Umsetzung (anwendungs-orientiert für die einzelnen Bildungsstufen aufgegliedert; für den Bereich der Schule vgl. Kapitel 3.3.4), vorhandene Ressourcen zu Unterstützung sowie ge-plante bildungsadministrative Maßnahmen (BLK, 1998). Als Hauptbestandteil für die Implementation von BNE in Schulen wurden dazu zwei bundesweit an-gelegte Modellversuche genutzt. Der erste wurde unter dem Titel BLK-Programm „21" von 1999 über einen Zeitraum von fünf Jahren realisiert, gefolgt von einem weiteren bundesweit durchgeführten Programm, welches den Transfer des Bildungskonzepts auf weitere Schulen fokussierte. Um den Erfolg der Implementation zu messen, wurden in diesem Rahmen Evaluationen durch-geführt. Als Zeitrahmen für die Umsetzung der Inhalte im Orientierungsrahmen wurden zehn Jahre veranschlagt (BLK, 1998). Das bedeutet, dass eine an diesem Dokument orientierte Implementation bereits abgeschlossen sein müsste.

Ein Ziel der vorliegenden Studie ist, der Frage nachzugehen, inwieweit eine derartige Implementation flächendeckend an Schulen erfolgt ist. Dazu werden im Folgenden zunächst die beiden bundesweit durchgeführten Programme sowie weitere nationale Maßnahmen zur Förderung der Implementation von BNE dar-gelegt. Damit soll aufgezeigt werden, inwieweit der hier interessierende Bildungsauftrag auf Bundesebene vorangebracht wurde und welcher Stellenwert ihm von bildungsadministrativer Seite beigemessen wird. Ergebnisse der Evaluationen dieser Modellversuche sowie weitere Forschungsergebnisse in diesem Bereich werden daraufhin in Kapitel 5 begutachtet. Ergänzend dazu wurden eigene Untersuchungen an weiterführenden Schulen in Nordrhein-Westfalen vorgenommen, um den derzeitigen Stand der Implementation zu ermitteln (vgl. Kapitel 8).

4.2.1 BLK-Programm „21"

Mit dem 1999 bis 2004 von der Bund-Länder-Kommission geförderten Programm „21" wurden drei Ziele verfolgt: (1) die Integration von BNE in die schulische Regelpraxis zu ermöglichen, (2) die Erprobung, wie Gestaltungskompetenz bei den Schülerinnen und Schülern gefördert werden kann, und (3) die Initiierung des Transfers (BMBF, 2002; Bundestagsdrucksache 15/6012, 04. Oktober 2005). Unterstützt wurde die Durchführung durch eine wissenschaftliche Begleitung unter der Leitung von Prof. Dr. Gerhard de Haan der Freien Universität Berlin. Dazu wurden thematische und strukturelle Entwicklungsarbeiten vorgenommen, Materialien herausgegeben und Fortbildungsmaßnahmen sowie Vernetzungstätigkeiten geplant und durchgeführt.

Zu Beginn waren am Programm „21" alle Länder der Bundesrepublik Deutschland, mit Ausnahme von Sachsen und dem Saarland, beteiligt. Das Saarland entschied sich 2001 für einen nachträglichen Einstieg. Ausgerichtet wurde das Programm auf den Sekundarschulbereich I und II, wenngleich auch Grundschulen in Form von Kooperationspartnern miteinbezogen wurden. Insgesamt wurden bundesweit 193 Schulen erreicht. Um die Schulen untereinander zu vernetzen, wurden sogenannte Schulsets (bestehend aus jeweils sechs bis acht Schulen) in Form von Netzwerken bzw. themenbezogenen Arbeitsgruppen aufgebaut (vgl. Abel, 2006; Bundestagsdrucksache 15/6012, 04. Oktober 2005). Zudem wurden in diesem Zusammenhang mehrere Evaluationen durchgeführt, um Erkenntnisse zur Implementation der BNE zu gewinnen und transferieren zu können (Ergebnisse dazu werden in Kapitel 5.2 vorgestellt).

Ein Transfer des Modellprogramms, der dabei entwickelten Materialien sowie der Ergebnisse fand mit Hilfe einer breiten Spanne an Publikationen statt (vgl. BLK, 2004). Zudem wurden Fortbildungsmodule angeboten und Multiplikatoren zur weiteren Verbreitung ausgebildet. Im Rahmen des BLK-Programms „21" fand gleichwohl nur ein geringer Transfer auf andere Schulen statt (vgl. Bundestagsdrucksache 15/6012, 04. Oktober 2005). Es wurde aber von den Veranstaltern aus den Ergebnissen der Begleitforschung die Erkenntnis gezogen, dass sich der Transfer der Innovation auf andere Schulen nicht allein aus sich heraus vollzieht, sondern dazu weiterer Förderungsbedarf notwendig ist (vgl. Programm Transfer-21, 2009). Aus diesem Grund wurde im Anschluss an das erste Forschungsprogramm ein weiteres – ebenfalls durch die BLK gefördertes[6] – Projekt unter dem Titel ‚Transfer-21' durchgeführt, um so die Vermittlung des Bildungskonzepts in einem ausgeweiteten Rahmen zu unterstützen.

4.2.2 BLK-Nachfolgeprogramm Transfer-21

Das Programm Transfer-21, das thematisch und konzeptionell an das BLK-Programm „21" anknüpft, wurde bereits während der Umsetzung des Programms „21" entwickelt und anschließend in den Jahren 2004 bis 2008 realisiert. Es ist als Transferphase des BLK-Programms konzipiert und dient dazu Erfahrungen mit der Implementation des Bildungsauftrags für nachhaltige Entwicklung an eine größere Anzahl von Schulen weiterzugeben. Beteiligt waren an diesem Programm 14 Länder der Bundesrepublik Deutschland. Anders als bei dem vorangegangenen Programm „21" kam den einzelnen Ländern insofern eine größere Rolle zu, als dass ihnen mehr Eigenständigkeit bei der Gestaltung der Umsetzung zugedacht wurde. Dazu wurden von den Ländern eine Projektleitung bestimmt, ein Lenkungsausschuss (meist auf Ministeriumsebene) eingerichtet und weitere Personen für die Verbreitung des Bildungskonzepts geschult und eingesetzt. Die Freie Universität Berlin übernahm unter der Leitung von de Haan die Programmträgerschaft (Programm Transfer-21, 2009).

Als Ziele für das Programm Transfer-21 wurden die Verankerung der BNE in mindestens 10 Prozent der allgemeinbildenden Schulen, die Ausweitung auf den Grund- und Ganztagsschulbereich, die Organisation eines Multiplikatorenprogramms, der Aufbau stabiler Netzwerke sowie auf die Verankerung in der Lehrerbildung gesetzt (Programm Transfer-21, 2009).

> Der Leitgedanke für den Transfer beinhaltete dabei, zum Zweck der Dissemination und Implementation möglichst bestehende Strukturen zu nutzen. Auf diese Weise sollte gesichert werden, dass Mehraufwendungen vermieden und die bestehenden Strukturen mit Ende der Förderung in ihrem Bestand gefestigt und gesichert werden. (Programm Transfer-21, 2009, S. 13)

---

6 Infolge einer Föderalismusreform übernahmen ab 2007 die 14 beteiligten Länder sowie das Bundesministerium für Bildung und Forschung (BMBF) die finanzielle Förderung (vgl. Programm Transfer-21, 2009).

Um Schulen zur Auseinandersetzung mit und Implementation des Bildungskonzepts anzuregen, wurden im Rahmen des Programms Transfer-21 u. a. themenspezifische Fortbildungen und Tagungen veranstaltet, Wettbewerbe und Kampagnen initiiert und Kooperationen und Netzwerke ausgebaut. Als besonders effektiv erwies sich – nach Angaben der Projektverantstalter –, Schulen direkt, z.b. über dafür eingesetzte Schulberater, auf die Umsetzung des Bildungskonzepts anzusprechen (Programm Transfer-21, 2009).

Am Ende des Programms Transfer-21 waren insgesamt 2586 Schulen erreicht worden. Damit hatte eine Verbreitung auf mehr als 10 Prozent der Schulen stattgefunden (BMBF, 2009). Auf einer Internetplattform (www.transfer-21.de) wurden Informationen zum Bildungsauftrag für nachhaltige Entwicklung, Unterrichtsmaterialien, Orientierungshilfen sowie viele weitere Dokumente (wie z.b. wissenschaftliche Veröffentlichungen im Rahmen der beiden Programme) zur Verfügung gestellt, um eine Vielzahl an Schulen – auch über die Projektschulen hinaus – zu erreichen. Im Rahmen eines Multiplikatorenprogramms wurden knapp 80 Personen (vorwiegend Lehrkräfte sowie Mitarbeiterinnen und Mitarbeiter aus gemeinnützigen Vereinen und bildungsnahen Institutionen) als Multiplikatoren für Fortbildungs- und Unterstützungsmaßnahmen im Bereich BNE geschult. Dabei wurden sowohl Voll- als auch Teilqualifikationen angeboten. Des Weiteren wurden die erarbeiteten Materialien des Programms als Grundlage genutzt, um im Zeitraum von 2008 bis 2009 eine weitere bundesweite Multiplikatorenausbildung durchzuführen (Programm Transfer-21, 2009).[7]

4.2.3 Weitere Beteiligung an der Umsetzung

Neben diesen beiden zuvor dargestellten Programmen zur Implementationsförderung des hier interessierenden Bildungsauftrags innerhalb des Schulsystems ist als weitere Maßnahme auf Bundesebene die Befassung mit der UN-Dekade zur BNE zu nennen. Federführend nahm zunächst die Deutsche UNESCO-Kommision (DUK) diese Arbeit auf, indem sie in einer ‚Hamburger Erklärung‘ konkrete Ziele für die Umsetzung formulierte und ein nationales Komitee von ca. 30 Mitgliedern aufstellte. Ziel war es, bisherige nationale Initiativen für die Umsetzung von einer BNE zu sammeln, zu vernetzen und so zu ihrer Konsoli-

---

7 Diese Ausbildung fand in Kooperation zwischen der Freien Universität Berlin unter der Leitung von Prof. Dr. Gerhard de Haan und der Deutschen Gesellschaft für Umwelterziehung e.V. (DGU) statt. Gefördert wurde sie durch die Deutsche Bundesstiftung Umwelt (DBU) (für weitere Informationen vgl. www.bne-ganztagsschule.de; 12.09.2013).

dierung beizutragen (vgl. Bundestagsdrucksache 15/6012, 04. Oktober 2005).
Auf dieser Grundlage wurde auf Beschluss des Deutschen Bundestages ein nationaler Aktionsplan erstellt, in dem die Ziele und zu ergreifenden Maßnahmen
für die Umsetzung der UN-Dekade in Deutschland festgelegt wurden. Teilziele
sind unter anderem die Fortschreibung des hier interessierenden Bildungsauftrags in Lehrplänen und Richtlinien, die Förderung von Schulentwicklungsprozessen und eine umfassende Aus-, Fort-, und Weiterbildung von Lehrkräften.
Auch bei der Umsetzung der UN-Dekade soll zur Verbreitung von Informationen eine Internetplattform (www.bne-portal.de) genutzt werden (DUK, 2008).
Als Fördermaßnahme von Seiten der Deutschen UNESCO-Kommission werden
Projekte ausgezeichnet, die diesen Bildungsauftrag umsetzen. Bundesweit erhielten laut Berichterstattung auf der Internetplattform bis Ende 2011 bereits
über 1300 Dekade-Projekte diese Auszeichnung.

Zur weiteren Unterstützung bei der Umsetzung der UN-Dekade wurden in
Deutschland Arbeitsgemeinschaften für unterschiedliche Bereiche zusammengestellt, so auch die AG Schulische Bildung. Neben der Förderung des Informati-
onsaustausches, der Bereitstellung von Materialien und der Netzwerkbildung
bereitete diese Arbeitsgemeinschaft die 2007 gemeinsam von der Kultusministerkonferenz (KMK) und der Deutschen UNESCO-Kommission (DUK) veröffentlichte Empfehlung zur BNE vor. In dieser gemeinsamen Empfehlung aus
dem Jahre 2007 deklarieren die KMK und die DUK ihre Unterstützung zum
Vorhaben, das Konzept einer BNE in der Schule zu verankern, und zu der in
diesem Zusammenhang eingeleiteten UN-Dekade. Zudem geben sie konkrete
Hinweise für die Umsetzung dieses Bildungsauftrags im Bildungsbereich (z.B.
bezüglich konkreter Themen (vgl. Kapitel 3.3.2)).

Des Weiteren veröffentlichte die KMK gemeinsam mit dem Bundesministerium für wirtschaftliche Zusammenarbeit und Entwicklung 2007 einen Orientierungsrahmen für den Lernbereich ‚Globale Entwicklung' im Rahmen einer
BNE, um damit zusätzlich den globalen Aspekt des Bildungsauftrags für nachhaltige Entwicklung zu stärken.

Als Maßnahme zur Dokumentation des Fortschritts und zur Sicherung der
bundesweiten Entwicklung dieses Bildungsauftrags beschloss der Deutsche
Bundestag 2000 die Berichtslegung der Bundesregierung zum Stand der Umsetzung der BNE im Zeitraum der entsprechenden Wahlperiode. Bis zum derzeitigen Zeitpunkt wurden bereits vier Berichte veröffentlicht, die die Fortschritte
dokumentieren (BMBF, 2002; 2009; Bundestagsdrucksache 15/6012, 04. Oktober 2005; Bundestagsdrucksache 17/14325, 03. Juli 2013). In diesem Zusam-

menhang wird darauf hingewiesen, dass aufgrund des Föderalismus in der deutschen Bildungspolitik die Förderung einer BNE nur in Kooperation mit den Ländern erfolgen kann. Konkrete bildungspolitische Maßnahmen zur Stärkung des damit verknüpften Bildungsauftrags müssen demnach auf Landesebene durchgeführt werden. Im Folgenden werden zentrale in Nordrhein-Westfalen vorangebrachte Implementationsmaßnahmen dargestellt, um herauszuarbeiten, welche Anlässe in diesem Bundesland für die Schulen bzw. das Lehrpersonal geschaffen wurden, um sich mit dem Bildungsauftrag für nachhaltige Entwicklung vertraut zu machen. Denn der Prozess der Auseinandersetzung mit einem Bildungsauftrag ist – wie mit Hilfe der Innovationstheorie und -forschung gezeigt werden konnte (vgl. Kapitel 2) – die zentrale Voraussetzung für die Implementation einer Innovation an Schulen.

4.3 Implementationsstrategien in Nordrhein-Westfalen

Auch das Land Nordrhein-Westfalen – aus dem die Schulen stammen, die in der vorliegenden Studie untersucht werden – beteiligt sich an der Förderung der Umsetzung der BNE. Im Zuge der politischen Auseinandersetzung mit dem Konzept der nachhaltigen Entwicklung wurde die Vermittlung damit einhergehender Inhalte als primäres Bildungsziel deklariert. Sowohl in der Verfassung des Landes Nordrhein-Westfalen (Art. 7) wie auch im Schulgesetz (§ 2) werden als Bildungsziel aufgeführt, dass die Jugend hin zur „Verantwortung für Tiere und die Erhaltung der natürlichen Lebensgrundlagen" sowie zur „Völkergemeinschaft und Friedensgesinnung" erzogen werden sollen. Das Ministerium für Umwelt und Naturschutz, Landwirtschaft und Verbraucherschutz (MUNLV) des Landes Nordrhein-Westfalen betont in diesem Zusammenhang, dass dabei „die Verankerung konkreter Inhalte der BNE in schulischen und außerschulischen Bildungseinrichtungen und -prozessen im Vordergrund" (MUNLV NRW, 2006, S. 9) stehen soll.

Im Jahr 2006 veröffentlichte dieses Ministerium – und damit Nordrhein-Westfalen als eines der ersten Länder der Bundesrepublik Deutschland – einen Aktionsplan ‚Zukunft Lernen' zur UN-Dekade. Darin werden in Anlehnung an den nationalen Aktionsplan die folgenden vier Ziele für das Land Nordrhein-Westfalen festgelegt:

- die BNE zu verankern, zu bündeln und weiterzuentwickeln;
- Akteure zu vernetzen;

- die öffentliche Wahrnehmung in Bezug auf BNE zu verbessern und
- in internationalen Zusammenhängen zu agieren.

Diese Umsetzung soll unter anderem in der Schule und insbesondere an Ganztagschulen bzw. im Rahmen von Ganztagsangeboten erfolgen (MUNLV NRW, 2006).

Zur Implementationsförderung beteiligte sich Nordrhein-Westfalen an den beiden bundesweiten Programmen (vgl. Kapitel 4.2.1 und 4.2.2): An dem BLK-Programm „21" nahm Nordrhein-Westfalen mit drei Netzwerkgruppen (sogenannten Schulsets) zu den Inhalten ‚Umwelt und Entwicklung' (sieben Schulen), ‚Nachhaltigkeitsaudit' (acht Schulen) und ‚Partizipation in der Lokalen Agenda 21' (fünf Schulen) teil. Im Rahmen des Programms Transfer-21 konnten zudem in Nordrhein-Westfalen 743 Schulen für die Beteiligung an der Umsetzung des Bildungskonzepts gewonnen werden, so dass eine Verbreitung auf 11.7 Prozent der Schulen in Nordrhein-Westfalen stattgefunden hat (Programm Transfer-21, 2009). Für die Gewinnung der Schulen wurde vorwiegend auf die bis 2008 initiierte Kampagne ‚Agenda 21 in der Schule' gesetzt. In diesem Rahmen wurden Schulen, die diesen Bildungsauftrag umsetzen, ausgezeichnet (MUNLV NRW, 2006). Das Land Nordrhein-Westfalen hat in diesem Zusammenhang ferner eine Reihe von Schriften[8] veröffentlicht, die unterstützend bei der Umsetzung der BNE im Schulkontext wirksam werden sollen (vgl. Programm Transfer-21, 2009). Die Zugänglichkeit dieser Dokumente soll über die Bereitstellung im Internet erleichtert werden. Die Durchsicht dieser Internetseiten durch die Verfasserin dieser Studie hat allerdings gezeigt, dass eine Schwierigkeit jedoch darin besteht, dass es eine Vielzahl von unterschiedlichen Akteuren gibt, deren Internetseiten nur teilweise miteinander verknüpft sind. Die Lehrkräfte des eigenen Landes scheinen dadurch wenig darin unterstützt zu werden, diese Materialien zu finden und nutzen zu können. Beispielsweise gibt es für das BLK-Programm „21" keine Internetseite mehr, da diese für das Nachfolgeprogramm in Verwendung ist. Auf dem Internetportal zum Programm Transfer-21 befinden sich infolgedessen auch Dokumente des ersten Programms, jedoch nicht alle. Daher ist anzunehmen, dass viele wertvolle Dokumente allein deswegen nicht verwendet werden, weil sie trotz Nutzung moderner Verbreitungsmedien nur schwerlich erreichbar sind. Eine Anregung zur

---

8   Verfügbar unter: http://wp1114724.wp150.webpack.hosteurope.de/transfer_21/ergebnis produkt_CD/materialien/nrw/index.html (Abruf vom 12.09.2013)

Auseinandersetzung mit dem Bildungsauftrag für nachhaltige Entwicklung-scheint auf diesem Wege demnach vorwiegend von einem bestehenden Vorwissen oder ausgeprägtem privaten Interesse abhängig zu sein.

Eine weitere Strategie, die Akteure an den Schulen bei der Umsetzung dieses Bildungsauftrags zu unterstützen, stellt der Aufbau eines Multiplikatorensystems dar. An der qualifizierenden Multiplikatorenausbildung beteiligte sich während des Programms Transfer-21 allerdings nur eine Lehrkraft aus Nordrhein-Westfalen (Programm Transfer-21, 2009). In der weiterführenden Multiplikatorenausbildung (vgl. Kapitel 4.2.2) konnten dagegen 28 Personen aus Qualifizierungs-, Fortbildungs- und Unterstützungseinrichtungen in Nordrhein-Westfalen weiterqualifiziert werden. Zudem hat Nordrhein-Westfalen ein eigenes Multiplikatorenprogramm aufgestellt, das sich an die Lehrkräfte der Kernschulen richtet, welche fortlaufend weiterqualifiziert werden sollen (BMBF, 2009). Als Kernschulen wurden im Rahmen von Transfer-21 die Schulen bezeichnet, die sich intensiv mit dem Bildungsprogramm auseinandergesetzt haben. In Nordrhein-Westfalen zählten dazu 44 Schulen (Programm Transfer-21, 2009).

Zur weiteren Verbreitung von BNE über die beiden Programme hinaus hat das Land Nordrhein-Westfalen als Nachfolge für das Programm ‚Agenda 21 in der Schule' die Kampagne ‚Schule der Zukunft – Bildung für nachhaltige Entwicklung' von 2009 bis 2012 initiiert, in dessen Rahmen wiederum Schulen mit hohem Engagement in diesem Bereich ausgezeichnet werden.

Insgesamt zeigt sich, dass in Nordrhein-Westfalen auf unterschiedlichen Ebenen Ansätze vorangebracht wurden, um die Umsetzung von BNE zu fördern: So wurde eine gesetzliche Verankerung vorgenommen, durch Kampagnen werden Anreize für Schulen geschaffen und mit Hilfe von Publikationen und Fortbildungsangeboten die Schulen bei der Auseinandersetzung und Implementation dieses Bildungsauftrags unterstützt.

Ein Aspekt, der bisher noch nicht beachtet wurde, ist die Frage, inwieweit BNE auch in Curricula aufgenommen wurde. Dies wäre jedoch von besonderem Interesse, um Hinweise dazu zu gewinnen, inwieweit auf bildungsadministrativer Ebene Bestrebungen bestehen, möglichst alle Schulen und Lehrkräfte an der Umsetzung dieses Bildungsauftrages zu beteiligen. Vor diesem Hintergrund wird im Folgenden die curriculare Verankerung von BNE bundesweit sowie im Land Nordrhein-Westfalen näher betrachtet.

4.4 Curriculare Verankerung von BNE

Die curriculare Verankerung des Bildungsauftrags für nachhaltige Entwicklung stellt eine weitere Strategie dar, um Lehrkräfte zu einer Auseinandersetzung mit und Implementierung dieser Innovation anzuregen. Entsprechend wird im nationalen Aktionsplan zur UN-Dekade die Verankerung von BNE in den Lehrplänen als ein Ziel vorgegeben (vgl. Kapitel 4.2.3). In dem Aktionsplan für Nordrhein-Westfalen findet sich dieses Ziel nicht wieder, sondern es wird dort auf die Orientierung an den bundesweit geltenden Bildungsstandards verwiesen: „Moderne Lehrpläne orientieren sich an den von der KMK vereinbarten Bildungsstandards, die sich wiederum in ihren Inhalten an dem Leitbild der nachhaltigen Entwicklung ausrichten" (MUNVL NRW, 2006, S. 12).

Im nächsten Abschnitt werden die bundesweit geltenden Bildungsstandards sowie ausgewählte (Kern-)Lehrpläne aus Nordrhein-Westfalen im Hinblick auf die Verankerung von BNE näher betrachtet. Der Fokus wird dabei auf die Sekundarstufe I gelegt, da in der vorliegenden Untersuchung die Implementation an weiterführenden Schulen analysiert wird.

4.4.1 Verankerung in den bundesweiten Bildungsstandards der KMK

Ausgelöst durch die Ergebnisse der internationalen Schulleistungsstudien IGLU (Bos et al., 2003), PISA (Baumert et al., 2001) und TIMSS (Baumert, Bos & Lehmann, 2000), die den Wandel von einer eher inputorientierten in Richtung einer outputorientierten Steuerung des deutschen Schulsystems begünstigt haben, hat die Kultusministerkonferenz im Jahr 2003 bundesweit geltende Bildungsstandards für die Fächer Deutsch, Mathematik, die erste Fremdsprache sowie 2004 für die naturwissenschaftlichen Fächer Biologie, Chemie und Physik für den Mittleren Schulabschluss beschlossen. Die Länder haben sich dazu verpflichtet diese Bildungsstandards in den Schulen zu implementieren. Im Schuljahr 2004/2005 wurden die Bildungsstandards für den Mittleren Schulabschluss eingeführt (KMK, 2005a). [9]

Wie im Folgenden genauer erläutert wird, findet sich eine explizite Bezugnahme auf das Bildungskonzept für nachhaltige Entwicklung, das heißt die Einbindung des Begriffs nachhaltige Entwicklung bzw. Nachhaltigkeit im Sinne der

---

[9] Alle hier betrachteten Bildungsstandards sind verfügbar unter http://www.kmk.org/ bildung-schule/qualitaetssicherung-in-schulen/bildungsstandards/dokumente.html (Abruf vom 19.08.2013) und werden daher im Folgenden nicht als einzelne Quellen aufgeführt.

Agenda 21[10] (vgl. Kapitel 3.1), in zwei der sechs Bildungsstandards für den Mittleren Schulabschluss: im Fach Biologie und Chemie. Biologie ist dabei erwartungskonform das Fach, dass den stärksten Bezug zum Bildungsauftrag für nachhaltige Entwicklung aufweist: Die drei Dimensionen der nachhaltigen Entwicklung werden hinsichtlich des Fachs referenziert und die Aspekte des Bildungskonzepts sind in den Bildungsstandards enthalten. So heißt es z.b. in Bezug auf die Kompetenzbereiche Fachwissen und Bewerten: „Schülerinnen und Schüler entwickeln Wertschätzung für eine intakte Natur und eine eigene gesunde Lebensführung, zeigen Verständnis für Entscheidungen im Sinne einer nachhaltigen Entwicklung." (KMK, 2005b, S. 12) Hervorzuheben ist zudem die Aufnahme als folgende Teilkompetenz: „Die Schülerinnen und Schüler [...] kennen und verstehen die grundlegenden Kriterien von nachhaltiger Entwicklung" (KMK, 2005b, S. 13). Des Weiteren lassen sich bei mehreren der angefügten Aufgabenbeispiele eindeutig Themen aus dem Nachhaltigkeitsbereich identifizieren. Eine Aufgabe setzt sich unter dem Titel „Was ist nachhaltige Entwicklung?" sogar explizit mit dem Begriff nachhaltige Entwicklung auseinander. Insgesamt liegt die Fokussierung in den Bildungsstandards für Biologie auf der ökologischen Dimension. Soziale Aspekte haben dagegen eher eine Randstellung, wogegen ökonomische Aspekte nicht mit aufgenommen wurden. In den Bildungsstandards für Chemie ist der Bezug zum Bildungskonzept zur nachhaltigen Entwicklung nicht so stark wie im Fach Biologie, es findet aber ebenso ein expliziter Bezug zum Leitbild der nachhaltigen Entwicklung statt. Hier heißt es in der Erläuterung zum Beitrag des Faches: „Die Schülerinnen und Schüler erkennen die Bedeutung der Wissenschaft Chemie, der chemischen Industrie und der chemierelevanten Berufe für Gesellschaft, Wirtschaft und Umwelt. Gleichzeitig werden sie für eine nachhaltige Nutzung von Ressourcen sensibilisiert." (KMK, 2005c, S. 6) Wie anhand des Zitates ersichtlich wird, werden die drei Dimensionen (die ökologische, ökonomische und soziale) aufgegriffen. Zusätzlich wird anhand der Aufgabenbeispiele auch eine inhaltliche Umsetzung dieser veranschaulicht. Die beiden zuletzt genannten Aspekte sind ebenso bei den Bildungsstandards für Physik zu finden. Allerdings wird hierbei der Begriff Nachhaltigkeit nicht ausdrücklich mit einbezogen. In den Bildungsstandards für Mathematik findet ebenfalls keine explizite Aufnahme dieses Bildungsauftrags

---

10 An einigen Stellen wird in den Bildungsstandards das Adjektiv nachhaltig im Sinne von dauerhaft verwendet. Da in diesen Fällen kein Zusammenhang zum Bildungskonzept für nachhaltige Entwicklung besteht, wurden diese nicht berücksichtigt.

statt. Auch inhaltliche Aspekte in den Bildungsstandards der Fächer Physik und Mathematik verweisen nicht in diese Richtung.

Anders als bei den naturwissenschaftlichen Fächern wird der Schwerpunkt bei den Sprachen auf die soziokulturelle Dimension gelegt. Die ökologische Dimension wird anhand der Bildungsstandards der sprachlichen Fächer nicht ersichtlich. Im Fach Deutsch wird auch die ökonomische Dimension nicht angesprochen. Des Weiteren findet auch bei den Bildungsstandards der sprachlichen Fächer kein direkter Bezug zu dem hier interessierenden Bildungsauftrag statt. Hervorzuheben ist jedoch, dass in diesen Fächern nach den Bildungsstandards verstärkt die Globalität und interkulturelle Aspekte vermittelt werden sollen. Bei den Standards für die erste Fremdsprache ist dieser Bereich auch in den Aufgabenbeispielen mit aufgenommen worden.

Insgesamt lässt sich aufgrund der Durchsicht der bundesweit geltenden Bildungsstandards resümieren, dass eine Integration des Bildungsauftrags für nachhaltige Entwicklung auf die Art und Weise, wie jener konzipiert wurde, am stärksten bei den Bildungsstandards für das Fach Biologie stattgefunden hat. Die Tatsache, dass in zwei Drittel der Standards der Begriff nachhaltige Entwicklung nicht explizit aufgegriffen wurde, steht der Empfehlung der KMK entgegen, BNE in möglichst viele Fächer einzubinden (KMK/DUK, 2007). Weil jedoch in allen Fächern zumindest ansatzweise Aspekte bzw. Teilkompetenzen der BNE enthalten sind, könnte eine stark interdisziplinäre Vermittlung der Inhalte und Kompetenzen auf Grundlage der Bildungsstandards eine Vermittlung eines ganzheitlichen Konzepts dieses Bildungsauftrags ermöglichen, vorausgesetzt die Lehrkräfte sind sich dessen bewusst.

Da aufgrund des föderalistischen Bildungssystems Deutschlands neben den bundesweit geltenden Bildungsstandards für jedes Bundesland – zwar an die bundesweiten Bildungsstandards angelehnte, doch zumeist weitergeführte, spezifischere – eigene Lehrpläne vorgegeben werden, bietet es sich eine zusätzliche Betrachtung ausgewählter Lehrpläne für das Land Nordrhein-Westfalen an. Eine solche Betrachtung erfolgt im nächsten Abschnitt.

4.4.2 Verankerung in den Lehrcurricula von Nordrhein-Westfalen

Obwohl das Landesministerium Nordrhein-Westfalens sich explizit dafür ausspricht, dass BNE in alle Unterrichtsfächer gehört (Ministerium für Schule und Weiterbildung des Landes Nordrhein-Westfalens [MSW NRW], 2011a), wird auf eine gezielte Ausrichtung aller Lehrpläne auf eine BNE in Nordrhein-Westfalen verzichtet. Vielmehr wird in dem landesweiten Aktionsplan zur UN-

Dekade darauf verwiesen, dass die modernen Lehrpläne auf Grundlage der bundesweiten Bildungsstandards formuliert wurden, die wiederum die Inhalte der BNE enthalten (MUNVL NRW, 2006). Bei der Formulierung ‚moderne Lehrpläne' muss jedoch auf die Tatsache verwiesen werden, dass bis einschließlich 2010 ein Ungleichgewicht bei der Modernität der Lehrpläne zwischen den Schulformen vorlag. So wird in Tabelle 4.01, in der exemplarisch für das Gymnasium und die Hauptschule die Aktualität der landesweit geltenden Lehrpläne für die Sekundarstufe I dargestellt ist, ersichtlich, dass in Nordrhein-Westfalen für die Hauptschule bis Anfang 2011 gerade in den für den hier behandelten Bildungsauftrag bedeutenden Schulfächern Biologie, Chemie, Physik, Erdkunde, Geschichte und Politik noch Lehrpläne vom Ende der 1980er Jahre galten.

Tabelle 4.01: Erlass zur Einführung der (Kern-)Lehrpläne für Gymnasium und Hauptschule, Sekundarstufe I in Nordrhein-Westfalen

	Gymnasium		Hauptschule	
	Vorheriger Lehrplan	Aktuell geltender Lehrplan	Vorheriger Lernplan	Aktuell geltender Lehrplan
Deutsch	27.09.2004	14.06.2007	27.09.2004	18.07.2011
Englisch	27.09.2004	14.06.2007	27.09.2004	18.07.2011
Mathematik	27.09.2004	14.06.2007	27.09.2004	18.07.2011
Biologie	08.02.1993	18.05.2008	30.03.1989	Lernbereich Naturwissenschaften 18.07.2011
Chemie	08.02.1993	06.05.2008	30.03.1989	
Physik	08.02.1993	20.05.2008	30.03.1989	
Erdkunde	08.02.1993	02.08.2007	30.03.1989	Gesellschaftslehre 18.07.2011
Geschichte	08.02.1993	02.08.2007	30.03.1989	
Politik/Wirtschaft	08.02.1993	02.08.2007	30.03.1989	

Facetten der BNE konnten demnach unter Bereichen wie Umweltbildung und Eine-Welt-Bildung bereits enthalten sein, ein expliziter Bezug zur Agenda 21 (vgl. Kapitel 3.2) kann jedoch ausgeschlossen werden, da sie erst 1992 verabschiedet wurde. Zwar wurden für den Hauptschulbereich die Curricula in den Fächern Deutsch, Englisch und Mathematik im Jahr 2004 erneuert, doch für diese Fächer beinhalten bereits die bundesweit geltenden Bildungsstandards BNE lediglich implizit und nur in Teilaspekten. Infolgedessen konnte die Agenda 21 in Curricula für die Hauptschule erst später berücksichtigt werden als in Curricula für das Gymnasium.

Um genauere Aussagen diesbezüglich treffen zu können, wird im Folgenden – weiterhin exemplarisch für die Hauptschule und das Gymnasium – auf Grundlage einer Durchsicht der Kernlehrpläne für die Sekundarstufe I dargestellt, inwieweit eine Verankerung des Bildungsauftrags für nachhaltige Entwicklung auf curricularer Ebene stattgefunden hat. [11]

Bei den Kernlehrplänen für das Gymnasium lässt sich in diesem Bereich eine starke Orientierung zu den bundesweit geltenden Bildungsstandards erkennen. Die Curricula der naturwissenschaftlichen Fächer Biologie, Chemie und Physik sind fächerübergreifend konzipiert und wurden unter eine gemeinsame Zielsetzung gestellt: Hier wird „die Mitgestaltung unserer Lebensbedingungen im Sinne einer nachhaltigen Entwicklung" (MSW NRW, 2008, S. 8) als Ziel der naturwissenschaftlichen Grundbildung angesehen. Damit findet eine explizite Berücksichtigung des Bildungsauftrags für nachhaltige Entwicklung in den Curricula dieser drei Fächer statt, die in den weiteren Ausführungen des jeweiligen Fachs weitergeführt werden, indem auch alle drei Dimensionen nachhaltiger Entwicklung integriert werden. Die deutlichste Verankerung zeigt sich dabei für das Fach Biologie. So soll unter anderem eine inhaltliche Auseinandersetzung mit der Thematik Nachhaltigkeit erfolgen und es sollen entsprechende Kompetenzen wie die Beurteilung von Zusammenhängen unter dem Aspekt der nachhaltigen Entwicklung vermittelt werden. Des Weiteren weisen auch die gymnasialen Lehrpläne im Bereich Gesellschaftslehre eine Verankerung von BNE auf. Besonders ausgeprägt findet dies im Fach Erdkunde statt, gefolgt von dem Lehrplan für Politik/Wirtschaft. Für das Fach Geschichte wird dagegen der Begriff Nachhaltigkeit im Sinne der Agenda 21 nicht genannt, jedoch findet die Erwähnung aller drei Dimensionen statt. Keine explizite Aufnahme des Bildungskonzepts erfolgt in den Lehrplänen für die Hauptfächer Deutsch, Englisch und Mathematik. Am ehesten ist für das Fach Englisch eine Verbindung zu der Konzipierung dieses Bildungsauftrags zu erkennen, da hier verstärkt interkulturelle Aspekte berücksichtigt werden.

Bei der Hauptschule zeigen sich für die drei Hauptfächer Deutsch, Englisch und Mathematik ähnliche Ergebnisse. Da die quantitativen Erhebungszeitpunkte der hier vorgelegten Studie vor 2011 lagen (vgl. Kapitel 7.2.1), gab es zum Zeitpunkt der Befragung der Lehrkräfte und Schulleitungen für die Hauptschule keine Fachcurricula in den naturwissenschaftlichen Fächern sowie der Gesellschaftslehre, die BNE im Sinne der Agenda 21 beinhalten konnten (vgl. Tabelle

---

11 Alle hier betrachteten (Kern-)Lehrpläne sind verfügbar unter http://www.standard sicherung.nrw.de (Abruf vom 12.09.2013) und werden daher im Folgenden nicht als einzelne Quellen aufgeführt.

4.01). Allerdings gibt es für den Lernbereich Gesellschaftslehre schulformüber-
greifende Rahmenvorgaben im Bereich der politischen Bildung (2001) und der
ökonomischen Bildung (2004). Beide Rahmenvorgaben enthalten alle drei Dimensionen nachhaltiger Entwicklung sowie den Begriff Nachhaltigkeit. Im Bereich der politischen Bildung ist das Bildungskonzept als ein Thema neben anderen vertreten. In der ökonomischen Bildung stellt Nachhaltigkeit ein auf dessen Rahmenbedingungen bezogenes Kennzeichen dar.

Auch wenn die aktuellen Lehrpläne für die Hauptschule noch nicht Bestandteil des Unterrichts zu dem Erhebungszeitpunkt der im Rahmen dieser Studie
durchgeführten Untersuchung waren, so lässt ein Blick in diese doch eine aktuelle Tendenz zur Verankerung des hier interessierenden Bildungsauftrags aufzeigen und damit Rückschlüsse auf die einzelnen Fächer zu: Für die Hauptfächer Deutsch, Englisch und Mathematik zeigt sich auch 2011 in den Lehrplänen
für die Hauptschule keine stärkere Annäherung in Richtung des Konzepts der
BNE als zuvor. Die erneuerten Lehrpläne im Bereich der Naturwissenschaften
für die Hauptschule entsprechen in ihrer Ausrichtung auf nachhaltige Entwicklung den vier Jahre zuvor eingeführten Lehrplänen für das Gymnasium. Im neu-
en Lehrplan für die Gesellschaftslehre der Hauptschule wurde die Verankerung
von BNE im Vergleich zu den aktuellen Lehrplänen für das Gymnasium sogar
noch deutlicher mit aufgenommen, so dass die Aufgaben und Ziele des Fachs
Erdkunde ganz unter dem Leitbild stehen:

> Das Fach **Erdkunde** zielt innerhalb des Lernbereichs Gesellschaftslehre auf das
> Verständnis der naturgeographischen, ökologischen, politischen, wirtschaftlichen
> und sozialen Strukturen [...] . Die Orientierung am Leitbild der nachhaltigen Ent-
> wicklung verlangt dabei, dass die Nutzung sozioökonomischer und vor allem na-
> türlicher Ressourcen nach Grundsätzen globaler Gerechtigkeit erfolgt und sicher-
> stellt, dass auch kommende Generationen die Möglichkeit haben, ein Leben zu
> führen, in dem sie ihre Bedürfnisse unter Beachtung nachhaltiger Lebensstile be-
> friedigen können. (MSW NRW 2011b, S. 9, Hervorhebung im Original)

Auch in den Kompetenzerwartungen für Geschichte/Politik zeigt sich in den im
Jahre 2011 eingeführten Lehrplänen für die Hauptschule bei mehreren Aspekten
eine Ausrichtung auf nachhaltige Entwicklung.

Insgesamt wird deutlich, dass eine curriculare Verankerung einer BNE in
Nordrhein-Westfalen vorwiegend in den natur- und gesellschaftswissenschaftlichen Fächern stattgefunden hat. Eine für die Verankerung dieses Bildungsauftrags sehr positive Tendenz ist dabei aufgrund seiner ganzheitlichen Orientierung an dem Bildungskonzept besonders für das Fach Erdkunde zu erkennen,
wie der im Jahre 2011 eingeführte Lehrplan für die Hauptschule zeigt.

4.5   Fazit

Im Gesamtüberblick werden eine Vielzahl von Maßnahmen ersichtlich, die auf internationaler, nationaler und auf Ebene des Bundeslandes Nordrhein-Westfalen unternommen wurden, um BNE an Schulen in Deutschland zu implementieren: Die zahlreich verfassten Dokumente auf Bundesebene sowie die curriculare Verankerung in einzelnen Schulfächern lassen auf eine Auseinandersetzung in Folge der verabschiedeten Agenda 21 schließen (vgl. Kapitel 4.2.3). Die Förderung und Durchführung der beiden bundesweiten Programme über knapp zehn Jahre unterstreichen zudem ein gestiegenes Interesse auf bildungsadministrativer Ebene am Bildungsauftrag für nachhaltige Entwicklung und der Bedeutung, die ihr zuerkannt wird. So wurden innerhalb des BLK-Programms „21" unter Modellbedingungen Ansätze zur Umsetzung von BNE eruiert und auf ihre Praxistauglichkeit überprüft (vgl. Kapitel 4.2.1). Durch den direkten Anschluss des zweiten bundesweiten Projekts Transfer-21 und die enge konzeptionelle Verbindung beider konnten eine Weiterführung und die Erreichung von weiteren Schulen realisiert werden (vgl. Kapitel 4.2.2). International unterstützt wird die Verbreitung des Bildungskonzepts zusätzlich durch die UN-Weltdekade BNE von 2005 bis 2014, deren Ziel es ist, die zentrale Bedeutung dieses Bildungsauftrags hervorzuheben und weitere Akteure für eine aktive Auseinandersetzung mit und Beteiligung zu gewinnen (vgl. Kapitel 4.1).

Auch in Nordrhein-Westfalen wurde die Aufgabe wahrgenommen, BNE an Schulen zu implementieren. Neben der Teilnahme an den beiden bundesweiten Modellversuchen setzt die Landesregierung besonders auf die Kampagne ‚Schule der Zukunft', bei der Schulen, die sich im Bereich BNE engagieren, ausgezeichnet werden (vgl. Kapitel 4.3). Daneben gibt es eine Vielzahl an Wettbewerben, Aktionstagen etc., die zur Umsetzung anregen und Ideen geben sollen. Mit dieser Strategie wird das Ziel verfolgt, die Schule als Einheit zu erreichen und damit den ganzheitlichen Aspekt dieses Bildungsauftrags zu fördern. Zudem wird den schulischen Akteuren Freiraum für eigene Ideen und Gestaltungsmöglichkeiten gegeben mit der Annahme, dass das Bildungskonzept so kontextgerecht umgesetzt werden kann. Durch die Darstellung der Projekte an den Schulen auf der Homepage der Landeskampagne wird das Ziel verfolgt, Ideen, die aus der Praxis kommen, weiterzugeben.

Wenn man die weiteren Transferbemühungen auf Bundes- und Landesebene betrachtet, so wird ersichtlich, dass sich die Verbreitungsstrategie bei den Modellversuchen, Programmen und Kampagnen überwiegend durch Dokumententransfer auszeichnet: Internetportale mit Orientierungshilfen, Strategiepapieren, Programmergebnissen, Unterrichtsmaterialien etc. werden verfasst und damit einer höheren Anzahl an Schulen zur Verfügung gestellt (vgl. Kapitel 4.2.2 und 4.3). Kriegesmann et al. (2006) sehen hier die Problematik darin, dass diese Portale nicht genügend bekannt gemacht werden. So hat sich z.b. für das BLK-Programm SINUS-Transfer gezeigt, dass ein Drittel der am Programm beteiligten Lehrkräfte keine Kenntnis über die dafür bereitgestellte Internetpräsenz hatte.

> Hier können Datenbanken mit noch so vielen „best practice"-Beispielen, Endberichten oder Tagungsinformationen gefüttert sein, sie bleiben dennoch häufig Datenfriedhöfe und ihr Innovationspotential kommt nur unzureichend zur Anwendung. (Kriegesmann et al., 2006, S. 19)

Hinzu kommt, dass es eine Vielzahl von Internetseiten von unterschiedlichen Akteuren gibt, die nur teilweise miteinander verknüpft sind, so dass es oftmals eine lange Recherche und damit verbunden ein hohes Engagement erfordert, um die zur Verfügung gestellten Dokumente zu finden. Um zu erreichen, dass möglichst viele Schulen und Lehrkräfte BNE als relevanten Bildungsauftrag erkennen, kann eine curriculare Verankerung die Möglichkeit bieten, die Lehrkräfte zur Auseinandersetzung mit und zur Umsetzung des Bildungskonzepts zu veranlassen. Ein solches Vorgehen kann auch dazu beitragen, diesen Bildungsauftrag nicht nur primär durch außerunterrichtliche – zumeist freiwillige – Arbeitsgemeinschaften und Projekte umzusetzen, sondern ihn dauerhaft als unterrichtlichen Bestandteil zu implementieren und damit zu gewährleisten, dass alle Schülerinnen und Schüler das damit verbundene Wissen und die entsprechenden Kompetenzen erlangen können. Aus diesen Gründen wurde BNE sowohl in die bundesweit geltenden Bildungsstandards der KMK als auch in einige Lehrpläne für Nordrhein-Westfalen aufgenommen. Allerdings hat sich für den Bereich der Sekundarstufe I gezeigt, dass eine curriculare Verankerung nicht für alle Fächer, sondern explizit lediglich für die natur- und gesellschaftswissenschaftlichen Fächer stattgefunden hat (vgl. Kapitel 4.4). Die stärkste Verankerung ergibt sich für Erdkunde und Biologie. Zudem bestand bis 2011 eine Unausgewogenheit in der Aktualität der Lehrpläne, da für die Hauptschule bis 2011 für die natur- und gesellschaftswissenschaftlichen Fächer Lehrpläne aus den 1980er Jahren vorlagen und diese damit das Konzept nachhaltige Entwicklung nach der Agenda 21 von 1992 nicht enthalten konnten. Die Verankerung in diesen Fächern wurde aber in den 2011 neu eingeführten Lehrplänen für die Hauptschule entsprechend der Lehrpläne für das Gymnasium angepasst bzw. für das Fach Erdkunde sogar in verstärkter Form vorgenommen. Damit ist festzuhalten, dass seit 2011 in dem überwiegenden Teil der Lehrpläne für das Gymnasium und die Hauptschule Teilbereiche des Bildungskonzepts für nachhaltige Entwicklung zumindest implizit verankert wurden.

Insgesamt stellt sich die Frage, inwieweit der hier behandelte Bildungsauftrag durch alle Fächer umgesetzt werden soll oder ob es genügt, wenn dies durch einige wenige Fächer geschieht. In der Konzipierung dieses Bildungsauftrags ist vorgesehen, nachhaltige Entwicklung in möglichst vielen Fächern zu implementieren, um so die Komplexität, die Vernetzung der drei Dimensionen sowie die Zusammenhänge mit allen privaten und gesellschaftlichen Bereichen verdeutlichen zu können (vgl. Kapitel 3.3). Das Schulministerium des Landes Nordrhein-Westfalens formuliert dies sogar wie folgt: „Bildung für eine nachhaltige Entwicklung spielt in allen Schulfächern eine zentrale Rolle" (MSW NRW, 2011a, Bildung für nachhaltige Entwicklung, Abs. 2). Ob eine Verankerung in einzelnen Schulfächern gelingen kann, ohne den Bildungsauftrag für nachhaltige Entwicklung auf curricularer Ebene explizit einzubinden, steht allerdings zur Diskussion.

Resümierend kann jedoch festgehalten werden, dass sich verstärkt Bemühungen erkennen lassen, BNE in den weiterführenden Schulen Nordrhein-Westfalens zu implementieren. Die curricularen Verankerungen und Anregungen, die mit der Landeskampagne ‚Schule der Zukunft‘ und weiteren Wettbewerben erfolgen, lassen zumindest vermuten, dass der Weg für einen Transfer dieses Bildungsauftrages in die Schulen auch außerhalb von Modellversuchen möglich ist.

5 Aktuelle Forschungsbefunde zur Umsetzung von BNE in der Schule

Der Bereich BNE stellt ein recht junges Forschungsfeld dar. Dies lässt sich mit der bisher kurzen Historie dieses Bildungsauftrags im Bereich der Nachhaltigkeit von zwei Jahrzehnten begründen (vgl. Kapitel 3.2), dem in seinen Anfängen zunächst eine Auseinandersetzung und Konzipierung folgte, bevor eine Forschung zu diesem Themenfeld aufgenommen werden konnte.[12] Bis heute ist daher eine große Anzahl an Forschungsdesideraten zu verzeichnen, wie im Laufe dieses Kapitels aufgezeigt wird.

Mit dem Anliegen, einen Beitrag zur Ausweitung des Forschungsfeldes zu leisten, hat die Deutsche Gesellschaft für Erziehungswissenschaft (DGfE) 2004 ein Forschungsprogramm zur BNE entwickelt. In diesem stellt die DGfE vier Felder auf, die für die Forschung in diesem Zusammenhang als bedeutend erachtet werden: die Lehr-Lern-Forschung, die Innovationsforschung, die Qualitätsforschung sowie die Surveyforschung.

> Die Reduzierung auf vier Forschungsfelder geschieht in der Absicht, in diesen Bereichen Forschungsvorhaben vorrangig anzusiedeln, wobei diese vier Forschungsfelder nicht immer trennscharf abzugrenzen sind. (DGfE, 2004, S. 8)

Anhand dieser Forschungsbereiche wird im Folgenden über aktuelle Forschungsergebnisse aus dem Bereich BNE an Schulen berichtet, um damit den Forschungsbedarf, der Anlass zu der vorliegenden Studie ist, herauszuarbeiten.

5.1 Lehr-Lern-Forschung

Im Bereich der Lehr-Lern-Forschung wird der Fokus auf Lernvoraussetzungen und Lernvorgänge sowie Interaktionsprozesse zwischen Lehrenden und Lernenden gelegt mit dem Ziel, die Vermittlung und Aneignung von Kompetenzen zu erforschen (DGfE, 2004). In diesem Bereich liegen bereits einige Ergebnisse vor, die zu unterschiedlichen Themenschwerpunkten und verschiedenen Lern-

---

12 Anzumerken sei an dieser Stelle, dass dieses Forschungsfeld natürlich auf zahlreiche Erkenntnisse aus der Umweltbildungs- und Umweltbewusstseinsforschung zurückgreifen kann und jene dadurch eine solide Basis für Forschungen im Bereich der Bildung für nachhaltige Entwicklung darstellen (vgl. z. B. Seybold & Rieß, 2006).

gruppen aufzeigen, welche Lernvoraussetzungen als gegeben angenommen werden können, welche Unterrichtseinheiten die Vermittlung nachhaltigkeitsrelevanter Kompetenzen ermöglichen und wie die Inhalte vermittelt werden können (vgl. Hauenschild & Bolscho, 2007).

Lernvoraussetzungen
Zur Entwicklung von neuen Unterrichtseinheiten ist es sinnvoll, ein grundlegendes Verständnis von Schülervorstellungen zu bestimmten Themenfeldern zu erlangen, denn es ermöglicht, auf Vorwissen aufzubauen. Erst wenn bekannt ist, welche Vorstellungen und welchen Wissensstand die Schülerinnen und Schüler haben, können Unterrichtsreihen so angepasst werden, dass die Schülerinnen und Schüler adäquat gefördert, ohne dabei – durch die meist hohe Komplexität nachhaltiger Themenbereiche – überfordert zu werden (vgl. DGfE, 2004). Hamann (2004) untersuchte dazu die Schülervorstellungen zur Landwirtschaft im Kontext von BNE am Ende der Grundschulzeit in Baden-Württemberg. Anhand einer schriftlichen Befragung (n = 944) wurden sowohl bereits gemachte Erfahrungen im Bereich der Landwirtschaft (z.B. Besuch eines Bauernhofes) als auch die Vorstellungen der Schülerinnen und Schüler über den Bereich der Landwirtschaft anhand von offenen und geschlossenen Fragen erhoben. In Ergänzung wurden 41 qualitative Interviews durchgeführt: Hier wurden zunächst spontane Assoziationen der Schülerinnen und Schüler zur Landwirtschaft erhoben. Daraufhin sollten die Kinder anhand eines dafür erstellten Computerprogramms eine Collage eines Bauernhofes gestalten, welche anschließend den Fokus von problemzentrierten Interviews mit den Schülerinnen und Schülern lieferte. Die Vorstellungen sind – wie sich als Ergebnis dieser Studie ergibt – eng an die Lebenswirklichkeiten der Schülerinnen und Schüler geknüpft, so dass anhand vorherrschender Konzepte und eigener Erfahrungen subjektive Theorien[13] entwickelt werden.

Vermittlung von Lerninhalten
Zu vergleichbaren Ergebnissen auch für höhere Alterskohorten kommt Schuler (2005), der Vorstellungen von Jugendlichen der 12. Jahrgangsstufe zum globa-

---

13 Unter dem Begriff ‚subjektive Theorie‘ wird nach Groeben und Scheele (2010) gefasst, dass der Mensch bereits im Kindesalter aufgrund seiner Selbst- und Weltsicht Theorien konstruiert und auf Grundlage dieser handelt. Im Gegensatz zu wissenschaftlichen Theorien sind diese jedoch nicht intersubjektiv und werden daher als subjektive Theorien bezeichnet (vgl. auch Rieß, 2010).

len Klimawandel untersucht hat. In einem ersten Schritt wurden 129 Schülerinnen und Schüler dazu schriftlich befragt. Diese explorative Vorstudie diente dazu, gängige Alltagskonzepte der Schülerinnen und Schüler in diesem Bereich zu identifizieren sowie aus dieser Gruppe Interviewteilnehmerinnen und -teilnehmer für die Hauptstudie zu gewinnen. In der Hauptuntersuchung fanden mit 25 Schülerinnen und Schülern problemzentrierte Leitfadeninterviews statt. Die Interviews wurden mit Mappingskizzen zur Visualisierung der subjektiven Konzepte der Schülerinnen und Schüler unterstützt. Dabei erwiesen sich die subjektiven Theorien der Schülerinnen und Schüler besonders in Verbindung mit alltagsnahen Bezügen als stabil. Ein kontextorientierter Unterricht bietet sich demnach zur erfolgreichen Vermittlung dieses Themenbereiches an.

Dass durch einen Unterricht im lebensnahen Kontext ein vertieftes Verständnis von nachhaltiger Entwicklung aufgebaut werden kann, wird anhand einer qualitativen Untersuchung von Birdsall (2006) mit elf- bzw. zwölfjährigen Schülerinnen und Schülern (n = 22) aus Neuseeland ersichtlich. Hier wurden mehrere Erhebungen vor, während und nach der Durchführung einer Unterrichtseinheit über einen sich in der Nähe zum Schulgebäude befindlichen See vorgenommen. Als ein Ergebnis zeigt sich, dass die Schülerinnen und Schüler, die kaum über Vorwissen zur Thematik Nachhaltigkeit verfügen, im Laufe der Unterrichtseinheit ihr Wissen erweitern können. Allerdings ist ein weiteres Ergebnis dieser Studie, dass die Vermittlung von Nachhaltigkeit in seiner ganzheitlichen Komplexität für diese Alterskohorte eine Herausforderung darstellt. Als hilfreich dafür können aber – nach Einschätzung der teilnehmenden Schülerinnen und Schüler – der lebensnahe Kontext und die Möglichkeiten des eigenen Handelns innerhalb des Unterrichts angesehen werden.

Um Wissen und Handlungsveränderungen im Sinne einer nachhaltigen Entwicklung zu fördern, ist des Weiteren von Vorteil, das Interesse der Schülerinnen und Schüler zu wecken. Dass dies ebenfalls im schulischen Kontext möglich ist, konnte bei einer Befragung von Schülerinnen und Schülern der neunten Jahrgangsstufe (n = 3626) in Finnland aufgezeigt werden. So ergibt sich in dieser Untersuchung ein signifikanter Zusammenhang zwischen der Beteiligung von Schulen an Projekten und Programmen mit dem Schwerpunkt Umwelt bzw. nachhaltige Entwicklung und dem Interesse der Schülerinnen und Schüler an nachhaltigen Themen. Das heißt, dass an Schulen, an denen das Angebot in diesem Bereich hoch war, auch das Interesse der Schülerinnen und Schüler dazu geweckt werden konnte (Uitto, Juuti, Lavonen, Byman & Meisalo, 2011).

Weitere Hinweise zu dem Verständnis zu nachhaltigen Thematiken – hier am Beispiel globale Erwärmung – und den Einfluss, den die Schule diesbezüglich auf die Schülerinnen und Schüler haben kann, liefert eine australische Studie, bei der Grundschülerinnen und -schüler der sechsten Klasse (n = 283) und Siebtklässlerinnen und Siebtklässler von weiterführenden Schulen (n = 130) befragt wurden. Skamp, Boyes und Stannistreet (2009) können anhand dieser Untersuchung zeigen, dass Grundschülerinnen und -schüler der sechsten Jahrgangsstufe eine höhere Wirksamkeitserwartung bei umweltfreundlichem Handeln aufzeigen als Siebtklässlerinnen und Siebtklässler. Nur bei wenigen Handlungsoptionen werden keine signifikanten Unterschiede zwischen den beiden Gruppen ersichtlich. Zudem ergeben sich signifikante Differenzen bei der Bereitschaft, auf nachhaltige Weise zu handeln, wiederum zugunsten der Grundschülerinnen und -schüler der sechsten Jahrgangsstufe. Da nur ein Jahr zwischen den beiden Kohorten liegt, nehmen die Autoren keine erheblichen Unterschiede bezüglich des Reifegrades der Kinder an. Vielmehr vermuten sie, dass sich die Differenzen aufgrund des schulischen Umfelds ergeben, da BNE in australischen Grundschulen stärker verankert ist als in den dortigen weiterführenden Schulen. Zudem werden die Grundschülerinnen und -schüler in den verschiedenen Fächern überwiegend von derselben Lehrkraft unterrichtet, so dass eine Verknüpfung zwischen den Fächern leichter möglich ist. Des Weiteren finden mehr schüleraktivierender Unterricht und weniger traditionelle Lehrformen als an weiterführenden Schulen statt (vgl. Skamp et al., 2009). Zusammenfassend weisen die Ergebnisse in die Richtung, dass folgende Aspekte die Vermittlung des Bildungsauftrags für nachhaltige Entwicklung an Schulen unterstützen: eine stärkere Verankerung von BNE, interdisziplinärer Unterricht und der Einsatz von proaktiven Lehr- und Lernformen. Diese Interpretation wird durch die Ergebnisse von Hauenschild (2002) gestützt, die in einer Interviewstudie mit Kindern zwischen 9 und 13 Jahren (n = 34) aufzeigt, dass die Wahrnehmung von eigenen zielführenden Handlungsmöglichkeiten (Kontrollwahrnehmung) im Bereich der nachhaltigen Entwicklung dadurch gefördert werden kann, dass Umsetzungsmöglichkeiten ausprobiert und eingeübt werden. Die untersuchten Kinder zeigen dabei bereits im Grundschulalter „Ansätze zu vernetztem Denken sowie zum altersgemäßen Umgang mit komplexen Problemen" (Hauenschild, 2002, S. 124).

Zudem eröffnen Kooperationen mit außerschulischen Lernorten Möglichkeiten, BNE zu vermitteln (vgl. Kapitel 3.3.4). Kandler (2011) untersuchte Schulklassen der Grundschule und der Sekundarstufe I, die an entsprechenden Lehrangeboten des ökologischen Bildungszentrum Münchens teilnahmen. Mittels Pre-, Post- und Outcometests (der Posttest wurde direkt im Anschluss eingesetzt, wogegen der Outcometest drei Monate nach der Veranstaltung stattfand) kann bei den Schülerinnen und Schülern am Ende der Grundschulzeit ein Wissenszuwachs ermittelt werden, der auch längerfristig aufrechterhalten wird. Im signifikant positiven Zusammenhang steht dabei allerdings die Vor- und Nachbereitung der Inhalte im Unterricht. Bei den Schülerinnen und Schülern der Sekundarstufe I ergeben sich in einem Posttest entsprechende Ergebnisse. Schülerinnen und Schüler mit nicht-deutscher Muttersprache erreichen jedoch signifikant niedrigere Ergebnisse in den Tests. Damit zeigt sich insgesamt anhand dieser Studie, dass der Besuch von außerschulischen Lehrangeboten unterstützend für die Vermittlung von BNE wirken kann. Die Ergebnisse lassen jedoch auf den Bedarf einer noch engeren Zusammenarbeit zwischen den Lehrkräften und den außerschulischen Partnern, in denen stärkere Verknüpfungen zwischen den Unterrichtsinhalten und den außerschulischen Lehrangeboten vorgenommen wird, sowie einer stärkeren Förderung von Schülerinnen und Schülern mit Migrationshintergrund schließen.

Einen Wissenszuwachs kann auch Lautströer (2008) nach der Durchführung einer auf Nachhaltigkeit ausgerichteten Unterrichtseinheit zum Thema Massentourismus feststellen. Als ein weiteres Ergebnis berichtet die Autorin, dass bei den Schülerinnen und Schülern der Sekundarstufe I (n = 142), die vor und nach der Unterrichtseinheit befragt wurden, eine Veränderung der Einstellung zu Werten in Richtung Nachhaltigkeit zu verzeichnen ist, hier am Beispiel der Entscheidung über das Ziel einer Klassenfahrt. Auf Handlungsebene fällt die Entscheidung nach der Intervention für nachhaltigere Klassenfahrten aus, bei privaten Reisen kommt es allerdings nicht zum selben Ergebnis. Eine Handlungsveränderung konnte demnach nur in Bereichen erreicht werden, bei denen der Veränderungsaufwand des Einzelnen eher gering ausfällt.

Auch weitere Studien, die Möglichkeiten von Unterrichtseinheiten zur Vermittlung von nachhaltiger Entwicklung in den Fokus nehmen, deuten in die Richtung einer erfolgreichen Vermittlung von nachhaltigen Themen: Rieß (2010) legt mit Hilfe von mehreren quasi-experimentellen Teilstudien dar, dass Schülerinnen und Schüler bereits im Grundschulalter beim Wissenserwerb zu Themenfeldern der nachhaltigen Entwicklung sowie in nachhaltigkeitsorientierten Verhaltensweisen wirksam unterstützt werden können. Anhand von mehreren Teilstudien mit insgesamt 214 Drittklässlerinnen und Drittklässlern wurden dazu Beobachtungen bezüglich des Verhaltens der Kinder vorgenommen sowie

die subjektiven Theorien der Schülerinnen und Schüler erhoben und rekonstruiert. Diese Untersuchungen wurden vor und nach der Behandlung einer Unterrichtseinheit aus dem Bereich der nachhaltigen Entwicklung durchgeführt, wobei in unterschiedlichen Experimentalgruppen verschiedene Lehr- und Lernme-
thoden zum Einsatz kamen. Als ein Ergebnis kann verzeichnet werden, dass besonders durch einen Unterricht, der sich an den „in der Umweltbildung empfoh-
lenen didaktischen Prinzipien orientiert […] und deshalb als handlungs-[,] prob-
lem-, situations-, systemorientierter Unterricht" (Rieß, 2010, S. 187) charakterisiert wird, langfristige Verhaltensänderungen bewirkt werden können, die auch
noch ein Jahr nach der Behandlung im Unterricht messbar sind. Diese Ergebnisse zeigen sich sowohl bei Vereinbarungen und Übereinkünften, die mit der gesamten Klasse getroffen wurden, als auch bei individuellen Alltagshandlungen
der Drittklässlerinnen und Drittklässler.

Insgesamt lassen die Ergebnisse dieses Forschungszweiges die Schlussfolgerung
zu, dass die Vermittlung von BNE bereits mindestens ab der 3. Jahrgangsstufe
Erfolg versprechend ist (vgl. Rieß, 2010). Die Schülerinnen und Schüler verfügen in vielen Bereichen bereits über ein Vorwissen, das sie in subjektive Theorien einbetten. Nimmt man diese als Ausgangspunkt und verbindet sie mit praxisnahen Bezügen und alltäglichen Handlungsweisen, erscheint es möglich, sowohl das Wissen als auch relevante Kompetenzen für ein nachhaltiges Handeln
zu fördern. Gleichwohl zeigt die Vielfältigkeit der hier dargestellten Studien,
dass es sich aufgrund der Komplexität des Bildungskonzepts – mit einem breiten
Spektrum an Themen sowie gruppenspezifischen Lernaspekten – um ein weit-
läufiges Forschungsfeld handelt, so dass noch ein erheblicher Forschungsbedarf
besteht, um die Lehr- und Lernmöglichkeiten im Bereich der BNE weiter entwickeln zu können.

5.2 Innovationsforschung

Während im vorangegangenen Abschnitt Befunde zur Umsetzung des Konzepts
zur BNE an Schulen und in der Unterrichtspraxis berichtet wurden, wird im
Folgenden der Frage nachgegangen, wie diese Innovation an Schulen herangetragen werden kann. Dazu wird auf Studien aus dem Bereich der Innovationsforschung rekurriert, da davon auszugehen ist, dass aus diesen Forschungsergebnissen Informationen und Hinweise für die Umsetzungsmöglichkeiten der Veranke-

rung der Innovation an Schulen gewonnen werden können. Die Innovationsforschung nimmt den gesamten Implementations- und Transferprozess in den Fokus mit dem Ziel, Rahmen- und Kontextbedingungen sowie weitere Voraussetzungen für eine erfolgreiche Implementation aufzudecken.

Befunde aus bundesweit angelegten Modellversuchen
Einen hilfreichen Beitrag in diesem Bereich wurde mit der begleitenden Forschung zum BLK-Programm „21" (vgl. Kapitel 4.2.1) geleistet. In diesem Rahmen wurden 352 Lehrkräfte und 80 Schulleitungen befragt. Die Ergebnisse zeigen, dass in den beteiligten Schulen Strukturen aufgebaut werden konnten, die eine dauerhafte Verankerung von BNE ermöglichen. Verantwortungsbewusstsein, Innovationsbereitschaft und der Wunsch zur Profilierung der eigenen Schule wurden als förderlich für die Auseinandersetzungsbereitschaft der Lehrkräfte mit diesem Bildungskonzept eruiert. Anhand der Befragung der am Programm beteiligten Lehrkräfte zeigt sich, dass wenn eine Grundmotivation zur Umsetzung von BNE vorhanden ist, diese Motivation langfristig bestehen bleibt und darüber hinaus eine hohe Bereitschaft zum innerschulischen Transfer bei den Beteiligten ersichtlich wird (Rode, 2005).

> Es wird jedoch auch deutlich, dass wir es sowohl im Falle der Lehrkräfte, als auch im Falle der Schulen nicht mit zufällig ausgewählten Personenkreisen und Einrichtungen, sondern mit einer besonderen Gruppe zu tun haben, die sich von der Mehrzahl der Lehrkräfte bzw. Schulen erheblich unterscheiden dürfte. Hohe Motivationen der Lehrkräfte und beginnende Profilierungen der Schulen in Richtung der Bildung für eine nachhaltige Entwicklung kennzeichnen die Startphase des Programms. (Rode, 2005, S. 9)

Eine wichtige Rolle zur Unterstützung bei der Umsetzung wird – besonders von langfristig im Rahmen des Programms engagierten Akteuren – der Schulleitung zugeschrieben. Aber auch das Schulumfeld, z.B. externe Kooperationspartner, das Kollegium und schulische Gremien, werden von den am BLK-Programm „21" beteiligten Lehrkräften als förderlich wahrgenommen. Demgegenüber erachtet ein gutes Drittel der Lehrkräfte die administrativen Vorgaben wie Lehrpläne und Richtlinien als besonders hemmend. Dies wird auch durch die Ergebnisse der Schulleitungsbefragung bestätigt: So sehen die Schulleitungen besonders in einer deutlicheren Bezugnahme auf die Inhalte der Lehrpläne und Richtlinien eine Möglichkeit, diesen Bildungsauftrag weiter zu fördern (Rode, 2005).

Forschungsergebnisse zum zweiten bundesweiten Programm Transfer-21, die ebenfalls anhand einer Befragung des Lehrpersonals (n = 213) ermittelt wurden, zeigen, dass, wenn die Lehrkräfte die Innovation als relevant erachten, dies

zentral dazu beiträgt, dass BNE umgesetzt wird. So ist die Bedeutsamkeitsbei-
messung der wichtigste Faktor für die Motivation der Lehrkräfte. Entsprechend
geben Lehrkräfte, die sich nicht an dem Programm beteiligen, an, dass sie ihm
geringe Bedeutsamkeit zuschreiben. Diese fehlende Relevanzbeimessung ist in
erster Linie auf Unklarheiten bezüglich des Bildungskonzepts und fehlende Materialien zurück zu führen. Als weiterer Grund für die ausbleibende Beteiligung
wird Zeitmangel genannt. Fehlende soziale Anerkennung der Lehrkräfte, z.B.
durch die Schulleitung oder andere Personen aus dem Kollegium, wird dagegen
nicht als Begründung aufgeführt (Schellenbach-Zell & Gräsel, 2009). Soziale
Anerkennung kann aber bei der Teilnahme motivierend wirken, wie die Ergebnisse der Lehrerbefragung zeigen. Bezüglich der Motivation wird ferner offen-
gelegt, dass die intrinsische Motivation der Lehrkräfte den stärksten Einfluss auf
eine schulinterne Verankerung von BNE aufweist. Aber auch bei der kontrollier-
ten Motivation, d.h. wenn die Lehrkräfte Anreize wie Ausgleichsstunden erhalten, und autonomen Motivation, die unabhängig von äußeren Anreizen ist, kann
ein signifikanter Zusammenhang festgestellt werden (Trempler, 2009). Des Weiteren wurden im Rahmen der Untersuchungen des Programms Transfer-21 qualitative Leitfadeninterviews mit neun Lehrkräfte durchgeführt. Als Hauptgrund
für das Engagement im Bereich BNE nennen diese Lehrkräfte die Vorbereitung
der Schülerinnen und Schüler auf die Zukunft. Möglichkeiten für die Behandlung von nachhaltigkeitsbezogenen Themen sehen die Lehrkräfte für fast alle
Jahrgangstufen, während der Pubertät allerdings eine vorübergehende Verringe-
rung des Interesses an den Themen auf Seiten der Schülerinnen und Schüler. Zur
Optimierung der Umsetzungsmöglichkeiten einer BNE werden verbesserte organisatorische Rahmenbedingungen, mehr Zeit und flexiblere Unterrichtszeiten
sowie eine explizitere Verankerung in den Lehrplänen als günstig eingestuft
(Nickolaus, Gönnenwein & Petsch, 2011).

Nickolaus et al. (2011) haben zudem im Rahmen des Projekts Transfer-21
eine breit angelegte Untersuchung durchgeführt, bei der sowohl im Querschnitt
als auch längsschnittlich Schülerinnen und Schüler der neunten und zehn-
ten Jahrgangsstufe befragt wurden. Das angewandte Kontrollgruppendesign ermöglichte, für die Ergebnisse anhand der unbeteiligten Schulen eine Vergleichs-
größe zu erhalten. Dabei wurden für die Analysen im Querschnitt Schülerinnen
und Schüler von Real- und Gesamtschulen sowie Gymnasien aufgenommen
(n = 1323). Für die nachhaltigkeitsrelevanten Unterrichtsmerkmale (z.B. selbst-
organisiertes und kooperatives Lernen) fällt die Wahrnehmung bei den Schülerinnen und Schülern der Programmschulen wesentlich günstiger und unter Schü-

lerinnen und Schüler der Realschule am positivsten aus. Auch Partizipationsmöglichkeiten schätzen die Programmschülerinnen und -schüler höher ein als
die Kontrollgruppe. Die nachhaltigkeitsrelevanten Kompetenzen wurden anhand
von Selbsteinschätzungen erfragt. Hier ergeben sich keine Vorteile für die Expe-
rimentalgruppe bzw. teilweise sogar eine höhere Einschätzung durch die Kontrollgruppe. Eine Erklärung dafür sehen Nickolaus et al. (2011) in der stärkeren
Sensibilisierung der Programmschülerinnen und -schüler, die eine kritischere
Wahrnehmung der eigenen Kompetenzen hervorrufen könnte. Die Ergebnisse
weisen damit auch deutlich auf die Notwendigkeit von Instrumenten zur Erfassung der Kompetenzen aus dem Bereich der BNE hin. In der zusätzlichen
Längsschnitterhebung an Schulen in Niedersachsen mit 453 Schülerinnen und
Schülern erweist sich ihr Vorwissen als stärkster Prädiktor für die Kompetenz-
einschätzung. Treatmenteffekte sind hingegen bei den erhobenen Wissensaspek-
ten zu finden. Als weiteres Ergebnis halten Nickolaus et al. (2011) fest, dass die
„*Entwicklungen* der Wahrnehmungen, Selbsteinschätzungen und Handlungsplä-
ne in den Experimental- und Kontrollklassen [...] nur vereinzelt auf Treatment-
effekt hin[deuten]. Das gilt z.B. für die programmorientierte Unterrichtsgestaltung, die extrinsische Motivation und die Fähigkeitsselbsteinschätzung zur Be-
wertung von Problemsituationen" (S. 14, Hervorhebung im Original).

Weitere nationale Befunde

Weitere Hinweise darauf, inwieweit BNE als Innovation innerhalb der Schule
umgesetzt werden kann, gibt Knörzer (2004; 2005) mit ihrer Untersuchung im
Zeitraum 2000 bis 2003 zur Schulentwicklung an der Schule Schloss Salem, die
das Bildungskonzept für nachhaltige Entwicklung in ihrem Schulprogramm auf-
nahm. Dazu hat sich die Schule u. a. bei der Errichtung eines Neubaus an nachhaltigen Kriterien orientiert. Knörzer (2004; 2005) ging der Frage nach, ob sich
dadurch Veränderungen bei den Schülerinnen und Schülern in Bezug auf nachhaltigkeitsrelevante Bereiche ergeben. Die Oberstufenschülerinnen und -schüler
des Internats (n = 412) wurden dazu über einen Zeitraum von eineinhalb Jahren
quantitativ zu ihrem Umweltbewusstsein befragt. Unter anderem wurde eine
Skala eingesetzt, die erfasst, inwieweit die Schülerinnen und Schüler die Politik
und Wirtschaft als verantwortlich für den Schutz der Umwelt ansehen und welche Verantwortung sie in diesem Zusammenhang sich selbst zuschreiben. Anhand der Ergebnisse wird ersichtlich, dass die Bereitschaft zur Verantwortungsübernahme in Bezug auf den Schutz der Umwelt bei den Schülerinnen und
Schülern des oben erwähnten Neubaus zunimmt, wobei es zu einer signifikanten

Abnahme der Zuschreibung der Verantwortung an die Wirtschaft kommt. Positive Ergebnisse wurden zudem in den folgenden Bereichen gefunden: bei der Handlungs-Ergebnis-Erwartung, die umfasst, inwieweit die Schülerinnen und Schüler ein positives Ergebnis bei einer Handlung erwarten, und im Bereich des eigenen Engagements in diesem Zusammenhang. Zudem weisen die Ergebnisse von zusätzlichen qualitativen Gruppendiskussionen mit Oberstufenschülerinnen und -schülern (n = 19) darauf hin, dass die im Neubau untergebrachten Schülerinnen und Schüler eine höhere Selbstwirksamkeitsüberzeugung bezüglich nachhaltigem Handeln aufweisen als ihre Mitschülerinnen und Mitschüler, die in anderen Gebäuden wohnen. Allerdings sollte ein auf nachhaltige Aspekte ausgerichtetes Schulgebäude noch nicht als Garant für die Vermittlung nachhaltiger Kompetenzen angesehen werden: Die Schülerinnen und Schüler, die im nachhaltigen Gebäude unterrichtet werden, weisen in der Endbefragung kein stärkeres Interesse, Bewusstsein und Verständnis bezüglich Themenbereiche der nachhaltigen Entwicklung auf. Knörzer (2004) resümiert daher, dass eine „adäquate Instruktion unabdingbare Voraussetzungen für ein erweitertes Wissen" (S. 220) darstellt.

Internationale Befunde

Auch auf internationaler Ebene sind empirische Ergebnisse im Bereich der Innovationsforschung im Kontext von BNE zu finden. Da die Implementation jedoch stark von bildungsadministrativen Maßnahmen und politischen Entscheidungen abhängig ist, können sie nur bedingt Aufschlüsse für die Umsetzung im deutschen Schulsystem liefern. Dennoch machen Überschneidungen in den Forschungsergebnissen kontextunabhängige Bedingungen zur Implementation ersichtlich. Aus diesem Grund wird im Folgenden über einige internationale Forschungsergebnisse berichtet, die sich auch für die Umsetzung im deutschen Schulsystem als hilfreich erweisen.

In Österreich stellt das 1996 eingeführte Programm und Netzwerk ECOLOG eine der Hauptmaßnahmen zur Ökologisierung der Schulen und Förderung einer BNE dar. Im Rahmen dieses Programms wurden mehrere Evaluationen und Untersuchungen durchgeführt. Nach Rauch und Pfannenwimmer (2010) lassen sich anhand von Befragungen der Beteiligten die folgenden Ergebnisse zur Implementation der Innovation festhalten: Das Engagement von Einzelnen und Schulen wird als relevant für eine positive Weiterentwicklung angesehen. Auch die mit dem Programm verbundene Netzwerkbildung erweist sich nach Aussagen der Beteiligten als förderlich. Allerdings können dabei Schwierigkeiten bezüglich des Informationsflusses sowie aufgrund von Zeitdruck und Überlastungen entstehen.

Um aufzeigen zu können, welche Aspekte bei der Umsetzung des Bildungskonzepts zu berücksichtigen sind, befragten Summers, Corney und Childs (2003) neun Grundschullehrkräfte, die sich an einem Programm zur professionellen Entwicklung einer BNE in Großbritannien beteiligten. Dazu wurden mit jeder Lehrkraft insgesamt drei qualitative Interviews, je eines zur Planung sowie je eines vor und nach seiner Umsetzung durchgeführt. Da die Lehrkräfte – trotz curricularer Verankerung – zu Beginn kaum über Wissen zur BNE verfügten, erweist sich die Förderung einer bewussten Auseinandersetzung als zentrales Element zur Auseinandersetzung mit diesem Bildungsauftrag. Nach Aussagen der befragten Lehrkräfte stellt das Curriculum selbst dabei keine große Hilfe dar, da es weder eine Definition des Begriffs nachhaltiger Entwicklung liefert, noch vertiefend auf den damit verknüpften Bildungsauftrag eingegangen wird. Die Lehrkräfte müssen sich demnach das Konzept selbst erarbeiten und berichten in diesem Zusammenhang von Zeitmangel zur Vorbereitung und Umsetzung dieses Bildungsauftrags. Es bedarf damit ein erhöhtes Engagement der Lehrkräfte, sich in das Bildungskonzept einzuarbeiten.

Zachariou und Kadji-Beltran (2009) haben anhand von quantitativen (n = 150) und qualitativen (n = 12) Befragungen von Grundschulleiterinnen und -leitern aus Zypern förderliche und hemmende Bedingungen bei der Umsetzung von BNE ausfindig gemacht. Als besonders bedeutsam für die Umsetzung dieses Bildungsauftrags an Grundschulen in Zypern werden das Unterstützungsverhalten der Eltern sowie die Ausbildung der Lehrkräfte erachtet. Zudem werden fehlende politische Unterstützung und ein Mangel an Zeit für die Umsetzung – aufgrund des überladenen Curriculums – als Hinderungsgründe für die Implementation angesehen. Um die Umsetzung stärker voranzutreiben, wird von den Schulleitungen empfohlen, besonders das Bewusstsein für nachhaltige Entwicklung zu stärken und den Fokus auf die Lehrerbildung zu richten. Vorbereitete Unterrichtsmaterialien und Entlastungsstunden können nach Ansicht der Schulleitungen zusätzlich motivierend wirken.

Zusammenfassend lässt sich festhalten, dass die Bewusstmachung über Bedeutsamkeit gerade für eine komplexe Innovation wie die der BNE von zentraler Bedeutung ist. Erst wenn die Relevanz von BNE den schulischen Akteuren bewusst ist, kann eine aktive Ausrichtung von Schule und Unterricht auf nachhaltigkeitsrelevante Bereiche vollzogen werden (vgl. z.B. Knörzer, 2004; 2005;

Summers et al., 2003). Unterschiedliche Studien zeigen zudem, dass das weit-
läufige Verständnis über Nachhaltigkeit und seine Bedeutung für die Bildung
auch unter Schulleitungen und Lehrkräften unspezifisch ist (vgl. z.B. Nikel,
2007; Zachariou & Kadji-Beltran, 2009). Zur Implementation von BNE in der
Art, wie sie nach dem Verständnis der Agenda 21 (vgl. Kapitel 3.2) konzipiert
ist, ist demnach eine auf Transparenz und Klarheit ausgerichtete Strategie zur
Verbreitung des Bildungskonzepts vonnöten. Ein weiteres überschneidendes
Ergebnis zeigt sich in der Motivierung zur Teilhabe an der Umsetzung. Dabei
stellen sich insbesondere die der Innovation beigemessene Relevanz und das
damit verbundene Verantwortungsbewusstsein als förderlich heraus. So erweist
sich die intrinsische Motivation der Lehrkräfte als stärkster Einflussfaktor bei
der aktiven Mitgestaltung einer BNE. Doch auch externe Motive – wie materiel-
le und soziale Anreize – können sich als förderlich erweisen (Schellenbach-Zell
& Gräsel, 2009; Trempler, 2009). Ist die Motivation bei den Lehrkräften vorhanden, so ergibt sich als erfreuliches Ergebnis, dass diese über die Zeit weitgehend aufrecht gehalten werden kann (Rode, 2005). In diesem Zusammenhang
muss allerdings bedacht werden, dass die Ergebnisse fast ausschließlich auf die
Umsetzung des Bildungsauftrags für nachhaltige Entwicklung im Kontext von
Modellprogrammen und Projekten fokussiert sind. Da diese in der Regel auf
freiwilliger Basis beruhen, ist davon auszugehen, dass die beteiligten Lehrkräfte
verstärkt intrinsische Motive zur Bereitschaft der Umsetzung aufzeigen. Dies
kann ein guter Ausgangspunkt zur Anregung von Lehrkräften sein, die diesem
Themenfeld auch persönlich eine große Bedeutung beimessen. Lautet das Ziel
jedoch, BNE möglichst flächendeckend an der Mehrzahl der Schulen sowie in
möglichst vielen Fächern zu verankern, muss auch eine große Anzahl an Lehrkräften zur Auseinandersetzung mit und zur Umsetzung dieses Bildungsauftrags
angeregt werden. Die Erforschung der Implementation und des Transfers des
Bildungskonzepts außerhalb von Projekten und Programmen ist jedoch noch ein
großes Forschungsdesiderat. Als erste Hinweise für die Implementation des hier
interessierenden Bildungsauftrags außerhalb von Modellversuchen können die
Befragungen von Schulleitungen, die im Rahmen der Beforschung des BLK-
Programms „21" durchgeführt wurden, dienen: So sprechen sich die Schulleitungen für eine deutlichere Einbindung dieses Bildungsauftrags bzw. dessen Inhalte in Lehrplänen und Richtlinien aus (Rode, 2005). Zudem stellt sich die Frage, wie mit dem sich in verschiedenen Studien überschneidenden Ergebnis bezüglich der (curricularen) Überlastung und des Zeitmangels (Rauch & Pfaffenwimmer, 2010; Summers et al., 2003; Zachariou & Kadji-Beltran, 2009) umge-

gangen werden kann, um mehr Schulen zur Umsetzung des Bildungsauftrages für nachhaltige Entwicklung zu überzeugen. Somit lässt sich mit Nickolaus et al. (2011) resümieren:

> [Es] besteht zu den Transferprozessen selbst und zu den komplexen Bedingungen, die diese Prozesse beeinflussen, nach wie vor erheblicher Forschungsbedarf. Insbesondere verfügen wir bisher nur über ein stark eingeschränktes Wissen zu den Gelingensbedingungen von Transfer und den Wechselwirkungen zwischen den Innovationen und den Rahmenbedingungen des Gesamtsystems. (S. 17)

Als Forschungslücke kann die Frage angesehen werden, wie sich der Bildungsauftrag für nachhaltige Entwicklung außerhalb von Modellversuchen und Projekten an Schulen umsetzen lässt. Denn wie u. a. Rode (2005) herausgestellt hat, handelt es sich bei Schulen und Lehrkräften, die sich auf freiwilliger Basis an Modellversuchen und Projekten beteiligen, um eine besondere Gruppe, die nicht den Durchschnitt an Schulen und Lehrkräfte repräsentiert. Daher lassen sich die bisherigen Ergebnisse nicht uneingeschränkt auf eine größere Anzahl von Schulen übertragen. Folgende Forschungslücken sind demnach speziell für Schulen außerhalb von Modellversuchen und Projekten zu finden: Es ist weitgehend ungeklärt, was Schulen dazu veranlasst, sich mit dem Bildungskonzept auseinanderzusetzen und welche Möglichkeiten der Implementation sie sehen. Auch zu den Bedingungen, welche die Implementation fördern bzw. hemmen, gibt es weiterhin Forschungsbedarf. An diesen Forschungsdesideraten wird in der vorliegenden Studie angesetzt (vgl. Kapitel 6.2).

5.3   Qualitätsforschung

Mit BNE ist das Ziel verbunden, Heranwachsende zu befähigen, nachhaltig handeln zu können. Um sicherzustellen, dass dieses Ziel erreicht wird, ist es notwendig, Maßnahmen zur Qualitätssicherung vorzunehmen. Denn nur durch die Erfüllung von Qualitätsstandards und Messungen der Outputs lässt sich gewährleisten, dass eine Bildung für nachhaltige Entwicklung qualitativ hochwertig umgesetzt wird. Insofern sollte die Qualitätsforschung zum Ziel haben, Qualitätskriterien aufzustellen und Instrumente zur Erfassung dieser zu entwickeln (Apel, 2006). Für die Begutachtung der Qualität ist jedoch Voraussetzung, dass der hier behandelte Bildungsauftrag bereits umgesetzt wird. Daher ist es verständlich, dass die DGfE noch 2004 beschreibt, dass die Qualitätsforschung erst in den Anfängen steckt. Zum derzeitigen Stand gibt es aber einige Ansätze zur

Qualitätsmessung und Forschungsergebnisse, über die nachfolgend berichtet wird.

Indikatoren zur Qualitätsmessung auf Makro- und Mesoebene
Die Erstellung von Indikatoren für BNE stellt sich als besondere Herausforderung dar, da es sich um einen äußerst komplexen Bildungsauftrag handelt (vgl. Kapitel 3). Es müssen demnach im Rahmen der Qualitätsforschung eindeutig formulierte und gleichsam umfassende Kriterien entwickelt werden, die auch bis hin zu den inhaltlichen Randgebieten präzise einsetzbar sind.[14]

Eine Aufstellung von Indikatoren findet in unterschiedlichen Zusammenhängen durch verschiedene Akteure statt und ist dementsprechend weit gefächert. So stellen besonders der Zweck der Kriterien sowie ihre Reichweite bei der Erfassung Merkmale dar, in denen sich die verschiedenen Indikatorensets voneinander abgrenzen (Nikel & Müller, 2008). Rode und Michelsen (2008) unterscheiden in diesem Zusammenhang zwischen der Qualitätsüberprüfung auf Makroebene (übergreifende internationale und nationale Bildungsadministration), auf Mesoebene (den unterschiedlichen Bildungsinstitutionen) und auf der Mikroebene (das heißt auf Individualebene).

Auf internationaler Makroebene hat sich die *United Nations Economic Commission for Europe* (UNECE) im Zuge der UN-Dekade dieser Aufgabe gewidmet und auf Grundlage der entwickelten Indikatoren erste Erhebungen zur Implementation in den einzelnen Ländern vorgenommen (United Nations Economic Commission for Europe [UNECE], 2006). Sie können aufgrund unterschiedlicher Ausgangs- und Rahmenbedingungen jedoch nicht als Vergleichs- oder Kontrollmaß zwischen den Ländern genutzt werden. Auch werden keine messbaren Ziele vorgegeben. Vielmehr dienen sie der Orientierung und sollen den Austausch zwischen den Ländern stärken (Rode & Michelsen, 2008). Ebenfalls im internationalen Bereich, aber mit dem Fokus auf der Meso- bis Mikroebene, wurden Indikatoren im Rahmen des SEED-Programms (*School Development through Enviromental Education*) entwickelt. Die Kriterien richten sich an drei Bereiche: die Qualität von Lehr- und Lernprozessen, Schulleitlinien und

---

14 Die beispielsweise im Rahmen von Aktionsplänen aufgestellten bildungspolitischen Vorgaben und Ziele (vgl. Kapitel 4.2) vereinfachen die Aufgabe nicht, da sie nicht auf Quantifizierbarkeit ausgelegt sind (Michelsen, Adomßent, Bormann, Burandt & Fischbach, 2011).

-organisation sowie Außenbeziehungen der Schule (Breiting, Mayer & Mogensen, 2005).

Neben diesen internationalen Bemühungen zur Erforschung von Qualitätskriterien sind in einzelnen Ländern Bestrebungen zur Entwicklung und Anwendung von Indikatoren im Bereich einer BNE zu erkennen. So wurden in Australien Qualitätskriterien entwickelt, um die Umsetzung des nationalen Programms BNE zu messen, die vorwiegend auf die Makroebene ausgerichtet sind (Tilbury & Cooke, 2005). Die in Großbritannien im Auftrag der Regierung entwickelten Indikatoren zielen dagegen verstärkt auf zu messende Erfolge auf Schul- und Individualebene (Huckle, 2009). In Italien wurde in einem partizipativen Prozess mit Beteiligten aus den verschiedenen Bildungsebenen eine Indikatorenbildung zur Umweltbildung mit Einbezug der BNE vorgenommen (Siemer, Rammel & Elmer, 2006). Die überwiegend qualitativen Indikatoren sollen eingesetzt werden, um verschiedene Bereiche wie die Koordination der Umweltbildung zu betrachten. Siemer et al. (2006) halten jedoch fest, „dass die einzelnen Indikatoren z.T. sehr spezifisch für den italienischen bzw. regionalen Kontext ausgearbeitet [...] sind" (S. 59). Eine Übertragbarkeit auf andere Staaten ist damit nicht uneingeschränkt möglich.

In Deutschland gab es die ersten Bemühungen, Indikatoren für eine BNE zu erstellen, bereits Ende der neunziger Jahre des 20. Jahrhunderts (de Haan, Brand, Hartmuth & Scheuerlein, 1998). Doch auch wenn auf nationaler Ebene für verschiedene Bereiche Qualitätskriterien entwickelt wurden, lässt sich kaum auf Erfahrungen mit der Anwendung dieser Indikatorensets zurückgreifen, da es an Evaluationen fehlt (vgl. Rode & Michelsen, 2008; Siemer et al., 2006). Michelsen et al. (2011) sehen darin noch erheblichen Forschungsbedarf, dem sie mit der Entwicklung eines handhabbaren Indikatorensets begegnen möchten. In ihrer Untersuchung führten sie dazu Experteninterviews mit Beteiligten aus Wissenschaft, politischer Administration und zivilgesellschaftlichen Organisationen durch, um Kriterien zu erstellen. Diese ließen sie anhand einer Online-Befragung durch potenzielle Akteure auf ihre Relevanz und Handhabbarkeit prüfen und evaluierten sie anhand von Fallstudien. Das Ergebnis sind Indikatorensets für politische Rahmenbedingungen, für die Verankerung des Bildungsauftrags für nachhaltige Entwicklung und speziell für den schulischen Zusammenhang und Hochschulkontext, deren Messung sowohl auf quantitativer als auch auf qualitativer Ebene erfolgt. Im Bereich der Schule soll anhand der Indikatoren die Einbindung von BNE in den Bildungsstandards und Lehrplänen, bei den Lehrmitteln für spezifischen Unterricht und den Vorgaben für Schulinspektionen ermittelt werden können. Diese Indikatoren beziehen sich sowohl auf die Makro- als auch auf die Mesoebene. Trotz der überprüften Handhabbarkeit dieses Indikatorensets sehen Michelsen et al. (2011) die Gefahr, dass ihre Nutzung aufgrund des damit verbundenen Aufwands ausbleibt.

Instrumente der Kompetenzmessung von Schülerinnen und Schülern
Neben der Qualitätsmessung auf der Makro- und Mesoebene stellt sich die Frage, ob auch auf der Individualebene die für die BNE aufgestellten Ziele erreicht werden. Als zu messender Output ist in diesem Zusammenhang die erfolgreiche Vermittlung der entsprechenden Kompetenzen anzusehen. Auch in diesem Bereich besteht noch ein erheblicher Forschungsbedarf. So stellen Nickolaus et al. (2011) im Rahmen von Untersuchungen im Rahmen von Transfer-21 heraus: „Das hoch komplexe Kompetenzkonstrukt Gestaltungskompetenz, das als Leitziel des Programms fungiert, ist bisher bestenfalls in Facetten erhellt, IRT basierte Modellierungen stehen weitgehend aus und müssen zunächst wohl auch für einzelne Facetten entwickelt werden" (S. 20).

Rieß und Mischo (2008a) entwickelten ein Konstrukt zur Erfassung des systemischen Denkens in nachhaltigkeitsrelevanten Kontexten für die Sekundarstufe I. Systemisches Denken wird von den Autoren als notwendige Kompetenz angesehen, um komplexe und globale Zusammenhänge, wie sie im Bereich der nachhaltigen Entwicklung anzutreffen sind, zu erfassen und mit ihnen umgehen zu können. Die Ergebnisse einer Testung von Sechstklässlerinnen und Sechstklässlern aus Gymnasien und Realschulen (n = 424) mit Hilfe dieses Instruments zeigen eine Reliabilität von .53 bzw. .59 nach Ausschluss inhomogener Items. Demzufolge wäre aus Sicht der Autoren eine Optimierung der Testinstrumente hinsichtlich einer höheren Homogenität sinnvoll. Die konvergenten Validitäten sprechen jedoch für eine grundsätzliche Brauchbarkeit des Konstrukts. Daher wäre auch die Mehrdimensionalität der Kompetenz zu überprüfen (Rieß & Mischo, 2008a).

Ein weiteres Testinstrument zur Erfassung von Bewertungskompetenz mit Bezug auf nachhaltige Entwicklung wurde von Eggert und Bögeholz (2006) entwickelt. Bewertungskompetenz erfasst die Fähigkeit in komplexen Problem- und Entscheidungssituationen Handlungsmöglichkeiten zu erarbeiten und auf dieser Grundlage nachhaltig handeln zu können. Das Instrument orientiert sich an dem von Eggert und Bögeholz (2006) entwickelten Göttinger Modell zu Bewertungskompetenzen und erfasst mit ‚Bewerten, Entscheiden und Reflektieren' eine der vier Teilkompetenzen. Eggert (2008) konnte anhand mehrerer Studien aufzeigen, dass sich dieses Testinstrument als raschskalierbar erweist sowie hinreichend reliabel und valide ist. Einen Vorteil gegenüber anderen Instrumenten zeigt sich zudem darin, dass es für mehrere Jahrgangsstufen der Sekundarstufe I und II gleichermaßen geeignet ist.

Somit zeigt sich auch für diesen Forschungsbereich insgesamt ein großes, wenig erforschtes Feld. Bezüglich der Qualitätsindikatoren sind weitere Untersuchungen sinnvoll, um sie auf ihre Anwendbarkeit und ihren Nutzen hin zu prüfen. Zudem sollten die Qualitätsindikatoren weiter in die Anwendungsbereiche hineingetragen werden, damit nicht nur Kriterien aufgestellt werden, sondern auch die Qualität der Umsetzung einer BNE auf den verschiedenen Ebenen gemessen wird. Eingegrenzt auf den Bereich Schule wäre z.B. denkbar, dass – unter der Voraussetzung, dass Qualitätskriterien vorhanden sind und anwendungsorientiert operationalisiert wurden – diese im Bereich der Durchführung der allgemeinen Qualitätssicherung an Schulen zum Einsatz kämen. Die Ergebnisse wiederum würden zusätzliche Hinweise für weitere Forschungsbedarfe liefern. Die Entwicklung von outputorientierten Testinstrumenten zur Erfassung von Kompetenzen der Schülerinnen und Schüler bedarf ebenfalls noch weiterer Forschung, da bisher nur Befunde für Teilbereiche und bestimmte Alterskohorten vorliegen. Ein umfassendes Instrument zur Erhebung der Gestaltungskompetenz steht noch aus.

5.4 Surveyforschung

Anhand von so genannten Surveystudien lässt sich sowohl der Ist-Zustand darstellen als auch im Vergleich zu einem normativ gesetzten Soll-Zustand aufzeigen, an welchen Stellen weiterhin Handlungsbedarf vorliegt. Ziele dieses Forschungsbereichs sind – neben der Bestandsaufnahme – Ansätze zur Optimierung der Umsetzung in der Praxis sowie zur Weiterentwicklung theoretischer und didaktischen Konzeptionen zu akquirieren (Hauenschild, 2006). Die DGfE (2004) hebt daher als Nutzen von Surveystudien hervor, dass sie „auch als Grundlage für bildungs- und forschungspolitische Entscheidungen zur Förderung von Bildung für eine nachhaltige Entwicklung in den verschiedenen Bildungsbereichen" (S. 9) dienen. Die Ergebnisse und Ziele dieser Studien sind dabei stets in einen bestimmten Kontext eingebettet und entsprechend zu interpretieren. Vor dem Hintergrund des jeweiligen Bildungssystems, das in den Blick genommen wird, sowie der bisherigen bildungspolitischen Maßnahmen ergeben sich spezifische Forschungsannahmen und -fragen.

Die Befunde der Untersuchungen sind vorwiegend für das jeweilige Schulsystem relevant und weisen eine hohe Kontextabhängigkeit auf. Untersuchungen auf internationaler Ebene, die in einzelnen Ländern im Bereich BNE durchgeführt wurden (vgl. z.b. Rauch & Pfaffenwimmer, 2010; Uitto et al., 2011; Zachariou & Kadji-Beltran, 2009), sind jedoch für die Erforschung der Umsetzung von BNE im deutschen Bildungssystem dann interessant, wenn sie nicht nur den reinen Ist-Zustand beschreiben, sondern auch Aspekte der anderen Forschungsfelder tangieren. Diese kontextunabhängigen internationalen Forschungsergebnisse sind daher bereits in den vorangegangen Abschnitten eingeflossen. Im Folgenden wird der Forschungsstand zu Survey-Studien zu BNE speziell für den Bereich des deutschen Schulsystems näher darlegt.

Auf nationaler Ebene wurden im Rahmen der beiden bundesweiten Programme Evaluationen durchgeführt, die auch Auskünfte über den Ist-Zustand der beteiligten Schulen am Ende der Projekte liefern (vgl. Kapitel 5.2). Neben diesen Untersuchungen gibt es nach wie vor große Forschungslücken im Bereich der Surveyforschung außerhalb von Modellversuchen, wie die im Folgenden vorgestellten Befunde zeigen.

Befragungen von Lehrkräften

Einen Beitrag zur Erhebung des Status quo zur Umsetzung einer BNE haben Seybold und Rieß (2005) für die Grundschule und Rieß und Mischo (2008b) für weiterführende Schulen im Bundesland Baden-Württemberg geleistet. Dazu befragten sie Lehrkräfte bezüglich ihres Wissens, ihrer Einstellungen und der Umsetzung dieses Bildungsauftrags. Die Befragung von 787 Grundschullehrkräfte aus 10 Prozent der Gesamtpopulation der Grundschulen in Baden-Württemberg von Seybold und Rieß (2005) erbrachte, dass knapp die Hälfte der Lehrkräfte den Begriff ‚nachhaltige Entwicklung' kennt, BNE jedoch nur 16 Prozent der Befragten ein Begriff ist. Diese kleine Gruppe von Lehrkräften gab an, ihre Kenntnisse darüber vorwiegend aus pädagogischen Fachzeitschriften und dem Internet bezogen zu haben.

Bei der Befragung zur Unterrichtsgestaltung orientierten sich Seybold und Rieß (2005) an Surveystudien, die im Bereich der Umweltbildung durchgeführt wurden, um Trends darstellen zu können. So wurden im Rahmen der Umweltbildung drei bundesweit angelegte Befragungen von Lehrkräften in den Jahren 1985 (Eulefeld, Bolscho, Rost & Seybold, 1988), 1991 (Eulefeld, Bolscho,

Rode, Rost & Seybold, 1993) und 1996 (Bolscho & Seybold, 1996) durchgeführt. Da allein von 1991 genügend Grundschuldaten zur Verfügung stehen, nutzen Seybold und Rieß (2005) die Ergebnisse dieser Studie für einen Vergleich mit den eigenen Ergebnissen. Der Fokus der Befragung im Jahre 2003 lag aus diesem Grund wiederum auf dem Umweltaspekt. Als erfreuliches Ergebnis ist zu verzeichnen, dass 80 Prozent der Lehrkräfte (und damit um die 10 Prozent mehr als 1991) angeben, Umweltbildung in allen Unterrichtsfächern zu behandeln. Inhaltlich ist die Umweltbildung im Unterricht der befragten Lehrkräfte auf Themen ausgerichtet, die auch im Nachhaltigkeitsdiskurs als relevant erachtet werden wie z.B. Energie, Konsum und Müll. Ein weiteres Ergebnis ist zudem, dass gut 50 Prozent der Lehrkräfte den Lehrplan als Anlass zur Behandlung dieser Themen ansieht. Fächerübergreifend unterrichten 25 Prozent der Lehrkräfte Themen aus dem Bereich der Umweltbildung. Damit zeigt sich keine Veränderung zu 1991. Ein gering erhöhter Wert konnte bei der Frage zur außerschulischen Kooperation erhoben werden: 2003 kooperierten gut 40 Prozent der Lehrkräfte mit außerschulischen Partnern; 1991 waren es 37 Prozent. Insgesamt zeigt sich für die Grundschullehrkräfte in Baden-Württemberg, dass sie sich bei der Behandlung der Unterrichtsthemen weiter stark an der Umweltbildung orientieren. So wirft Seybold (2006b) im Hinblick auf diese Ergebnisse folgende Frage auf: „Wie sollen Lehrer sich im Unterricht mit Themen einer nachhaltigen Entwicklung befassen und interdisziplinäre, partizipations- und zukunftsorientierte Lernprozesse gestalten, wenn sie das dahinter stehende Bildungskonzept nur in geringem Maße kennen" (S. 118 f.)? Damit ergeben sich folgende Erkenntnisse aus dieser Studie: Voraussetzung für das Engagement bei der Umsetzung der BNE ist eine bewusste Kenntnisnahme des damit verknüpften Bildungsauftrages. Zudem ist der Stellenwert, den die Lehrkräfte der Innovation beimessen, in diesem Zusammenhang von Bedeutung und die Verankerung von BNE in der eigenen Schule ist förderlich für die Umsetzung dieses Bildungsauftrags (Seybold, 2006a).

Die Befragung der Lehrkräfte weiterführender Schulen in Baden-Württemberg durch Rieß und Mischo (2008b) fand im Schuljahr 2006/2007 statt (n = 1 835). Zusätzlich wurden die Schulleitungen (n = 81) der teilnehmenden Schulen befragt. Neben einer Zufallsauswahl der Schulen wurden ferner Modellschulen, knapp 10 % der Gesamtstichprobe, in die Studie aufgenommen. Kenntnis des Begriffs ‚nachhaltige Entwicklung' gaben gut 90 Prozent der befragten Lehrkräfte und nahezu alle Schulleitungen an, den Begriff ‚Bildung für nachhaltige Entwicklung' kennen dagegen nur knapp 30 Prozent der Lehrkräfte.

Von den Schulleitungen haben zumindest 68 Prozent von dem Bildungsbegriff schon einmal gehört. Die seit zwei Jahren laufende UN-Dekade zur BNE ist über 70 Prozent der befragten Lehrkräfte und 33 Prozent der Schulleitungen unbekannt. Demnach zeigt sich auch in dieser Studie, dass der Bekanntheitsgrad dieses Bildungsauftrags unter den Lehrkräften nach wie vor sehr begrenzt ist. Um Aussagen über die Implementation der BNE an weiterführenden Schulen treffen zu können, erhielten alle Lehrkräfte eine exemplarische Auflistung nachhaltiger Unterrichtsthemen. Fast 70 Prozent der befragten Lehrkräfte gaben an, mindestens ein in diesem Zusammenhang relevantes Thema im Unterricht des laufenden Schuljahres – bevorzugt in höheren Jahrgangsstufen – zu behandeln. Zudem verdeutlichen die Ergebnisse, dass neben den natur- und gesellschaftswissenschaftlichen Fächern die Themen insbesondere auch in Deutsch und Englisch integriert werden. Als Anlass nannten die Lehrkräfte – ebenso wie bei der Grundschulstudie – vorwiegend den Lehr- bzw. Bildungsplan. Weitere Gründe sind ‚Medien und aktuelle Probleme‘ und die Eigeninitiative der Lehrkräfte. Die Anzahl der Kooperationen fielen wesentlich geringer aus: So gaben 15 Prozent der Lehrkräfte an, mit Lehrkräften aus dem eigenen Kollegium im Unterricht zu nachhaltigen Themen zu kooperieren. Eine externe Kooperation in diesem Bereich fand dagegen nur in rund 8 Prozent der Fälle statt. Die Ergebnisse dieser Studie zeigen für Baden-Württemberg, dass noch ein erheblicher Bedarf besteht, BNE an Schulen zu implementieren. Das bestehende Informationsdefizit weist darauf hin, dass ein bedeutender Anteil an Lehrkräften noch nicht an eine Auseinandersetzung mit diesem Bildungsauftrag herangeführt wurde. Der starke Begründungszusammenhang der Umsetzung mit den curricularen Vorgaben lässt zudem Schlüsse auf die Wichtigkeit der Verankerung in den Lehrplänen zu. Da der ebenfalls erfragte Stellenwert des Bildungsauftrags für nachhaltige Entwicklung von allen Lehrkräften vergleichsweise hoch eingeschätzt wird, sehen Rieß und Mischo (2008b) weniger einen Bedarf darin, unter den Lehrkräften die Bedeutsamkeit des Bildungskonzepts stärker herauszustellen, als vielmehr seine Inhalte bekannter zu machen.

Eine weitere kleinere Surveystudie (n = 152) von Hauenschild, Rode und Bolscho (2010) mit einer Befragung von Lehrkräften an Grundschulen (39 %) und weiterführenden Schulen (61 %) in Brandenburg, Hamburg, Niedersachsen, Sachsen-Anhalt und Schleswig-Holstein kommt ebenfalls zu dem Ergebnis, dass der hier interessierende Bildungsauftrag weiterhin wenig verbreitet ist und selten explizit in den Unterricht aufgenommen wird. Zudem zeichnet sich eine stärkere Implementation an den weiterführenden Schulen ab: 70 Prozent der Lehrkräfte von weiterführenden Schulen geben an, sich mit der Thematik ‚nachhaltige Entwicklung' im Unterricht beschäftigt zu haben (in der Grundschule: 53 %). Einen vermehrten Bezug von nachhaltigen Themen im Unterricht ist dagegen bei 40 Prozent der Lehrkräfte der Sekundarstufe I zu verzeichnen (in der Grundschule: 30 %).

Vergleichbare Studien – wie die Studien zu Baden-Württemberg – zur Implementation von BNE gibt es für andere Bundesländer oder gar für das gesamte deutsche Schulsystem außerhalb von Modellversuchen bisher nicht. Es besteht demnach ein Forschungsdesiderat darin, ausfindig zu machen, in welchem Maße in den Schulen eine Auseinandersetzung mit und eine Umsetzung dieses Bildungsauftrags stattfindet, um Aufschlüsse darüber zu erhalten, an welchen Stellen Maßnahmen ergriffen werden müssen, wenn die Implementation der Innovation weiter vorangetrieben werden soll.

Untersuchung schulischer Selbstdarstellung im Internet

Weitere Hinweise über den Stand der Implementation des hier behandelten Bildungsauftrags liefert eine Studie von Rode (2006), der anhand der Selbstdarstellung im Internet von 150 zufällig ausgewählten Schulen, die nicht an Modellversuchen in diesem Bereich beteiligt waren, die Implementation dieses Bildungsauftrags einschätzt. Aufgrund fehlender Internetpräsenz einiger Schulen umfasst die Stichprobe gut 40 Prozent Gymnasien und zu jeweils etwa 10 Prozent alle weiteren Regelschulformen. Anhand der Außendarstellung der Schulen im Internet ergibt sich folgendes Bild: Bei 56 Prozent der Schulen lässt sich nur eine geringe Nähe zum Bildungsauftrag für nachhaltige Entwicklung aufweisen. Bei den übrigen 44 Prozent lassen sich dagegen zumindest deutliche Ansätze zur Umsetzung erkennen. Jedoch geben nur ein Viertel der Schulen Hinweise zur konkreten Thematisierung von BNE. Die klassische Umweltbildung zeigt sich dagegen für mehr als 40 Prozent der Schulen insofern als wichtiges Thema, da sie in schulinternen Programmen und Ausführungen mit aufgenommen wurde. Dabei liegt der Schwerpunkt in der ökologischen Dimension, während ökonomische und soziale Aspekte seltener zum Tragen kommen. Es zeigen sich demnach insgesamt Ansätze zu Berücksichtigung von BNE; von einer breiten Verankerung dieses Bildungsauftrags an Schulen kann jedoch nicht gesprochen werden.

Zur Einschätzung der Implementation dieses Bildungsauftrags auf der Ebene des gesamten deutschen Schulsystems und seiner weiteren Entwicklung wurden Experten aus dem Bereich von Wissenschaft und Bildungsadministration, Multiplikatoren sowie andere Beteiligte im Bereich der BNE quantitativ befragt

(1. Welle: n = 111; 2. Welle: n = 54). Sie wurden gebeten, einzuschätzen, inwieweit die Ziele, die mit der UN-Dekade gesteckt wurden, bis 2020 erreicht werden können. Insgesamt zeigen die Ergebnisse einen sehr verhaltenen Optimismus insbesondere im Vergleich zu den Angaben zu wünschenswerten Entwicklungen. So ergeben sich starke Zweifel darüber, dass die bisher durchgeführten Maßnahmen ausreichen, um die gesetzten Ziele zu erreichen (Gerhold et al., 2009).

Zusammenfassend zeichnet sich anhand der Ergebnisse der Surveystudien ab, dass Inhalte und Ansätze einer BNE durchaus im deutschen Schulsystem umgesetzt werden. Eine Implementation scheitert jedoch bereits in vielen Fällen an der fehlenden Kenntnis dieses Bildungsauftrags auf Seiten des Schulpersonals. Dieser Befund verweist tendenziell darauf, dass die bisherigen Bemühungen und Maßnahmen auf bildungsadministrativer Seite nicht genügen, um die Schulen für dieses Bildungskonzept zu erreichen und somit die gesteckten Ziele erwirken zu können. Darüber hinaus zeigt sich aber auch ein großes Forschungsdesiderat zur Erfassung des derzeitigen Standes der Umsetzung von BNE an Schulen. Kritisch zu betrachten ist in diesem Zusammenhang ebenfalls, dass – mit Ausnahme der Lehrerbefragung in Baden-Württemberg – keine repräsentativen Erhebungen zu verzeichnen sind. Somit ist festzuhalten, dass für den Großteil der Bundesländer keine Daten vorliegen, die aufzeigen könnten, inwieweit die landesweiten Maßnahmen zur Implementation Erfolge zeigen. Diesem Forschungsdesiderat wird mit der vorliegenden Studie für das Land Nordrhein-Westfalen begegnet (vgl. Kapitel 6.1). Um eine Vergleichbarkeit mit den Ergebnissen aus Baden-Württemberg zu ermöglichen, werden die Fragebögen von Rieß und Mischo (2008b) eingesetzt (vgl. Kapitel 7.2.1.2).

5.5 Fazit

In dem sich in den letzten zwei Jahrzehnten abzeichnenden Forschungsfeld zur BNE werden zahlreiche Bemühungen ersichtlich, durch Untersuchungen dazu beizutragen, Wege zur Umsetzung dieses Bildungsauftrags offenzulegen. So sind in allen vier – von der DGfE (2004) in ihrem Forschungsprogramm zur BNE aufgestellten – Forschungsfeldern sowohl nationale als auch internationale Forschungsbefunde zu berichten: Ergebnisse aus der Lehr-Lern-Forschung bestätigen die Annahme der grundsätzlichen Umsetzung des hier interessierenden Bildungsauftrags (vgl. Birdsall, 2006; Hauenschild, 2002; Skamp et al., 2009). Es erweist sich als vorteilhaft bei der Vermittlung dieses Bildungsauftrags, an das Vorwissen und die subjektiven Theorien der Schülerinnen und Schüler zu den einzelnen Themen aus dem Bereich der nachhaltigen Entwicklung anzuknüpfen. Zudem fördern lebensnahe Bezüge und Realbegegnungen die Entwicklung von Kompetenzen zum nachhaltigen Denken und Handeln (vgl. Hamann, 2004; Rieß, 2010; Schuler, 2005). Aufbauend auf die grundsätzliche Bestätigung, dass sich der Bildungsauftrag für nachhaltige Entwicklung umsetzen lässt, stellt sich die Frage, auf welche Weise die Implementation an Schulen verlaufen kann und welche Bedingungen einen förderlichen Beitrag dazu leisten. Erkenntnisse dazu liefert die Innovationsforschung: Einen großen Beitrag leisteten dabei die Untersuchungen im Rahmen der beiden bundesweit angelegten Modellprogramme. Aber auch die internationalen Forschungsergebnisse tragen dazu bei, Erkenntnisse für den Implementations- und Transferprozess zu gewinnen. So wird anhand mehrerer Studien deutlich, dass besonders die Vermittlung eines klaren Verständnisses sowie der Bedeutsamkeit des Bildungskonzepts für die Motivierung der Lehrkräfte relevant sind (vgl. Schellenbach-Zell & Gräsel, 2009; Summers et al., 2003; Zachariou & Kadji-Beltran, 2009). Als wichtig für die Förderung der Umsetzung wird von den Beteiligten zudem insbesondere die Unterstützung durch die Schulleitung sowie eine stärkere Verankerung der BNE auf curricularer Ebene angesehen (vgl. Nickolaus et al., 2011; Rode, 2005; Zachariou & Kadji-Beltran, 2009). Zwar zeigt sich bei den bundesweiten Modellprogrammen, dass die intrinsische Motivation der Hauptprädiktor für das Mitwirken der Lehrkräfte an der Umsetzung ist (Trempler, 2009) und die Motivation der Beteiligten dauerhaft aufrecht gehalten werden kann (Rode, 2005), doch handelt es sich bei den Lehrkräften, die sich an den Modellversuchen zu dieser Thematik aktiv beteiligen, auch um eine sehr spezielle Gruppe. Soll BNE möglichst flächendeckend und in vielen Unterrichtsfächern behandelt werden, so müssen weiterreichende Wege gefunden werden, um möglichst viele Lehrkräfte zur Auseinandersetzung mit dieser Thematik und zur Umsetzung derselben zu bewegen. Innovationsforschung außerhalb von Modellforschung stellt allerdings noch ein großes Forschungsdesiderat dar (Nickolaus et al., 2011).

Ein weiteres Forschungsfeld zur BNE umfasst die Qualitätsforschung. In diesem Bereich wurden bereits auf nationaler und internationaler Ebene Versuche unternommen, Qualitätsindikatoren für diesen Bildungsauftrag zu finden (vgl. z.B. Breiting et al., 2005; Siemer et al., 2006; UNECE, 2006). Allerdings liegen kaum Erfahrungen bezüglich ihrer Anwendung vor. Michelsen et al.

(2011) begegneten diesem Forschungsbedarf, indem sie ein handhabbares Indikatorenset für die Qualitätsüberprüfung der Umsetzung entwickelten. Die anstehende Aufgabe in diesem Bereich besteht darin, diese Indikatorensets verstärkt in Anwendungsbereiche hineinzutragen. Weiterer Forschungsbedarf im Feld der Qualitätsforschung liegt in der Entwicklung von Testinstrumenten zur Erfassung der Kompetenzen der BNE. Hier liegen bisher erst einzelne Entwicklungen zu einzelnen Teilkompetenzen vor (Eggert, 2008; Rieß & Mischo, 2008a).

Um Auskunft über den derzeitigen Stand der Umsetzung des hier interessierenden Bildungsauftrags zu erhalten, wird die Surveyforschung als weiteres wichtiges Forschungsfeld angesehen (DGfE, 2004). So können Forschungsergebnisse aus diesem Bereich aufzeigen, welche Maßnahmen zur Förderung einer BNE bereits Früchte tragen und in welchen Bereichen noch stärkerer Förderungsbedarf besteht. In diesem Forschungsfeld lassen sich bisher recht wenige Ergebnisse außerhalb von Modellversuchen finden. Ausnahmen bilden für Baden-Württemberg die Befragungen der Lehrkräfte von Grundschulen (Seybold & Rieß, 2005) und weiterführenden Schulen (Rieß & Mischo, 2008a). Zusammen mit den wenigen anderen Surveystudien (vgl. Hauenschild et al., 2010; Rode, 2006) weisen die Ergebnisse darauf hin, dass ein großes Informationsdefizit zum Bildungsauftrag für nachhaltige Entwicklung bei Lehrkräften und Schulen besteht. Zudem legen die Studien nahe, dass die bisherigen bildungsadministrativen Maßnahmen nicht ausreichen, um die Ziele – die ebenfalls auf politischer Ebene gesteckt wurden – in absehbarer Zeit zu erreichen (vgl. Gerhold et al., 2009).

Rückblickend auf die vier Forschungsfelder der BNE lässt sich insgesamt erkennen, dass in allen Bereichen noch erheblicher Forschungsbedarf besteht. Allerdings zeigt sich auch ein Ungleichgewicht zwischen ihnen. So sehen Hauenschild und Bolscho (2007) insbesondere die Surveyforschung unterrepräsentiert. Eines der stärksten Forschungsdesiderate ist dabei die Erforschung der Umsetzung der BNE außerhalb von Projekten und Modellversuchen. Es stellen sich demnach zum einen Fragen, die die Surveyforschung tangieren, z.B. in welchem Maße der hier behandelte Bildungsauftrag bisher die Schulen erreichen konnte und inwieweit er dort umgesetzt wird. Denn außerhalb von Baden-Württemberg gibt es dazu für Deutschland kaum Befunde. Zum anderen bestehen große Forschungslücken im Bereich der Innovationsforschung. So ist weitgehend ungeklärt, wie Schulen und Lehrkräfte außerhalb von Modellversuchen für diesen Bildungsauftrag erreicht werden können und wie die Implementation von BNE an diesen Schulen möglich ist. Daraus ergeben sich die Forschungsfragen der vorliegenden Untersuchung, die im folgenden Kapitel erörtert werden.

6 Forschungsfragen

In den vorangegangenen Kapiteln wurden die Konzeption von BNE und ihr Stellenwert für das deutsche Schulsystem aufgezeigt (vgl. Kapitel 3 und 4). Dabei konnte gezeigt werden, dass vorgesehen ist, BNE als innovatives Konzept an den Schulen umzusetzen. Dass eine Vermittlung des komplexen Bildungskonzepts überhaupt möglich ist, wurde bereits anhand mehrerer Studien nachgewiesen (vgl. Kapitel 5.1). Die beiden bundesweiten Modellprojekte, das von 1999 bis 2004 realisierte BLK-Prorgamm „21" sowie sein von 2004 bis 2008 umgesetztes Nachfolgeprogramm Transfer-21, leisteten Beiträge zur Implementation der BNE an Schulen. In ihrem Rahmen wurden Möglichkeiten der Umsetzung von BNE entwickelt und erprobt, Materialien erstellt und Schulen zu Verfügung gestellt. Damit konnten bis 2008 über 10 Prozent aller Schulen in Deutschland erreicht werden (vgl. Kapitel 4.2). Inwieweit dieser Bildungsauftrag außerhalb der Modellversuche umgesetzt wird und wie der Stand der Implementation an Schulen derzeit ist, wurde jedoch nur für Grund- und weiterführenden Schulen in Baden-Württemberg erhoben (vgl. Kapitel 5.4). Für weitere Bundesländer, wie bspw. Nordrhein-Westfalen, liegen keine derartigen Befunde vor. Um diesem Forschungsdesiderat zu begegnen, wird in der vorliegenden Studie der folgenden Forschungsfrage als erste Hauptforschungsfrage nachgegangen:

- *Inwieweit ist der Bildungsauftrag für nachhaltige Entwicklung an weiterführenden Schulen in Nordrhein-Westfalen verankert?*

Forschungen im Bereich der beiden bundesweiten Modellprogramme sowie weiterer nationaler und internationaler Projekte zur Implementation des Bildungskonzepts geben Aufschlüsse darüber, wie BNE an Schulen implementiert werden kann und welche Maßnahmen und Bedingungen sich dabei als förderlich bzw. hemmend erweisen. In diesem Forschungsbereich liegt jedoch ein erhebliches Forschungsdesiderat darin, die Bedingungen bei der Umsetzung von BNE außerhalb von Modellversuchen und Projekten zu erforschen. Denn die bisherigen Ergebnisse können nicht uneingeschränkt auf eine größere Anzahl von Schulen übertragen werden, da es sich bei den an Modellversuchen beteiligten Schulen und Lehrkräfte um eine spezielle Gruppe handelt. So erhalten Schulen in Modellversuchen bspw. eine besondere Unterstützung (vgl. Kapitel 5.2). Infolgedessen stellt sich als zweite zentrale Fragestellung:

- *Wie kann der Bildungsauftrag für nachhaltige Entwicklung – außerhalb von Modellversuchen – an weiterführenden Schulen umgesetzt werden?*

Im Folgenden werden diese beiden zentralen Forschungsfragen differenzierend erläutert.

6.1 Verankerung von BNE an weiterführenden Schulen in NRW

Surveystudien geben Aufschluss über Erfolge und Misserfolge bildungsadministrativer Fördermaßnahmen. Sie helfen mit ihrer Bestandsaufnahme den an der Umsetzung Beteiligten (aus bildungsadministrativen und wissenschaftlichen Bereichen, sowie ebenso aus der Praxis), gezielt an den Stellen ansetzen zu können, an denen die bisherigen Maßnahmen noch nicht ausreichen (vgl. Kapitel 5.4). Daher werden – auf Basis der bisherigen Erkenntnisse aus anderen Bundesländern – Forschungsfragen zum Status quo der Implementation von BNE an weiterführenden Schulen in Nordrhein-Westfalen aufgestellt, die im Rahmen der vorliegenden Untersuchung bearbeitet werden sollen.

Dazu wird der Fokus auf die Schulleitungen und insbesondere auf die Lehrkräfte gelegt. Denn zum einem konnte aufgrund von nationalen und internationalen Studien zur Implementation von Innovationen aufgezeigt werden, dass den Lehrkräften und Schulleitungen hierbei eine entscheidende Rolle zukommt (vgl. Kapitel 2.1). So bedarf es der Beteiligung der Lehrkräfte und der Unterstützung durch die Schulleitung, um eine Innovation erfolgreich implementieren zu können (vgl. Kapitel 2). Zum anderen weisen bisherige nationale Surveystudien zur Implementation des Bildungsauftrags für nachhaltige Entwicklung in anderen Bundesländern in die Richtung, dass noch nicht von einer flächendeckenden Verbreitung von BNE unter dem Lehrpersonal ausgegangen werden kann (vgl. Kapitel 5.4). Der Prozess der Auseinandersetzung mit diesem Bildungsauftrag sowie eine Entscheidung für eine Umsetzung durch die Lehrkräfte ist jedoch eine Voraussetzung, damit BNE an Schulen integriert werden kann (vgl. Kapitel 3). Daher ist die Offenlegung des Ist-Standes der Implementation dieses Bildungsauftrags an Schulen anhand einer Befragung von Lehrkräften und Schulleitungen ein wichtiger Beitrag, um Förderungsbedarfe zu erkennen. Nicht zuletzt ist der Fokus auf die Lehrkräfte und Schulleitungen darin begründet, dass noch kein umfassendes Instrument zur Erfassung der Kompetenzen im Bereich der BNE vorliegt, so dass eine outputorientierte Kompetenzmessung auf Schülerebene zum derzeitigen Punkt nicht leistbar wäre (vgl. Kapitel 5.3).

6.1.1 Bekanntheitsgrad von BNE

Bisherige Studien haben gezeigt, dass die Implementation von BNE in vielen Fällen bereits im ersten Schritt daran scheitert, dass die Verbreitung des damit verknüpften Bildungsauftrags nicht im ausreichenden Maße stattgefunden hat (vgl. Kapitel 5.4). Dass wiederum ein klares und umfassendes Verständnis über diesen Bildungsauftrag und das Bewusstsein über die Bedeutung von BNE entscheidend für die Bereitschaft der Lehrkräfte seiner Umsetzung sind, konnte im Rahmen der Forschung zu Modellversuchen und Projekten nachgewiesen werden (vgl. Kapitel 5.2). Wenn – wie politisch als Ziel gesetzt (vgl. Kapitel 4) – BNE flächendeckend an den Schulen verankert werden soll und innerhalb der Schulen in allen Unterrichtsfächern von Bedeutung ist, bedarf es mithin der Klärung, ob die bisherigen bildungsadministrativen Maßnahmen in Nordrhein-Westfalen ausreichend sind, um ein Bewusstsein für diesen Bildungsauftrag unter Lehrkräften zu verbreiten.

Zudem ist aufgrund der ganzheitlich ausgerichteten Konzipierung von BNE (vgl. Kapitel 3.3) von hohem Stellenwert, dass das Bildungskonzept nicht nur Bestandteil einzelner Fächer, sondern auch der ganzen Schule wird. Daher stellt auch das Bewusstsein der Schulleitung über diesen Bildungsauftrag eine wichtige Voraussetzung für eine erfolgreiche Implementation. Hinzu kommt, dass innerhalb der Innovationsforschung die Unterstützung der Schulleitung für die Effizienz der Implementation einer Innovation als zentral erachtet wird (vgl. Kapitel 2 und 5.2). Demzufolge stellen sich folgende differenzierte Fragestellungen:

- *Inwieweit kennen die Lehrkräfte und Schulleitungen an weiterführenden Schulen in NRW den Begriff ‚nachhaltige Entwicklung‘?*

- *Welchen Bekanntheitsgrad hat der Bildungsauftrag für nachhaltige Entwicklung?*

- *Zeigt sich auch eine vertiefte Auseinandersetzung der Lehrkräfte und Schulleitungen mit dem Bildungsauftrag, indem sie Kenntnis über die UN-Weltdekade zur Bildung für nachhaltige Entwicklung haben?*

6.1.2 Einbindung nachhaltiger Thematiken in Unterricht und Schule

In welchem Umfang Themen aus dem Bereich der nachhaltigen Entwicklung in Schule und Unterricht integriert werden, sind zentrale Aspekte, um den Stand der Umsetzung von BNE zu erfassen. Die Befunde bisheriger Forschungen zeigen, dass auch Schulen, die diesen Bildungsauftrag nicht einbinden, und Lehrkräfte, denen das Wissen darüber fehlt, durchaus Themen aus diesem Bereich aufnehmen (vgl. Kapitel 5.4). Dies lässt sich damit erklären, dass BNE auf bereits bestehende Bildungskonzepte – wie die Umweltbildung oder Eine-Welt-Bildung – zurückgreift, diese erweitert und miteinander verbindet (vgl. Kapitel 3.3.3). Aufschlüsse über bereits eingebundene Thematiken ermöglichen es daher, weitere Ansätze zu finden, wie die Schulen näher an diesen Bildungsauftrag herangeführt werden können. Die Innovationsforschung hat gezeigt, dass es für die Akzeptanz einer Innovation förderlich ist, wenn sie nicht eine komplette Neuerung darstellt, um bspw. den Lehrkräften nicht eine kritische Ablehnung ihrer bisherigen Arbeit zu vermitteln. Können die Lehrkräfte die Neuerungen mit bereits bestehenden Handlungsweisen und Themen verbinden, ist die Annahme der Innovation umso wahrscheinlicher (vgl. Kapitel 2.1.2).

Des Weiteren können die Gründe für die Einbindung von nachhaltigen Themen durch die Lehrkräfte Auskunft darüber geben, ob die bildungsadministrativen Maßnahmen zur Integration dieser Themen beigetragen haben. Die Forschungsbefunde zu den Modellversuchen sowie zur Implementation in anderen Bundesgebieten decken auf, dass insbesondere Lehrpläne, tagesaktuelle Ereignisse und Eigeninitiativen für Lehrkräfte Anlässe zur Umsetzung von nachhaltigkeitsrelevanten Themen darstellen (vgl. Kapitel 5.2 und 5.4). Zeigen sich für Nordrhein-Westfalen ähnliche Ergebnisse, so würde dies dafür sprechen, BNE verstärkt in die Curricula aufzunehmen, so wie es für die Fächer Erdkunde und Biologie bereits stattgefunden hat (vgl. Kapitel 4.4).

Das Bildungskonzept für nachhaltige Entwicklung sieht zudem vor, durch interdisziplinäre Kooperationen zwischen den Unterrichtsfächern eine adäquate Vermittlung zu ermöglichen und Systemzusammenhänge verständlich zu machen. Externe Kooperationen sollen darüber hinaus zur Förderung von Gestaltungskompetenz durch praxisnahe und partizipative Unterrichtsgestaltung beitragen (vgl. Kapitel 3.3.4). Dass praxisnahe Bezüge und Realbeziehungen förderlich für die Vermittlung nachhaltiger Themen sind, wird anhand der Befunde aus der Lehr-Lern-Forschung im Bereich der BNE deutlich (vgl. Kapitel 5.1). So weisen Befunde zu internen und externen Kooperationen darauf hin, inwiefern

Ansätze der didaktischen Konzeptionierung von BNE an weiterführenden Schulen in NRW eingebunden sind.
Folgenden Forschungsfragen sollen infolgedessen für diesen Bereich nachgegangen werden:

- *In welchem Maße setzen die Lehrkräfte an weiterführenden Schulen in NRW Themen aus dem Bereich nachhaltige Entwicklung ein?*
- *In welchen Fächern und Jahrgangsstufen findet eine Integration dieser Themen statt?*
- *Welche Veranlassung sehen die Lehrkräfte die Themen in Unterricht und Schule umzusetzen?*
- *Inwieweit kooperieren Lehrkräfte in diesem Bereich mit Personen aus dem Kollegium und externen Partnern?*

6.1.3 Bestimmung der Lehrertypen

Innovationstheorien zur Verbreitung einer Neuerung sowie die entsprechende Forschung haben aufgezeigt, dass sich die Lehrkräfte zeitlich versetzt voneinander mit Innovationen auseinandersetzen und diese annehmen. So gibt es beispielsweise eine kleine Gruppe von Initiatoren, die als erste bereit ist, sich einer Beschäftigung mit einer Innovation zu stellen. Erst nach ihrer Annahme durch diese Gruppe wird die Innovation weiter in die Schule hineingetragen (vgl. Kapitel 2.1.4). Demnach lassen sich Gruppen von Lehrkräften aufgrund ihres Umgangs mit einer Innovation unterscheiden. Eine Differenzierung von Lehrkräften in Bezug auf die Innovation BNE wurde in der Forschung bisher kaum vorgenommen. Wenn überhaupt Gruppen von Lehrkräften verglichen wurden, fand dies überwiegend nur zwischen Lehrkräften statt, die sich an der Umsetzung aktiv beteiligen, und jenen, die dies nicht tun (vgl. Kapitel 5.2). Für die Erforschung des derzeitigen Standes der Umsetzung von BNE erweist es sich aber als informativ, eine genauere Differenzierung der Lehrkräfte vorzunehmen, um Unterschiede in der Auseinandersetzung mit diesem Bildungsauftrag, der Wahrnehmung des Stellenwertes, der eigenen Bedeutungszuschreibung und nicht zuletzt hinsichtlich der Umsetzung aufzudecken. Denn so können weitere Hinweise gefunden werden, die Auskunft geben können, inwieweit die bildungsadministrativen Vorgaben und Maßnahmen in NRW für die Auseinandersetzung, Einstellungen und die Umsetzung in Bezug auf den hier interessierenden Bildungsauftrag hilfreich sein können. Ein mögliches Ergebnis könnte beispielsweise sein, dass sich die Unterschiede in der curricularen Verankerung von

BNE in den Schulformen und Unterrichtsfächern (vgl. Kapitel 4.4) in unterschiedlichen Typenkonstellationen der Lehrkräfte wiederspiegeln.
Daher ergeben sich folgende Forschungsfragen:

- *Können die Antworten der Lehrkräfte bezüglich der Fragen zum Bildungsauftrag für nachhaltige Entwicklung bestimmten Typen zugeordnet
  werden?*

- *Und sollte dies der Fall sein, wäre zu fragen: Welche Typen ergeben sich
  und wie lassen diese sich inhaltlich differenzieren?*

- *Treten bestimmte Lehrertypen vermehrt in bestimmten Schulformen,
  Fachdisziplinen oder Alterskohorten auf?*

- *Bestehen hinsichtlich der gefundenen Lehrertypen Geschlechter-
  unterschiede?*

6.1.4 Stellenwert von BNE aus Sicht der Schulleitungen

Neben den Lehrkräften kommt auch der Schulleitung hinsichtlich der Akzeptanz
einer Innovation eine bedeutende Rolle zu. Sie kann einen förderlichen oder
hemmenden Einfluss auf die Implementation haben, wie Theorien und Forschungen zu Innovationen gezeigt haben (vgl. Kapitel 2.1.5). Daher ist auch die
Wahrnehmung der Schulleitungen zur BNE von Bedeutung, wenn der Stand der
Umsetzung erfasst werden soll. So wird auch bei den Befragungen im Rahmen
von Modellprogrammen die Bedeutung der Unterstützung durch die Schulleitung betont (vgl. Kapitel 5.2).

Zudem liefert die Sichtweise der Schulleitungen über den Stellenwert und
die Umsetzung dieses Bildungsauftrags Informationen hinsichtlich der ganzheitlichen Implementation an der eigenen Schule. Denn gerade an größeren Schulen
ist die Perspektive der Lehrkräfte oftmals auf die Bereiche beschränkt, in denen
sie sich bewegen (d.h. beispielsweise auf bestimmte Fachbereiche und Jahrgangsstufen). Die Schulleitung nimmt dagegen eher eine Perspektive ein, die die
Schule insgesamt umfasst und kann insofern Auskunft über die Schule als System geben. Da das Bildungskonzept BNE eine ganzheitliche Umsetzung impliziert (vgl. Kapitel 3.3.4), stellt die Perspektive der Schulleitung für die Darstellung des Ist-Zustands einen wichtigen Aspekt dar, der bisher in Untersuchungen
außerhalb von Modellversuchen keine Berücksichtigung gefunden hat. Daraus
ergeben sich folgende Forschungsfragen:

- *Wie nehmen die Schulleitungen in NRW die Implementation dieses Bildungsauftrags an der eigenen Schule wahr?*

- *Welchen Stellenwert räumen die Schulleitungen der Bildung für nachhaltige Entwicklung allgemein und in Bezug auf die eigene Schule ein?*

6.2 Implementationsbedingungen außerhalb von Modellversuchen

Die zweite zentrale Forschungsfrage der vorliegenden Studie umfasst die Möglichkeiten und Bedingungen der Implementation von BNE an weiterführenden Schulen außerhalb von Modellversuchen und Projekten. Hierzu liegen bereits eine Reihe von Forschungsbefunden im Bereich der Innovationsforschung vor (vgl. Kapitel 2). Bei der Innovationsforschung für den Bereich der BNE wurde der Fokus bisher allerdings überwiegend auf Modellversuche und Projekte gerichtet (vgl. Kapitel 5.2). Die Bedingungen, die im Rahmen von Modellversuchen gegeben sind, entsprechen jedoch nicht den Bedingungen einer Schule, die diesen Bildungsauftrag außerhalb eines Projektrahmens umsetzen möchte. Demnach bedarf es der Forschung dazu, wie BNE an Schulen außerhalb von Modellversuchen realisiert werden kann.

6.2.1 Umsetzung des Bildungsauftrags für nachhaltige Entwicklung

Es besteht durch die bisher starke Fokussierung auf Modellversuche und Projekte ein Forschungsdesiderat hinsichtlich der Frage, was Schulen dazu veranlasst, sich mit dem Bildungskonzept auseinanderzusetzen. Denn gerade dem externen Transfer von Innovationen wird oftmals nicht genügend Beachtung geschenkt, wie in der Innovationsforschung aufgezeigt werden konnte (vgl. Kapitel 2.2). Im Bereich der BNE wurde mit der Durchführung des Programms Transfer-21 ein Beitrag dazu geleistet dem entgegenzuwirken (vgl. Kapitel 4.2.2). Darüber hinaus ergibt sich jedoch weiterhin eine Forschungslücke. Denn Erkenntnisse über den Transfer der Innovation an weitere Schulen können wichtige Hinweise geben, inwieweit sich einzelne bildungsadministrative Maßnahmen im Bereich der BNE für die Umsetzung an Schulen als förderlich erweisen und wodurch der Transfer des Bildungskonzepts optimiert werden kann.

Des Weiteren verweisen Innovationstheorien und -forschungen auf die Rolle der Schulleitung und das Management der Schule bei Implementationsprozessen, die den Erfolg der Umsetzung maßgeblich beeinflussen können (vgl. Kapitel 2.1.5 und 2.1.6). In diesen Bereichen wäre es sinnvoll zu untersuchen, welche Rolle Schulleitungen bei der Implementation des hier behandelten Bildungsauftrags außerhalb von Modellversuchen einnehmen und auf welche Weise die Umsetzung organisiert ist. Es ergeben sich demnach folgende Forschungsstellungen:

- *Was veranlasst weiterführende Schulen in NRW den Bildungsauftrag für nachhaltige Entwicklung zu implementieren?*
- *Welche Möglichkeiten haben Schulen außerhalb von Modellversuchen bei der Umsetzung?*
- *Auf welche Weise werden die Umsetzung organisiert und Inhalte und Kompetenzen in diesem Bereich vermittelt?*
- *Welche Rolle nimmt die Schulleitung in diesem Prozess ein?*

6.2.2 Förderliche und hinderliche Bedingungen bei der Umsetzung

Aus den Überlegungen über die Möglichkeiten zur Umsetzung von BNE an Schulen außerhalb von Modellversuchen ergibt sich auch die Frage, welche Bedingungen sich als vorteilhaft oder als hemmend für die Implementation erweisen. Auskünfte darüber können Möglichkeiten aufzeigen, wie die Implementation gefördert werden kann und welche Unterstützung die Schulen dabei benötigen. Hier verweisen die Erkenntnisse von Innovationstheorien und -studien auf förderliche Bedingungen im Bereich der konzeptionellen, bildungsadministrativen und schulinternen Ebene (vgl. Kapitel 2.1). Speziell für die Implementation von BNE hat sich in nationalen Studien, die im Rahmen von Modellversuchen durchgeführt wurden, sowie in internationalen Untersuchungen gezeigt, dass die Erhöhung des Bekanntheitsgrads der Innovation, die Einbindung dieses Bildungsauftrags auf curricularer Ebene, zeitliche Freiräume zur Umsetzung und die Unterstützung durch die Schulleitung von den Beteiligten als förderlich für die Implementation angesehen werden (vgl. Kapitel 5.2). Bei den Befunden ergeben sich weitgehende Überschneidungen zwischen den internationalen Ergebnissen und den Erkenntnissen zur Umsetzung im deutschen Schulsystem in Verbindung mit Modellversuchen. Vertiefende Forschung dazu sowie die Untersuchung der Bedingungen im deutschen Schulsystem außerhalb von Projekten stehen dagegen noch aus, so dass sich für diesen Bereich folgende Forschungsfragen formulieren lassen:

- *Welche Bedingungen erweisen sich für die Implementation von Bildung für nachhaltige Entwicklung an weiterführenden Schulen in NRW außerhalb von Modellversuchen als förderlich und welche als hemmend?*

- *Inwieweit unterstützen die bisherigen bildungsadministrativen Maßnahmen die Schulen bei der Implementation?*

- *Welche zusätzlichen Maßnahmen können die Umsetzung des Bildungsauftrages für nachhaltige Entwicklung erleichtern?*

6.2.3 Innovationsklima an der Schule

Ergebnisse aus der Innovationsforschung haben gezeigt, dass die Bereitschaft zur Umsetzung von Innovationen auch davon abhängig ist, welches Innovationsklima im Allgemeinen an einer Schule besteht (vgl. Kapitel 2.1.6). Es stellt sich demnach die Frage, inwieweit ein Zusammenhang zwischen der Bereitschaft der Lehrkräfte und Schulleitungen gegenüber Innovationen und der Umsetzung von BNE an der eigenen Schule besteht. Auch in diesem Bereich besteht besonders für die Implementation außerhalb von Modellversuchen noch ein Forschungsdesiderat. Eine Bestätigung der Annahme, dass das generelle Innovationsklima an einer Schule im bedeutsamen Zusammenhang mit der Implementation dieses Bildungsauftrags zur nachhaltigen Entwicklung steht, würde Hinweise darauf liefern, dass für eine stärkere Förderung der Umsetzung an Schulen nicht nur eine gezielte Förderung im Bereich des Bildungskonzepts zur nachhaltigen Entwicklung hilfreich wäre. Vielmehr würde damit auch eine ausgeweitete Schulung des Schulpersonals im Umgang mit Innovationen im Allgemeinen stattfinden. In einem letzten Schritt werden daher folgende Forschungsfragen aufgestellt:

- *Besteht ein Zusammenhang zwischen der Einstellung der Schulleitung zu Neuerungen sowie ihrer Führungskompetenz und der Umsetzung von Bildung für nachhaltige Entwicklung an der eigenen Schule?*

- *Lässt sich der Stellenwert dieses Bildungsauftrags an einer Schule auch mit der generellen Innovationsbereitschaft des Lehrerkollegiums und der Gewissheit, gemeinsam neue Anforderungen bewältigen zu können, erklären?*

7 Daten und Methoden

Im Hinblick auf die Bearbeitung der zuvor erläuterten Forschungsfragen wird in diesem Kapitel das methodische Vorgehen für die vorliegende Untersuchung beschrieben. Um die Forschungsfragen adäquat beantworten zu können, wurde ein triangulatives Vorgehen gewählt und dazu sowohl eine quantitative Befragung als auch qualitativ erhobene Experteninterviews mit Lehrkräften und Schulleitungen genutzt. Wie in Kapitel 7.1 näher erläutert wird, fand die quantitative Datenerhebung im Rahmen der *Panel Study at the Research School ,Education and Capabilities'* (PARS) statt. Die qualitative Erhebung wurde als Ergänzung dazu durchgeführt. Eine detaillierte Beschreibung dieses triangulativen Vorgehens wird in Kapitel 7.2 vorgenommen. Für die Auswertung wurden die folgenden Methoden eingesetzt: Latent-Class-Analysen (LCA) und die Berechnung von Strukturgleichungsmodellen für die quantitativ erhobenen Daten und das Auswertungsverfahren von Experteninterviews nach Meuser und Nagel (1991) für die qualitativen Daten. Erläuterungen dazu werden in Kapitel 7.3 vorgenommen.

7.1 Einbettung in die nordrhein-westfälische Studie PARS

Die vorliegende Untersuchung ist eingebettet in die *Panel Study at the Research School ,Education and Capabilities'* (PARS). PARS ist eine triangulativ angelegte Längsschnittuntersuchung an weiterführenden Schulen in Nordrhein-Westfalen und findet im Rahmen der internationalen Graduiertenschule ,*Education and Capabilities'* statt, welche eine Kooperation zwischen der Universität Bielefeld und der Technischen Universität Dortmund darstellt.[15] Die Studie wurde unter der wissenschaftlichen Leitung von Prof. Dr. Wilfried Bos als *Dean of Study* der Graduiertenschule und unter der Projektleitung von Prof. Dr. Tobias C. Stubbe durch das Institut für Schulentwicklungsforschung (IFS) der Technischen Universität Dortmund durchgeführt (Bos et al., 2014).

Das Studiendesign von PARS umfasst – wie Abbildung 7.01 zeigt – in einem Erhebungszeitrahmen von 2009 bis 2012 die Untersuchung von Schülerin-

---

15 Für weitere Informationen über die Graduiertenschule vgl. www.educap.de (Abruf vom 12.09.2013).

nen und Schülern an weiterführenden Schulen in Nordrhein-Westfalen, von Schulleitungen, Lehrkräften und weiterem pädagogisch tätigen Personal dieser Schulen sowie von den Eltern der beteiligten Schülerinnen und Schüler. Über drei Jahre hinweg wurden die Schülerinnen und Schüler sowie das schulische Personal zu drei Messzeitpunkten befragt. Die Heranwachsenden nahmen darüber hinaus an Kompetenztestungen teil. Im Gegensatz zu diesem längsschnittlichen Design fand die Befragung der Eltern nur zu einem Zeitpunkt statt, um Hintergrundinformationen über die Schülerinnen und Schüler zu erhalten (Bos et al., 2014).

Abbildung 7.01: Erhebungen und deren Messzeitpunkte PARS und PARS-F [16]

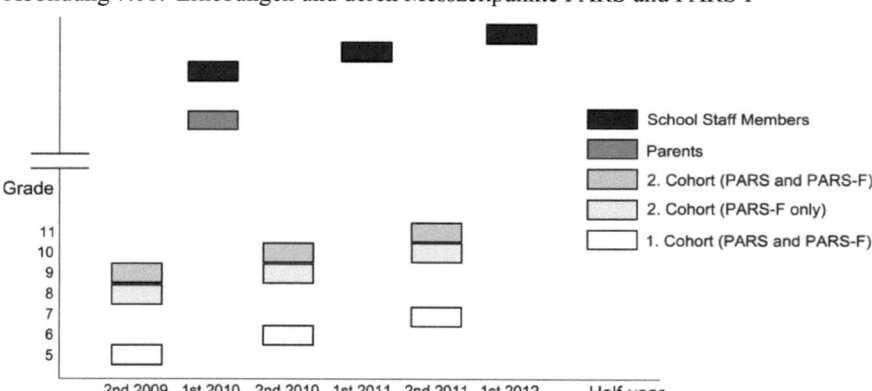

Quelle: Bos et al., 2014, Figure 7

Der Fokus der vorliegenden Untersuchung liegt auf den Schulleitungen und Lehrkräften. Dazu wurde die Befragung dieses Schulpersonals zum ersten Messzeitpunkt von PARS genutzt. Das Studiendesign dieser Untersuchung wird im Folgenden erläutert.

---

16 Da die Schülerinnen und Schüler der Förderschule mit anderen Erhebungsinstrumenten beforscht wurden als die Schülerinnen und Schüler der Regelschulen, wird diese Teil der Studie als PARS-F geführt (vgl. Bos et al., 2014).

7.2 Triangulatives Untersuchungsdesign

Für die Untersuchung von BNE an weiterführenden Schulen in Nordrhein-Westfalen wurde ein triangulatives Vorgehen gewählt. Der Begriff Triangulation stammt ursprünglich aus der Geodäsie (Wissenschaft von der Ausmessung und Abbildung der Erdoberfläche). Das Verfahren der Triangulation zielt darauf, auf Grundlage der Koordinationen zweier Punkte einen dritten bestimmen zu können (Krüger & Pfaff, 2008). Übertragen auf die empirische Forschung kann Triangulation nach Flick (2008) wie folgt definiert werden: „Triangulation beinhaltet die Einnahme unterschiedlicher Perspektiven auf einen untersuchten Gegenstand oder allgemeiner: bei der Beantwortung von Forschungsfragen" (S. 12). Das Ziel ist dabei, durch die Triangulation breitere, vielfältigere und tiefere Erkenntnisse über den Forschungsgegenstand zu erlangen, indem die Schwächen und blinden Flecke, die sich aus der Anwendung nur einer einzelnen Methode ergeben könnten, durch die Kombination von mehreren Methoden kompensiert werden (Lamnek, 2005). Obwohl der Begriff Triangulation erstmals 1959 durch Campbell und Fiske im Bereich der Empirie eingebracht wurde (Mathison, 1988), ist ein solches Verfahren in der empirischen Sozialforschung in vereinzelten Studien bereits seit langem angewandt worden, wie z.B. in der Studie ‚Die Arbeitslosen von Marienthal' von Jahoda, Lazarsfeld und Zeisel aus dem Jahr 1933 (vgl. Engler, 2003). Ein triangulatives Vorgehen, bei dem quantitative und qualitative Methoden kombiniert werden, hat sich jedoch erst in der jüngeren Vergangenheit etabliert, nachdem über einen langen Zeitraum eine kontroverse Diskussion zwischen den beiden Zugangsweisen vorherrschend war (vgl. Mayring, 2001). Der Einsatz einer solchen Triangulation findet jedoch in der Praxis meist additiv als Ergänzung zu einer primär eingesetzten Methode statt (vgl. Klieme & Bos, 2000). In der vorliegenden Untersuchung wurde dagegen eine verknüpfende Vorgehensweise der quantitativen und qualitativen Methoden zur Beantwortung der Forschungsfragen genutzt, um sowohl Konvergenzen wie auch Divergenzen identifizieren zu können und so zu einem umfassenderen Bild zu gelangen (vgl. dazu auch Kelle & Erzberger, 1999). Verknüpfende Elemente finden sich vorwiegend bei der Auswertung und Interpretation der Daten. Darüber hinaus wurden die deskriptiven Ergebnisse der quantitativen Erhebung genutzt, um die Schulen für die qualitativen Interviews auszuwählen. Im Folgenden wird das für die vorliegende Studie gewählte quantitative und qualitative Vorgehen näher erläutert.

7.2.1 Quantitative Erhebung

Für die quantitative Erhebung wurde die in Kapitel 7.1 beschriebene Möglichkeit genutzt, den im Folgenden beschriebenen Fragebogen zur BNE im Rahmen der ersten Befragung von Schulleitungen und Lehrkräften von PARS einzusetzen. Die Erhebung fand in Form einer Online-Befragung[17] statt. Diese quantitative Datenerhebung wird im Folgenden erläutert.

An PARS beteiligten sich 50 weiterführende Schulen aller Schulformen aus Nordrhein-Westfalen: sieben Hauptschulen, eine Verbundschule[18], zehn Realschulen, vier Gesamtschulen, 15 Gymnasien sowie 13 Förderschulen. Dabei handelt es sich nicht um eine repräsentative Zufallsauswahl. Vielmehr wurde durch das Schulministerium des Landes NRW eine Vorauswahl von Schulen getroffen, die um ihre Teilnahme an dieser Studie gebeten wurden. Die Teilnahme fand mithin auf freiwilliger Basis statt (Bos et al., 2014). Deshalb muss einschränkend darauf hingewiesen werden, dass es möglich ist, dass sich diese Schulen durch ein erhöhtes Engagement auszeichnen und generell für Schulentwicklungsprozesse offen sind, so dass auch eine erhöhte Innovationsbereitschaft denkbar ist. In diesem Sinne müssen die Ergebnisse im Hinblick auf eine mögliche Positivselektion der Untersuchungseinheiten betrachtet werden. Ferner wurde PARS nicht als eine Studie zur Erfassung des Standes der Arbeit der Schulen zu BNE konzipiert. Die Entscheidung für eine Teilnahme an der Studie auf Seiten der Schulen war demnach unabhängig von dem Interesse an nachhaltigkeitsbezogenen Themen bzw. an dem hier behandelten Bildungsauftrag, da die Schulen im Vorfeld nicht darüber in Kenntnis gesetzt wurden, dass die Umsetzung von BNE als Teilaspekt der Studie miterfasst werden würde. Bezüglich dieses Bereichs ist somit weitgehend auszuschließen, dass eine Positivselektion vorliegt. Die Fragen zum Wissen, zur Einstellung und zur Umsetzung des Bildungsauftrags für nachhaltige Entwicklung (vgl. Kapitel 7.2.1.2) wurde zudem in die reguläre Befragung der Lehrkräfte und Schulleitungen zum ersten Messzeitpunkt von PARS eingegliedert. Die dazu verwendeten Fragbögen umfassen Fragen zu mehr als zwanzig verschiedenen Themenstellungen, wovon BNE

---

17 Für die Umsetzung der Befragung im Online-Format wurde das Programm ‚UniPark' (http://www.unipark.info) verwendet.

18 Die Verbundschule besteht aus einem Real- und einem Hauptschulzweig. Da an der vorliegenden Untersuchung nur eine Verbundschule teilgenommen hat, wird diese in den schulformspezifischen Ergebnisrückmeldungen in den folgenden Analysen nicht einzeln mit aufgeführt.

einen Themenbereich darstellt (vgl. Bos et al., 2014). Insofern nahm auch bei der Befragung das Lehrpersonal unabhängig von ihrer Neigung bezüglich nachhaltigkeitsbezogener Themen teil. Die mit dem Fragebogen erfassten Variablen, die in den hier angestellten Analysen Verwendung finden, werden in Kapitel 7.2.1.2 beleuchtet.

7.2.1.1   Teilnahme- und Rücklaufquoten

Die Befragungen der Lehrkräfte und Schulleitungen in PARS, deren Daten für die im Folgenden berichteten Analysen genutzt wurden, wurden im ersten Halbjahr des Jahres 2010 durchgeführt. An der Erhebung nahmen insgesamt 48 der an PARS beteiligten Schulen teil.[19]

Tabelle 7.01:   Teilnahme- und Rücklaufquoten der Onlinebefragung der Lehrkräfte und Schulleitungen

Schulform	Anzahl teilnehmender Schulen	Schul- leitungen	Teilnehmende Lehrkräfte Anzahl	Anteil an Gesamtstich- probe in %	Rücklauf pro Schulform in %
Hauptschule	7	3	62	12.7	31.6
Verbundschule	1	1	6	1.2	24.0
Realschule	10	7	82	16.8	22.5
Gesamtschule	3	2	35	7.2	10.1
Gymnasium	15	10	247	50.5	20.1
Förderschule	12	11	57	11.6	27.9
Insgesamt	**48**	**34**	**489**	**100.0**	20.7

Da 11 Prozent der Lehrkräfte, die zum ersten Messzeitpunkt an der Befragung von PARS teilnahmen, keine Auskünfte bezüglich der hier interessierenden Thematik gaben, umfasst die Stichprobengröße der folgenden Analysen 489 Lehrkräfte (Rücklauf = 20.7 %). 34 Schulleitungen machten Angaben zum Themenfeld BNE; diese flossen in die im Folgenden berichteten Analysen mit ein. Eine nach Schulform differenzierte Auflistung der Teilnahme- und Rücklaufquoten erfolgt in Tabelle 7.01. Wie dort ersichtlich wird, arbeitet die Hälfte

---

19 Von den insgesamt 50 an PARS teilnehmenden Schulen beteiligten sich zwei Schulen (eine Gesamt- und eine Förderschule) nicht an der ersten Befragung des schulischen Personals.

der an der Erhebung beteiligten Lehrkräfte an Gymnasien. Die Lehrkräfte sind
im Durchschnitt 44 Jahre alt (SD = 11.1) und üben seit 15 Jahren ihre Lehrtätigkeit aus (SD = 11.7). 65 Prozent von ihnen sind weiblich.

7.2.1.2   Fragebögen für Lehrkräfte und Schulleitungen

Die Fragen, die die Lehrkräfte und Schulleitungen zum Themenfeld BNE vorgelegt bekamen, stimmen weitgehend überein, sodass im Folgenden die Fragebögen beider Personengruppen gemeinsam beschrieben werden. Dazu werden zunächst die Itemblöcke zu dem hier interessierenden Bildungsauftrag vorgestellt
und anschließend die Kovariaten beschrieben. Die Fragen zur BNE wurden dem
von Rieß und Mischo (2008b) entwickelten Fragebogen entnommen, den sie im
Rahmen ihrer Befragung zum Ist-Zustand der Umsetzung von BNE an weiterführenden Schulen in Baden-Württemberg eingesetzt haben (vgl. Kapitel 5.4).

Persönliche Einstellung zu nachhaltigen Thematiken

Zur Erfassung der persönlichen Einstellung der Lehrkräfte zu Themen aus dem
Bereich nachhaltige Entwicklung wurden zehn Items eingesetzt, zu denen die
Befragten auf einer vierstufigen Skala (von ‚trifft zu' bis ‚trifft nicht zu') Stellung nehmen sollten. Die Items umfassen Aussagen, die alle drei Dimensionen
der nachhaltigen Entwicklung (vgl. Kapitel 3.1.2) und weitere Aspekte des
Nachhaltigkeitskonzeptes betreffen. So wurden die Lehrkräfte z.B. gefragt, ob
sie folgenden Aussagen zustimmen können: ‚Wir sollten nicht mehr Ressourcen
verbrauchen als nachwachsen können.' und ‚Es sollte fairen Handel zwischen
den reichen Ländern dieser Erde und den Entwicklungsländern geben.'. Für die
weiteren Analysen wurde aus den Einzelitems eine Skala über das Nachhaltig-
keitsbewusstsein der Lehrkräfte gebildet (M = 2.79; SD = .427; Cronbachs
α: .85).[20]

Wissen über den Bildungsauftrag für nachhaltige Entwicklung

Um den Bekanntheitsgrad des Bildungsauftrags für nachhaltige Entwicklung
bestimmen zu können, wurden die Lehrkräfte und Schulleitungen in einem ersten Schritt danach gefragt, ob ihnen der Begriff ‚nachhaltige Entwicklung' ge-
läufig ist (vorgegebene Antwortkategorien: ‚Ja, ich könnte spontan Ziele/Inhalte

---

20 Das Item ‚Wissenschaft und Technik werden viele Umweltprobleme lösen, ohne dass wir
   unsere Lebensweise ändern müssen.' wurde aufgrund von zu geringer Faktorladung aus
   der Skalenbildung ausgeschlossen.

nennen.'; ‚Ja, aber ich müsste erst etwas nachdenken, bevor ich Ziele/Inhalte nennen könnte.'; ‚Ja, aber ich könnte keine Ziele/Inhalte nennen.'; ‚Nein'). Mit einer Filterführung erhielten alle befragten Personen, die die Frage nicht verneinten, eine Frage zur Kenntnis über diesen Bildungsauftrag für nachhaltige Entwicklung, die die Ausprägung ‚Ja' und ‚Nein' enthielt. Die Personen, die zustimmen konnten, wurden daraufhin gebeten mit Hilfe eines offenen Antwortformats ein bis zwei Ziele dieses Bildungsauftrags zu nennen. Diese wurden – in Anlehnung an Rieß und Mischo (2008b) – dreistufig kodiert: (1) Nennungen, die sich eindeutig den Zielen der BNE (vgl. Kapitel 3.3) zuordnen lassen; (2) Antworten, die zwar in Beziehung zu dem hier interessierenden Bildungsauftrag stehen, sich jedoch nicht unmittelbar als Ziele zuordnen lassen und (3) Ausführungen, bei denen keine eindeutige Relevanz zur BNE aufgezeigt werden kann. Dabei wurde eine Zweitkodierung vorgenommen, um die Einschätzungen zu überprüfen. Als Maß der Interkoderreliabilität wurde Cohens Kappa (Cohen, 1960) verwendet. Dieses Maß verweist auf eine hohe Übereinstimmung zwischen den beiden Kodierdurchläufen. Als weitere Frage wurde – wiederum gefiltert – das Schulpersonal, dem dieser Bildungsauftrag ein Begriff ist, gebeten anzugeben, ob es die UN-Weltdekade zur BNE kennt. Als Antwortkategorien wurden dieselben vorgegeben wie für die Frage zum Wissen über den Begriff nachhaltige Entwicklung.

Einbindung nachhaltiger Themen in Schule und Unterricht

Die Lehrkräfte bekamen, bevor ihnen weitere Fragen zu dem hier behandelten Bildungsauftrag gestellt wurden, nachhaltigkeitsbezogene Themenbeispiele vorgelegt, damit von allen Lehrkräften – unabhängig davon, ob sie sich bereits mit diesem Bildungsauftrag auseinandergesetzt haben – Angaben und Einschätzungen zur BNE erhoben werden konnten. Der Themenkatalog stammt ebenfalls aus dem Fragebogen von Rieß und Mischo (2008b). Die Lehrkräfte wurden gebeten anzugeben, ob sie Themen der nachhaltigen Entwicklung im Unterricht oder außerhalb des Unterrichts im laufenden Schuljahr eingesetzt haben bzw. dies noch vorhaben. Im Falle ihrer Zustimmung erhielten die Lehrkräfte die Möglichkeit, bis zu zehn der von ihnen eingesetzten Themen aufzulisten und Angaben dazu zu machen, in welchem Fach bzw. in welcher AG, in welcher Klasse sowie in welchem Umfang dies erfolgte bzw. erfolgen sollte. Auch der wichtigste Grund für den Einsatz des jeweiligen Themas wurde erfragt (zu den Antwortauswahlmöglichkeiten vgl. Abbildung 8.03 in Kapitel 8.2.2).

Externe und interne Kooperationen

Im Zuge der Benennung der eingesetzten Themen wurden die Lehrkräfte ferner gebeten anzugeben, ob sie in diesem Zusammenhang im Kollegium und/oder extern kooperieren. Durch eine weitere Filterführung erhielten die Lehrkräfte, die zugestimmt hatten, die ergänzende Frage, mit welchen Fachkollegen bzw. mit welchen Institutionen/Organisationen sie kooperieren und in welchem Umfang (,regelmäßig über längere Zeit', ,häufig', ,sporadisch' oder ,einmalig').

Wahrnehmung des Stellenwertes an der eigenen Schule

Die Lehrkräfte und Schulleitungen[21] wurden anhand von drei Items gefragt, wie sie den Stellenwert von BNE wahrnehmen (die Beantwortung erfolgte über eine vierstufige Zustimmungsskala von ,trifft zu' bis ,trifft nicht zu'). So sollten die Befragten die Bedeutung von Themen aus diesem Bereich an der eigenen Schule anhand von zwei Items einschätzen und anhand eines weiteren Items beurteilen, ob nur wenige Personen aus dem Kollegium sich in der eigenen Schule mit diesem Bildungsauftrag befassen. Die Lehrkräfte erhielten ein weiteres Item zur Wahrnehmung der Schulleitung bezüglich der Förderung nachhaltigkeitsbezogener Unterrichtsvorhaben.

Bedeutsamkeitswahrnehmung des Bildungsauftrags für nachhaltige Entwicklung

Für die Erfassung der eigenen Bedeutsamkeitszuschreibung bezogen auf den hier interessierenden Bildungsauftrag erhielten die Lehrkräfte und Schulleitungen weitere drei Items (,BNE gehört in möglichst viele Unterrichtsfächer.'; ,Bei der Überfrachtung heutiger Lehrpläne ist kein Platz für mehr Bildung für nachhaltige Entwicklung.' und ,BNE ist keine Hauptaufgabe der Schule.'), die ebenfalls mit der bereits vorgestellten Zustimmungsskala bewertet werden sollten. Die Lehrkräfte sollten zudem angeben, ob sie nachhaltigkeitsbezogene Inhalte auch bei erhöhtem Aufwand unterrichten würden.

Einschätzung des Einflusses auf Schülerinnen und Schüler

Anhand der bereits vorgestellten Zustimmungsskala sollten die Lehrkräfte und Schulleitungen im Weiteren einschätzen, welcher Einfluss auf das Bewusstsein

---

21 Da den Schulleitungen diese Themenbeispiele nicht vorlagen, wurden die weiteren Fragen zur Einschätzung von BNE an der Schule nur den Schulleitungen vorgelegt, die angegeben hatten, diesen Bildungsauftrag zu kennen.

und Verhalten der Schülerinnen und Schüler durch die Umsetzung des Bildungsauftrags für nachhaltige Entwicklung an der Schule genommen werden kann.

Fördernde und hemmende Aspekte bei der Umsetzung von BNE

Bei der Erfassung von förderlichen und hemmenden Aspekten, die sich auf die
Implementation von BNE an der Schule auswirken, wurde bei den Lehrkräften
zwischen denjenigen differenziert, die nachhaltigkeitsbezogene Themen in Unterricht und Schule integrieren, und solchen, die angaben, dies nicht zu tun. Ers-
tere erhielten die Fragen, welche weitere Unterstützung sie sich bei der Umsetzung wünschen und was sie motivieren würde, noch mehr nachhaltigkeitsbezogene Themen einzusetzen. Letztere wurden gebeten anzugeben, was sie davon
abhält, nachhaltigskeitsrelevante Themen zu behandeln. Für diese Fragen wurde
ein offenes Antwortformat gewählt.

Weitere Kovariaten für vertiefende Analysen

Aus der Befragung der Lehrkräfte kommen zusätzlich die folgenden Skalen in
den anschließenden Strukturgleichungsmodellen zum Einsatz (vgl. Kapitel 8.7):

Tabelle 7.02: Übersicht über eingesetzte Skalen im Lehrerfragebogen

Skala	Anzahl Items	Beispiel-Item	Quelle	M	SD	Cronbachs α
Einstellung der Schulleitung zu Neuerungen						
	4	‚Die Schulleitung ist neuen Ideen gegenüber aufgeschlossen.‘	Ditton (n.d.)	1.62	.540	.746
Führungskompetenz der Schulleitung						
	5	‚Die Schulleitung vertritt eine klare Linie.‘	Ditton (n.d.)	1.97	.645	.899
Innovationsbereitschaft im Kollegium						
	4	‚Die meisten Lehrkräfte unserer Schule sind neuen pädagogischen Ansätzen gegenüber aufgeschlossen.‘	Quellenberg (2009)	2.07	.489	.802
Kollektive Selbstwirksamkeitsüberzeugung						
	8	‚Ich glaube an das starke Innovationspotential in unserem Lehrerkollegium, mit dem wir auch unter widrigen Umständen Neuerungen schaffen können.‘	Schwarzer & Jerusalem (1999)	1.92	.489	.898

Hintergrundmerkmale der Lehrkräfte

Für die weiteren Analysen wurden von den Lehrkräften zusätzlich die folgenden Hintergrundinformationen erfragt: Alter und Geschlecht, Schulform, an der die Lehrkraft tätig ist, Anzahl an Jahren der Lehrtätigkeit sowie Angaben zu den unterrichteten Fächern.

7.2.2 Qualitative Erhebung

Um vertiefende Aussagen über die Implementationsmöglichkeiten von BNE an weiterführenden Schulen in NRW außerhalb von Modellversuchen formulieren zu können, wurden ergänzend zu der quantitativen Erhebung leitfadengestützte Experteninterviews an vier Schulen durchgeführt. Als Experten wurden zum einen die Schulleitungen der Schulen herangezogen, um einen institutionellen Gesamtüberblick sowie die Expertensichtweise der Entscheidungsträger zu erhalten. Zum anderen wurde an jeder Schule eine Lehrkraft interviewt. Die für die Interviews ausgewählten Schulen waren ebenfalls an PARS beteiligt (vgl. Kapitel 7.2.2.3). Die qualitative Erhebung fand allerdings außerhalb der regulären PARS-Erhebung, das heißt als eigenes Forschungsprojekt im Rahmen der vorliegenden Studie, statt.

Im Folgenden werden die Methode der leitfadengestützten Experteninterviews und die dafür verwendete Datengewinnung der vorliegenden Untersuchung beschrieben und darauf aufbauend die eingesetzten Interviewleitfäden vorgestellt. Anschließend werden die auf Grundlage der quantitativen Ergebnisse vorgenommene Auswahl der Schulen sowie der Ablauf der Datengewinnung erläutert.

7.2.2.1   *Experteninterviews*

Sowohl bei den theoretischen Annahmen zu dem Begriff des Experten als auch bei der Anwendung und Auswertung der Experteninterviews lehnt sich die vorliegende Arbeit an die von Meuser und Nagel (1991; 2009a) entwickelten Konzeptionen an. Dazu findet im Folgenden eine kurze Auseinandersetzung mit dem Begriff des Experten statt. Zudem wird die Methodik der Erhebung skizziert.

Der Begriff des Experten

Die wissenssoziologische Diskussion über die Definition eines Experten hat ihren Ursprung bei Schütz (1972). Dieser unterscheidet zwischen drei Idealtypen des Wissens: ‚den Mann auf der Straße', ‚den gut informierten Bürger' sowie ‚den Experten'. Diese Dreiteilung wird in weiteren Diskussionen meist auf die Unterscheidung zwischen Laien und Experten reduziert, wobei idealtypisch das Sonderwissen diese beiden Typen voneinander trennt (Meuser & Nagel, 2009a). Sprondel (1979) verdeutlicht jedoch, dass nicht jedes Sonderwissen einen Experten auszeichnet, sondern grenzt dieses auf eine „sozial institutionalisierte Expertise" (S. 141) ein, welche gesellschaftlich als relevant erachtet wird. Daher wird eine Person zum Beispiel nicht durch eine vertiefte Beschäftigung mit einem Hobby zu einem Experten, zudem fällt auch die Verallgemeinerung des Begriffs mit der Bezeichnung jedes Menschen als ‚Experte seines Lebens' weg. Um dies noch genauer zu differenzieren, nimmt Hitzler (1994) eine Unterscheidung zwischen dem Begriff des Experten und des Spezialisten vor: Demnach ist ein Spezialist „Träger einer besonderen, relativ genau umrissenen und von seinem *Auftraggeber* typischerweise hinsichtlich ihrer Problemlösungsadäquanz kontrollierbaren Kompetenz" (Hitzler, 1994, S. 25, Hervorhebung im Original), wogegen sich die Expertise eines Experten über ein gesamtes (Wissens-)Gebiet erstreckt. Meuser und Nagel (2009b) weisen des Weiteren darauf hin, dass eine Expertise – gerade in der ausdifferenzierten modernen Gesellschaft – nicht allein an eine Ausbildung gebunden sein muss. In diesem Zusammenhang charakterisieren sie Experten als aktive Partizipanten, die sowohl durch berufliche wie ehrenamtliche Tätigkeiten problembezogen zu ihrer Expertise gelangt sind. Zudem gibt es eine Vermischung zwischen den berufsbedingten Experten und den aktiven Partizipanten: „Expertenwissen wird in dieser Konstellation sensibel für den Problemkontext, innerhalb dessen es sich bewähren muss" (Meuser & Nagel, 2009b, S. 45).

Sowohl Schütz (1972) als auch Sprondel (1979) nehmen jedoch an, dass es sich bei dem Sonderwissen eines Experten um explizites Wissen handelt, von dem ein Experte direkt berichten kann. Meuser und Nagel (1997) betonen dagegen, dass besonders in Bezug auf Handlungswissen ein Experte auch über einen hohen Anteil an implizitem Wissen verfügt und ihm die Bedeutung der eigenen Handlungen nicht bewusst sein müsse. Daher sei es nicht möglich, Expertenwissen direkt zu erfragen. Vielmehr müssten anhand der Ausführungen des Experten die Informationen rekonstruiert werden (Meuser & Nagel, 2008).

Somit wird eine Person als Experte aufgefasst, wenn sie über ein Wissen verfügt, das nicht jedem zugänglich ist. Die Bestimmung einer Person als Experte wird von der Forscherin bzw. dem Forscher selbst auf Grundlage der jeweiligen Forschungsfrage getroffen (Meuser & Nagel, 2009a). Als Richtlinie für die Bestimmung eines Experten fassen Meuser und Nagel (2009a) zusammen, dass sich als Experte derjenige ausweist, der „in irgendeiner Weise Verantwortung trägt für den Entwurf, die Ausarbeitung, die Implementierung und/oder die Kontrolle einer Problemlösung" und dadurch „über einen privilegierten Zugang zu Informationen [...] verfügt" (S. 470).

Leitfadengestütztes Experteninterview

Ziel des Experteninterviews ist es, „Strukturen und Strukturzusammenhänge des ExpertInnenwissens/handelns zu analysieren" (Meuser & Nagel, 1991, S. 447). Sie finden u. a. vermehrt Anwendung innerhalb der Implementations- und Evaluationsforschung und im Bereich der Bildungsforschung. Dabei wird nicht nur auf Entscheidungsträger zurückgegriffen, auch Praktiker – wie Lehrkräfte an den Schulen – werden als Experten für Interviews herangezogen (Meuser & Nagel, 1997). Als Forschungsmethodik wird das Experteninterview sowohl isoliert wie auch im Rahmen einer Methodentriangulation verwendet (Meuser & Nagel, 2009a).

Gegenstand des Experteninterviews ist nicht die interviewte Person selbst, das heißt ihre Persönlichkeit, ihr Handeln etc., sondern ihr Expertenwissen über eine bestimmte Thematik bzw. einen institutionellen oder organisatorischen Zusammenhang, das der Experte sich aufgrund seiner Position oder Funktion angeeignet hat (Meuser & Nagel, 1991). Zwar lässt sich das Wissen der interviewten Person dabei nicht vollkommen von ihrer Persönlichkeit trennen, dennoch erhalten diese Merkmale bei einem Experteninterview nur Relevanz, wenn sie zur Analyse des untersuchten Gegenstands beitragen. So ist nach Meuser und Nagel (2009a) nicht „die Person des Experten in seiner biographischen Motiviertheit, sondern der in einen Funktionskontext eingebundene Akteur [...] Gegenstand der Betrachtung" (S. 469). Damit wird das Experteninterview in erster Linie zur Rekonstruktion komplexer Wissensbestände genutzt (vgl. Meuser & Nagel, 1997). Erfahrungen, die außerhalb des thematischen Rahmens der Expertise liegen und dennoch Einfluss auf ihn haben, sollten jedoch nicht ausgeklammert werden. Mit dieser eingeschränkten Öffnung in Richtung der individuellen Person des Experten revidieren Meuser und Nagel (2009b) ihre anfängliche Ansicht von einer strikten Trennung des Expertenwissens und der Person des Wissensträgers, betonen aber gleichwohl die Abgrenzung von zu stark biografischen Aspekten, die dem biografischen Interview vorbethalten sind. Versteht man – wie Meuser und Nagel – in der ausdifferenzierten Gesellschaft Experten nicht allein im beruflichen Bereich, so bekommt neben der Erfassung der Wissensbestände auch der Kontext, in dem diese entstehen und angewandt werden, im Experteninterview einen größeren Stellenwert:

> Die soziokulturellen Bedingungen der Wissensproduktion werden zu einer zentralen Dimension des Untersuchungsgegenstands von Experteninterviews, des Expertenwissens, und sie gehen in die Konstruktion des Leitfadens, in die Interviewerhebung und -auswertung ein. Methodologisch gesehen, erhält die Bestimmung des Expertenwissens eine prozessanalytische Ausrichtung. (Meuser & Nagel, 2009b, S. 46)

Eine Besonderheit dieses Verfahrens liegt bereits in der Namensgebung. Denn – so stellen Liebold und Trinczek (2009) heraus – Interviews werden in der Regel aufgrund ihres Erhebungsdesigns (z.b. narratives oder halb-strukturiertes Interview) unterschieden, nicht aber auf Grundlage der Personengruppe, die an der Befragung teilnimmt. So ließen sich mit Experten prinzipiell alle Interviewarten durchführen. Daher empfehlen Liebold und Trinczek (2009) eine Präzisierung, indem ergänzend die Methodik in die Bezeichnung des Verfahrens aufgenommen wird und sprechen daraus folgernd von einem leitfadengestützen Experteninterview. In der vorliegenden Studie wurden auf diese Weise Lehrkräfte und Schulleitungen interviewt.

7.2.2.2   Die Interviewleitfäden

Bei der Durchführung von leitfadengestützen Experteninterviews wurde ein Leitfaden in offener Form verwendet. Nach Meuser und Nagel (1991) schneidet der „Leitfaden [...] die interessierenden Themen aus dem Horizont möglicher Gesprächsthemen der ExpertInnen heraus und dient dazu, das Interview auf diese Themen zu focussieren" (S. 453). Damit erhält der Interviewte die Möglichkeit sein Expertenwissen auszubreiten und ergänzende Aspekte anzusprechen, die erst durch seine Expertise Bedeutung erlangen. Gleichzeitig wird dadurch aber vermieden, in nicht für das Forschungsinteresse relevante Themenbereiche abzuleiten. Liebold und Trinczek (2009) sprechen in diesem Zusammenhang von einer ‚geschlossenen Offenheit', da durch die Themenvorgabe und den Leitfaden eine Vorstrukturierung stattgefunden hat, der Experte aber gleichzeitig zu längeren Gesprächssequenzen angeregt werden soll.

Für den Leitfaden der Experteninterviews, der in der vorliegenden Studie
zum Einsatz gekommen ist, wurden daher offen gehaltene Hauptfragen entwickelt, die den Interviewten gestellt wurden. Die Interviewten wurden gebeten zu
diesen Fragen frei und ausführlich zu antworten. Unter diesen Hauptfragen sind
im Leitfaden jeweils einzelne Stichworte vermerkt. Ging die befragte Person bei
der Beantwortung auf einzelne Stichworte nicht ein, konnte noch einmal gezielt
nachgefragt werden, um einen gewissen Grad an Vergleichbarkeit zwischen den
Interviews zu gewährleisten. Für die Interviews mit den Lehrkräften und Schulleitungen wurde derselbe Fragebogen eingesetzt und durch gruppenspezifische
Fragen ergänzt. Inhaltlich fokussiert der Leitfaden die Umsetzung von BNE an
der eigenen Schule sowie Bedingungen zur Umsetzung dieses Bildungsauftrags
an weiterführenden Schulen.

Eingeleitet wurden die Interviews durch die Frage, wie und durch wen die
Befragten Kenntnis über BNE erlangten. Ergänzend dazu enthält der Leitfaden
für die Schulleitungen die Frage, wie die eigene Schule damit begonnen hat, sich
mit diesem Konzept bzw. mit Inhalten zu BNE auseinanderzusetzen. Des Weiteren wurden die Interviewten gefragt, auf welche Weise dieser Bildungsauftrag
an der eigenen Schule umgesetzt wird. Mit dieser Frage sollten Informationen
dazu gewonnen werden, welche Möglichkeiten die Schulen haben, das Bildungskonzept umzusetzen und welche sie davon wahrnehmen. Zudem können
so Hinweise auf Schwierigkeiten gefunden werden, die sich bei der Implementation ergeben. Den Lehrkräften wurde zudem eine Frage zur Wahrnehmung der
Schulleitung in diesem Implementationsprozess gestellt. Die Schulleitung wurde
über die Wahrnehmung der eigenen Rolle befragt, um auch in diesem Bereich
die Einschätzung beider Personengruppen zu erhalten. Weitere Angaben zur Implementation von BNE an der eigenen Schule wurden mittels Fragen zu außerschulischen Kooperationen und zur Berücksichtigung des Konzepts in der Darstellung der Schule erfasst (letztere wurde lediglich den Schulleitungen gestellt).
Darüber hinaus enthalten die Leitfäden auch eine Frage zu wahrgenommenen
Veränderungen durch die Umsetzung von BNE. Für die Beantwortung der Forschungsfrage, inwieweit die bisherigen bildungsadministrativen Maßnahmen die
Schulen außerhalb von Modellprojekten erreichen, wurden die Fragen mit aufgenommen, ob die Schulen Unterstützung von außen erhalten und ob die
UN-Weltdekade Auswirkungen auf die Umsetzung innerhalb der eigenen Schule
hat. Ein weiterer Fragenblock (bestehend aus drei Hauptfragen) befasst sich mit
förderlichen und hemmenden Bedingungen bei der Umsetzung dieses Bildungs-

auftrags. Ergänzend schließen die Leitfäden mit der Frage, wie die unterschiedlichen Personengruppen in der Schule für BNE motiviert werden können. Die Leitfäden wurden in den Interviews so verwendet, dass die interviewten Personen die Möglichkeit hatten, ihre Expertise offenzulegen. Daher wurde die chronologische Reihenfolge der Fragestellungen nicht strikt eingehalten, sondern es wurde aufgrund der bisherigen Ausführungen eine anknüpfende Frage ausgewählt und ggf. passend umformuliert. Auch wurden in einigen Interviews Fragen nicht gestellt, wenn die Erläuterungen der Interviewten die Antworten darauf bereits umfassten.

7.2.2.3 Datengewinnung

Die leitfadengestützten Interviews wurden an vier Gymnasien durchgeführt. Die Eingrenzung auf die Schulform Gymnasium wurde aufgrund der folgenden Überlegungen und Gegebenheiten vorgenommen: Um Daten bezüglich der Möglichkeiten für die Implementation von BNE an weiterführenden Schulen in NRW zu erhalten, wurde als Voraussetzung für die Auswahl der Schulen festgelegt, dass die Schulen sich bereits mit dem Bildungskonzept auseinandergesetzt haben und es in gewisser Weise bereits umsetzen. Vor diesem Hintergrund erfolgte die Wahl der Schulen auf der Basis der aus der quantitativen Befragung der Schulleitungen gewonnenen Informationen (vgl. Kapitel 8.4). Da die Gymnasien die in PARS am stärksten vertretene Gruppe unter den erfassten Schulformen darstellt und infolgedessen von dieser Schulform die umfangreichsten Angaben von den Schulleitungen vorliegen (vgl. Kapitel 7.2.1.1), war bezüglich der Gymnasien eine Auswahl von Schulen, die sich mit dem Bildungsauftrag für nachhaltige Entwicklung auseinandergesetzt haben, am ehesten realisierbar. Zudem ermöglichte der große Anteil von Lehrkräften an Gymnasien in der quantitativen Befragung (vgl. ebenfalls Kapitel 7.2.1.1) die Verknüpfung der Ergebnisse der beiden Erhebungen. Und schließlich wurde davon ausgegangen, dass der Grad der Auseinandersetzung des Lehrpersonals mit diesem Bildungsauftrag auch mit der curricularen Verankerung von BNE in Verbindung steht. Auch dies spricht für die Eingrenzung auf Gymnasien, da – wie in Kapitel 4.4 herausgearbeitet wurde – bei dieser Schulform zum Erhebungszeitpunkt bereits eine curriculare Verankerung von BNE gegeben war.

Die Lehrkräfte wurden von den Schulleitungen der ausgewählten Schulen als Interviewpartner bestimmt. Dazu wurden sie gebeten, die Lehrkraft zu benennen, die im besonderen Maße bei der Umsetzung einer BNE innerhalb der Schule beteiligt ist, um damit ein Expertenwissen auch bei der Gruppe der Lehrkräfte zu gewährleisten. Alle für die leitfadengestützten Interviews ausgewählten Lehrkräften unterrichten Fächer, in denen BNE in den Lehrplänen für das Gymnasium verankert sind. Die Mehrheit der Lehrkräfte unterrichtet im Fach Erdkunde. Dort ist der damit verknüpfte Bildungsauftrag mit am stärksten verankert (vgl. ebenfalls Kapitel 4.4).

Die Kontaktaufnahme mit den Schulen fand – wie von Meuser und Nagel (1997) empfohlen – zunächst in schriftlicher Form (per E-Mailkontakt) über die Lehrkraft statt, die an der Schule für die Koordination von PARS zuständig war (vgl. Bos et al., 2014). Weitere Absprachen erfolgten telefonisch. Die Interviews fanden im Zeitraum von Mitte Februar bis Ende März 2011 an einem Tag in der Schule statt, an der die Lehrkraft und die Schulleitung beschäftigt sind. Insgesamt wurden acht Interviews durchgeführt: Jeweils eine Lehrkraft und die Schulleitung der vier ausgewählten Schulen wurden als Experten befragt, wobei bei einem Interview – auf Wunsch der Schule – zwei Personen aus der Schulleitung vertreten waren. Die Interviews wurden per Tonband aufgenommen und anschließend transkribiert (vgl. Kapitel 7.4.3).[22]

7.3 Auswertungsverfahren

Im weiteren Verlauf dieses Kapitels werden die für die Analysen vorgesehenen Methoden erläutert, die neben deskriptiv berichteten Befunden vertiefende Ergebnisse zur Beantwortung der aufgestellten Forschungsfragen liefern sollten. Zur Differenzierung der Lehrkräfte in verschiedene Typen anhand ihres Wissens, ihrer Einstellungen und ihrer Umsetzung von BNE in der Schulpraxis wurden Latent-Class-Analysen durchgeführt (Kapitel 7.3.1). Die Auswertung des qualitativen Datenmaterials erfolgte auf Grundlage der interpretativen Auswertungsstrategie für Experteninterviews von Meuser und Nagel (1991) (Kapitel 7.3.2). Ergänzend fanden weitere vertiefende Auswertungen der quantitativen Erhebung statt. Dazu wurde ein Strukturgleichungsmodell genutzt, um Zusammenhänge zwischen Merkmalen der Lehrkräfte und der Implementation des Bildungsauftrags für nachhaltige Entwicklung in der Schulpraxis aufzudecken (Kapitel 7.3.3). Zum Abschluss dieses Kapitels wird der Umgang mit fehlenden

---

22 An einer Schule war die Tonaufnahme der Interviews aufgrund von technischen Schwierigkeiten nicht möglich. Daher erfolgte in diesem Fall eine Mitschrift durch den Interviewer. Die beiden betroffenen Interviews konnten demzufolge in den Analysen nur eingeschränkt berücksichtigt werden.

Werten bei den Analysen der quantitativen Befragung thematisiert (Kapitel 7.3.4).

7.3.1 Latent-Class-Analysen

Die Latent-Class-Analyse (LCA) ist ein von Lazarsfeld und Henry (1968) entwickeltes probabilistisches Testverfahren, dem die Annahme zugrunde liegt, dass sich Unterschiede zwischen dem Antwortverhalten verschiedener Personen durch ein qualitatives latentes Konstrukt erklären lassen. Das heißt, es wird angenommen, dass es Personengruppen gibt, die ein sehr ähnliches Antwortmuster aufweisen und aufgrund dessen einer homogenen Gruppe zugeordnet werden können, die sich inhaltlich von den anderen Gruppen unterscheidet. Die Ausprägungen des unterstellten, nicht direkt messbaren Konstrukts stellen demnach die einzelnen Klassen (Gruppen) dar (vgl. Formann, 1984; Geiser, 2010). Damit ist es möglich eine Datenreduktion vorzunehmen, gleichsam aber die Vielfalt, die sich aus der Beantwortung der Items ergibt, mit zu berücksichtigen. „Das Ziel einer solchen Analyse besteht nicht darin, Personen Messwerte zuzuordnen, die ein *Mehr* oder *Weniger* einer bestimmten Eigenschaft ausdrücken, sondern Personen voneinander zu unterscheiden, die '*qualitativ anders*' sind" (Rost, 2004, S. 148, Hervorhebungen im Original). Dabei soll möglichst eine solche Klassifizierung gefunden werden, die die Daten am besten beschreibt (Rost, 2004).

Ziel der Berechnungen bei diesem Verfahren ist es herauszufinden, wie wahrscheinlich es ist, dass eine Person v aufgrund ihrer gegeben Antworten x einer bestimmten Klasse g zugeordnet werden kann. Diese Wahrscheinlichkeit wird als bedingte Klassenzugehörigkeitswahrscheinlichkeit bezeichnet $P(g|\underline{x})$. Die Anzahl der Klassen muss im Vorhinein festgelegt werden. $\underline{x}$ steht für das Antwortmuster, also den Vektor der gemessenen Werte für m Items einer Person v (Rost, 2004). Damit wird vorhergesagt, wie groß die Wahrscheinlichkeit einer Person aufgrund ihrer gegebenen Antworten x ist, zu den verschiedenen Klassen zu gehören (vgl. Gollwitzer, 2008). Die Zuordnung einer Person zu einer bestimmten Klasse g geschieht dann derart, dass eine Person in die Klasse eingeordnet wird, bei der für sie die höchste bedingte Wahrscheinlichkeit vorliegt. Darin unterscheidet sich die Latent-Class-Analyse von der Clusteranalyse: So wird anhand dieser wahrscheinlichkeitsbedingten Zuordnung bei der Latent-Class-Analyse ermöglicht, die Messfehler bereits im Modell mit abzubilden, denn die mittlere Klassenzugehörigkeitwahrscheinlichkeit kann als ein Indiz für die Messgenauigkeit des Modells angesehen werden (jede Klasse sollte dabei einen Wert von > 0.8 aufweisen) (Geiser, 2010; Rost, 2004). Dies ist bei der

Clusteranalyse nicht möglich, da die Personen manifest genau einer Klasse zu-geordnet werden (Rost, 2004).[23]

Für die bedingten Klassenzugehörigkeitswahrscheinlichkeiten ergibt sich aus dem Bayes-Theorem (vgl. Rost, 2004) folgende Gleichung:

$$P(g|\underline{x}) = \frac{\pi_g \cdot P(\underline{x}|g)}{P(\underline{x})} \qquad (7.3.1; 1)$$

Im Folgenden werden nun die einzelnen Variablen, die zur Lösung dieser Glei-chung nötig sind, sowie die dazugehörige Annahmen näher erläutert (vgl. Clark & Muthén, 2009; Formann, 1984; Gollwitzer, 2008; Rost, 2004). Die Modell-gleichung besagt, dass die Wahrscheinlichkeit einer Person, zu einer bestimmten Klasse zu gehören, berechnet wird aus dem Produkt der relativen Klassengröße π_g und der bedingten Antwortmusterwahrscheinlichkeit $P(\underline{x}|g)$. Das Ergebnis wird dividiert durch die unbedingte Wahrscheinlichkeit der Antwortmuster $P(\underline{x})$.

Es wird demnach zunächst die Größe der jeweiligen Klasse benötigt. Diese wird in Relation zur Gesamtstichprobe bestimmt, wobei die Bestimmung anhand einer Wahrscheinlichkeitsschätzung erfolgt. Dabei wird vorausgesetzt, dass jede Person der Stichprobe einer Klasse zugeordnet werden kann (das heißt die Klas-sen sind exhaustiv) und dass jede Person – anhand der höchsten Wahrschein-lichkeit zu einer Klasse zu gehören – letztendlich nur einer Klasse zugeordnet wird und die Klassen damit als disjunkt zu bezeichnen sind. Demzufolge ergibt die Summe aus den Größen aller Klassen den Wert 1:

$$\sum_{g=1}^{G} \pi_g = 1 \qquad (7.3.1; 2)$$

Des Weiteren wird bei der Latent-Class-Analyse angenommen, dass die Wahr-scheinlichkeit, auf eine Frage eine bestimmte Antwort zu geben, für alle Perso-nen derselben Klasse gleich ist. Die so genannte klassenspezifische Itemlösungs-wahrscheinlichkeit π_{ig} wird demnach als konstant bezeichnet: „Durch sie sind die Klassen charakterisiert, und zwar sowohl jede für sich als auch gegenüber anderen" (Formann, 1984, S. 10). Daher gilt beispielsweise für die Wahrschein-

---

23 Ein weiterer Unterschied zwischen diesen beiden Analyseverfahren besteht darin, dass die Latent-Class-Analyse nicht nur paarweise Zusammenhänge zwischen den manifesten Va-riablen zulässt, sondern darüber hinaus auch Zusammenhänge über sämtliche Antwort-muster berücksichtigt (Formann, 1984; Tarnai & Rost, 1991).

lichkeit eines dichotom ausgeprägten Items[24] für eine beliebige Person der Klasse g:

$$P(x_{vi} \mid g) = \pi_{ig}^{x_i} \cdot (1 - \pi_{ig})^{1-x_i} \qquad (7.3.1; 3)$$

In dieser Gleichung ist sowohl die Wahrscheinlichkeit enthalten, dass die Person die erste Antwortmöglichkeit ($x_i = 1$) ausgewählt hat, als auch, dass sie sich für die andere Antwortmöglichkeit ($x_i = 0$) entschieden hat. Im ersten Fall verkürzt sich die Gleichung, so dass π_{ig} bestehen bleibt; im letzteren verkürzt sie sich auf $(1 - \pi_{ig})$.

Für die bedingten Wahrscheinlichkeiten eines gesamten Antwortmusters werden die Lösungswahrscheinlichkeiten der Klasse g für die gegebenen Antworten der Person v auf die m Items miteinander multipliziert:

$$P(\underline{x} \mid g) = \prod_{i=1}^{m} P(x_{vi} \mid g) \qquad (7.3.1; 4)$$

Dabei wird angenommen, dass die Itemantworten innerhalb einer Klasse nicht untereinander zusammenhängen, sondern nur aufgrund des latenten Konstrukts, welches durch sie gemessen wird. Dies bezeichnet man als die Annahme der lokalen stochastischen Unabhängigkeit, „wobei 'lokal' heißt, dass die Unabhängigkeit an jedem Ort (locus) der latenten Variable gilt, nicht aber, wenn man Personen von verschiedenen loci, also mit verschiedenen Werten auf der latenten Variable, *mischt*" (Rost, 2004, S. 155, Hervorhebung im Original).

Die unbedingte Wahrscheinlichkeit für ein Antwortmuster berechnet sich nun aus der Summe des Produkts der relativen Klassengröße sowie der bedingten Antwortmusterwahrscheinlichkeit aller Klassen:

$$P(\underline{x}) = \sum_{g=1}^{G} \left[\pi_g \cdot P(\underline{x} \mid g) \right] \qquad (7.3.1; 5)$$

Damit lässt sich anhand der Informationen über die relativen Klassenlösungen sowie der klassenspezifischen Itemlösungswahrscheinlichkeiten, aus denen sich die bedingten und unbedingten Antwortmusterwahrscheinlichkeiten berechnen lassen, die Wahrscheinlichkeit der Klassenzugehörigkeit aller Personen bestimmen. Allerdings stellt sich weiterhin die Frage, wie die Schätzung der Klassen selbst, das heißt der relativen Klassengrößen π_g sowie der klassenspezifischen

---

24 Die Latent-Class-Analyse kann ebenfalls mit polytomen Items berechnet werden. Die Herausforderung liegt dabei weniger in der Parameterschätzung selbst, als vielmehr in der komplexeren inhaltlichen Interpretation (vgl. Formann, 1984).

Itemlösungswahrscheinlichkeiten π_{ig}, erfolgt. Hierfür muss – abhängig von der Komplexität des Modells – eine Vielzahl von Parametern geschätzt werden (vgl. Rost, 2004).

> [Denn außer] der Annahme über die Anzahl latenter Klassen fließen in die Anwendung dieses Testmodells keinerlei weitere Annahmen über die Höhe der Modellparameter ein. Das heißt, *welcher Art die latenten Klassen* sind, die man erwartet, wird im allgemeinen Fall nicht weiter spezifiziert. (Rost, 2004, S. 162, Hervorhebung im Original)

Hinzu kommt, dass vor der Schätzung der Parameter keine Datenaggregation stattfindet, sondern die gesamten Daten mit einfließen. Damit wird die Latent-Class-Analyse den *full-information methods* zugeordnet. Es müssen daher Klassengrößenparameter für G-1 Klassen sowie die klassenspezifischen Antwortwahrscheinlichkeiten aller Items für alle Klassen berechnet werden. Je mehr Klassen und Items in das Modell mit aufgenommen werden, desto höher ist demnach die Anzahl zu schätzender Parameter (vgl. Gollwitzer, 2008; Rost, 2004).

Die Schätzung der Modellparameter erfolgt anhand der Maximum-Likelihood-Methode. Dazu wird die Latent-Class-Analyse mittels eines iterativen Prozesses durchgeführt, bei dem – ausgehend von zuvor festgelegten Startwerten – die Parameter zunächst geschätzt werden und dann anhand eines Optimierungskriteriums (Likelihood) schrittweise solange adjustiert werden, bis die Wahrscheinlichkeit, anhand der Parameter die Daten zu repräsentieren, die tatsächlich beobachtet wurden, maximal wird (Formann, 1984; Gollwitzer, 2008). Die Likelihood ist dabei das Produkt aus den unbedingten Antwortmusterwahrscheinlichkeiten für alle Antwortmuster, die in den Daten vorhanden sind:

$$L = \prod_{\underline{x}} P(\underline{x})^{n(\underline{x})} \qquad (7.3.1; 6)$$

Bei der Schätzung werden in die Formel solange Werte für die relativen Klassengrößen und klassenspezifischen Itemschwierigkeiten eingesetzt, bis das Optimierungskriterium sein Maximum erreicht bzw. sich eine Veränderung nur noch bei unbedeutenden Adjustierungen der Parameter zeigt (Gollwitzer, 2008). „Je höher die Antwortmusterwahrscheinlichkeiten (d.h. je größer die Likelihood), desto zutreffender sind die Modellparameter" (Gollwitzer, 2008, S. 289). Anhand der geschätzten Itemschwierigkeiten ließen sich bereits die Klassen charakterisieren. Da jedoch die sich daraus berechnenden Wahrscheinlichkeitsparameter anschaulicher darzustellen sind, werden sie zur Beschreibung der Klassenprofile in Kapitel 8.3 herangezogen (vgl. dazu Gollwitzer, 2008).

Mit Hilfe der Maximum-Likelihood lässt sich allerdings nicht direkt bemessen, wie gut das Modell zu den Daten passt, da weder die Anzahl der zu schätzenden Parameter noch die Stichprobengröße mit berücksichtigt werden. Denn je mehr Klassen gewählt werden, desto höher ist die Wahrscheinlichkeit, dass die Antwortmuster der Personen gut zu einer Klasse passen (im extremsten Fall wäre die Anzahl der Klassen gleich der Anzahl der im Datensatz vorhandenen Antwortmuster). Gleichzeitig würde mit Zunahme der Klassen die Anzahl der zu schätzenden Parameter immens steigen (Geiser, 2010). Burnham und Anderson (2004) fassen die Problematik wie folgt zusammen:

> Inference under models with too few parameters (variables) can be biased, while with models having too many parameters (variables), there may be poor precision or identification of effects that are, in fact, spurious. (S. 265)

Bevorzugt wird daher ein möglichst sparsames Modell, das heißt ein solches Modell, das mit so wenigen Klassen wie nötig auskommt und gleichzeitig am besten zu den Daten passt. Um diese als ‚Parsimonitätsprinzip' bezeichnete Bedingung bei der Auswahl des Modells mit zu berücksichtigen, werden Informationskriterien zur Messung der Güte verwendet (Geiser, 2010; Gollwitzer, 2008). Diese beziehen sich ebenfalls auf die Likelihood (in diesem Fall in logarithmierter Form), berücksichtigen aber ebenfalls die Anzahl der zu schätzenden Parameter t. Bei gleicher Likelihood zweier Modelle, die sich aufgrund ihrer Klassenanzahl unterscheiden, wird demnach jenes bevorzugt, dass eine geringere Parameteranzahl aufweist. So ist das *Akaike Information Criterion* (AIC) (Akaike, 1987) wie folgt definiert:

$$AIC = -2 \cdot \log(L) + 2 \cdot t \qquad (7.3.1; 7)$$

Damit verändert sich der AIC-Wert nicht parallel zur Likelihood: „Er wird vielmehr immer dann kleiner, wenn der Anstieg der Likelihood größer ist als die zusätzliche Anzahl an Parametern. Steigt die Likelihood im Vergleich zur aufgewendeten Parameterzahl unverhältnismäßig langsam, so wird der AIC-Index wiederum größer" (Tarnai & Rost, 1991, S. 77). Bei diesem Kriterium wird die Anzahl der Parameter mit der Likelihood gleich gewichtet. Dies kann dazu führen, dass Modelle mit einer größeren Anzahl von zu schätzenden Parametern zwangsläufig höhere Modellgütewerte erhalten. Eine größere Anzahl von zu schätzenden Parametern ist dann gegeben, wenn viele Fälle im Datensatz vorhanden sind, eine große Anzahl von Items und Antwortkategorien in das Modell

mit aufgenommen werden und bzw. oder eine große Anzahl von Klassen geschätzt werden soll (Nylund, Asparouhov & Muthén, 2007). Um dem zu entgehen, empfiehlt Rost (2004) das *Bayesian Information Criterion* (BIC) (Schwarz,
1978). Dieses nimmt die Gewichtung der Anzahl der Modellparameter anhand
des Logarithmus der Stichprobengröße vor:

$$BIC = -2 \cdot \log(L) + \log(n) \cdot t \qquad (7.3.1; 8)$$

Der BIC-Index wird als besonders geeignet für große Stichproben angesehen.
Ferner wurde auch für den AIC eine Berücksichtigung der Stichprobe vorgenommen: Bei dem so genannten *consistent* AIC (CAIC) wird jedoch eine noch
stärkere Bestrafung vorgenommen, so dass der Index auch bei großen Stichproben konsistent bleibt (Yang, 2006):

$$CAIC = -2 \cdot \log(L) + \log(n) \cdot t + t \qquad (7.3.1; 10)$$

Für Modelle mit kleineren Stichprobengrößen und bzw. oder einer Vielzahl von
zu schätzenden Parametern wurde eine Modifizierung des BIC-Index vorgenommen. So wird bei dem *sample size adjusted* BIC (aBIC) (Scolve, 1987) die
Gleichung anhand der folgenden Ergänzung um die Stichprobengröße bereinigt:

$$aBIC = -2 \cdot \log(L) + \log(\frac{(n+2)}{24}) \cdot t \qquad (7.3.1; 9)$$

Nylund et al. (2007) stellen heraus, dass es keinen Konsens zu der Frage gibt,
welches dieser Kriterien zur Bestimmung der Modellgüte genutzt werden sollte.
Anhand einer Monte-Carlo-Simulation mit verschiedenen Modellen, die sich
aufgrund ihrer Stichprobengröße (n = 200, 500 bzw. 1000), ihrer Komplexität,
der Anzahl der eingesetzten Items (8, 10 bzw. 15) sowie zwischen gleichen und
ungleichen Klassengrößen unterscheiden, verglichen die Autoren die vier Kriterien miteinander. Alle Kriterien zeigten dabei einen Vorteil gegenüber dem AIC,
da die Stichprobengröße berücksichtigt wurde. Der CAIC stellte sich besonders
bei kategorialen Daten und mittleren (n = 500) bis kleineren (n = 200) Stichproben als ungeeignet heraus. Das BIC und aBIC erwiesen sich dagegen als am besten geeignet, wobei der BIC-Index insgesamt am besten abschnitt, das aBIC allerdings zu besseren Ergebnissen bei Modellen mit kategorialen Variablen und
ungleich großen Klassen führte. Auch Yang (2006) konnte anhand einer Simu-
lationsstudie aufzeigen, dass der aBIC-Index verglichen mit anderen Kriterien
überlegen ist.

Neben den Informationskriterien gibt es weitere statistische Gütekriterien, die bei Latent-Class-Analysen zum Einsatz kommen. Dazu zählen die Pearsons-χ^2-Statistik, der LMR-Test (Lo, Mendell & Rubin, 2001) und der Bootstrap-Likelihood-Ratio-Differenztest (vgl. Geiser, 2010). Auch diese wurden anhand der bereits beschriebenen Monte-Carlo-Simulation von Nylund et al. (2007) verglichen. Da sich hierbei der Bootstrap-Likelihood-Ratio-Differenztest als bestes Gütekriterium herausgestellt hat, wird er im Folgenden beschrieben: Bei dem Bootstrap-Likelihood-Ratio-Differenztest werden nicht die einzelnen Modelle miteinander verglichen, sondern ein Modell mit G Klassen mit einem G-1-Klassenmodell. Hierzu wird die Differenz der Likelihood-Ratio-Testwerte beider Modelle berechnet. Durch einen iterativen Prozess wird dabei mithilfe von Monte-Carlo-Bootstrap-Stichproben „der approximativ korrekte p-Wert für den Likelihood-Ratio-Differenzenwert" (Geiser, 2010, S. 265) geschätzt. Erweist sich der Test als signifikant, so bedeutet dies, dass das geschätzte Modell besser zu den Daten passt als das sparsamere Modell mit einer Klasse weniger (vgl. auch Langeheine, Pannekoek & van de Pol, 1996).

Neben diesen statistischen Gütekriterien darf nicht außer Acht gelassen werden, dass die Interpretierbarkeit der Klassen gegeben sein muss und damit die inhaltliche Begründung für die Auswahl der Klassen mindestens gleichbedeutend zu den statistischen Kriterien angesehen wird. Eine gute Interpretation ist dann gewährleistet, wenn sich die Klassen auch inhaltlich klar voneinander abgrenzen lassen (Geiser, 2010).

Die Latent-Class-Analysen in der vorliegenden Studie wurden mit dem Programm Mplus 5.1 (Muthén & Muthén, 2010) durchgeführt. Als statistische Gütekriterien wurden aufgrund der Ergebnisse von Nylund et al. (Nylund et al., 2007) der Bootstrap-Likelihood-Ratio-Differenztest und der *sample size adjusted* BIC-Index verwendet. Um die Modellgüte zu optimieren, wurde auf die Möglichkeit zurückgegriffen, Variablen zu eliminieren, zu ergänzen sowie gegebenenfalls Kategorien einzelner Variablen zu aggregieren (vgl. dazu Formann, 1984).

7.3.2 Verfahren zur Auswertung der Experteninterviews

Für die Auswertung von Experteninterviews schlagen Meuser und Nagel (1991) eine interpretative Auswertungsstrategie vor, die auch in dieser Studie Anwendung findet. Relevante Textelemente der Interviews werden dazu im Kontext der untersuchten Forschungsfrage analysiert. Damit wird eine Vergleichbarkeit der Interviews ermöglicht, die im Rahmen eines offen gehaltenen Interviews andernfalls nicht gegeben wäre:

> Anders als bei der einzelfallinteressierten Interpretation orientiert sich die Aus-
> wertung von ExpertInneninterviews an thematischen Einheiten, an inhaltlich zu-
> sammengehörigen, über die Texte verstreuten Passagen – nicht an der Sequenzial-
> tität von Äußerungen je Interview. (Meuser & Nagel, 1991, S. 453)

Eine erste Herausforderung bei der Analyse von Experteninterviews ist die Rekonstruktion des Expertenwissens selbst, da es sich bei Expertenwissen häufig um implizites Wissen handelt und bei der Auswertung zudem prozessanalytisch vorzugehen ist (vgl. Meuser & Nagel, 2009b). Eine weitere Aufgabe besteht darin eine Vergleichbarkeit zwischen den verschiedenen Interviews herzustellen, um damit das über alle Interviews hinweg Gemeinsame, aber auch die Unterschiede herausarbeiten zu können (Meuser & Nagel, 1991).

Um diesen Herausforderungen zu begegnen, umfasst die Auswertungsmethodik von Meuser und Nagel (1991; 2009b) die folgenden sechs Schritte: die Transkription, die Paraphrase, die Kodierung, den thematischen Vergleich, die (soziologische) Konzeptualisierung und die theoretische Generalisierung. Als Voraussetzung für die Auswertung des – in der Regel akustisch aufgezeichneten – Interviews gilt die Transkription desselben. Da linguistische Aspekte bei der Auswertung keine Berücksichtigung finden, wird darauf auch bei der Transkription kein gesonderter Wert gelegt. Zudem wird häufig nicht das komplette Interview transkribiert. Die Entscheidung über die Menge und die Passagen, die verschriftlicht werden, hängt von dem Verlauf des Interviews ab. Denn nur die Stellen, in denen relevante Informationen bezüglich der Fragestellung enthalten sind, werden für die Auswertung benötigt. Bei Interviews, bei denen sehr themenrelevant geantwortet wurde, kann jedoch auch eine Transkription des gesamten Interviews sinnvoll sein. Werden Teile des Interviews nicht transkribiert, so sollten diese Passagen in paraphrasierter Form mit aufgenommen werden, so dass leichter darauf zurückgegriffen werden kann, sollten sie sich während der Auswertung doch als relevant herausstellen (Meuser & Nagel, 1991).

Nach der Transkription erfolgt die textnahe Paraphrasierung der transkribierten Interviewpassagen, die auf den Inhalt des Gesagten gerichtet ist. Dabei wird die Chronologie des Interviewverlaufs beibehalten. Meuser und Nagel (1991) betonen in diesem Zusammenhang, dass die Herausforderung an dieser Stelle in der Reduktion von Komplexität liegt. Es muss zudem darauf geachtet werden, in diesem Schritt noch nicht interpretativ bzw. klassifizierend vorzugehen.

Eine Zusammenfassung von Textelementen geschieht in einem nächsten Schritt anhand der Kodierung, indem den Textpassagen eines Interviews Überschriften zugeordnet werden. Auch dabei ist textnah vorzugehen. Es besteht sogar die Möglichkeit, charakteristische Aussagen als Überschriften aufzunehmen. Zudem kann eine Textpassage auch mehreren Überschriften zugeordnet werden. Liebold und Trinczek (2009) sprechen daher von einer ,(quer-) dimensionalen Analyse'. Da in Experteninterviews nicht der Einzelfall betrachtet wird, ist in diesem Schritt auch die Aufhebung der Chronologie des Interviewverlaufs notwendig, um inhaltlich ähnliche Aussagen zusammenzustellen. Die Schwierigkeit besteht darin, eine einheitliche Überschrift für Textpassagen mit der gleichen bzw. mit ähnlicher Thematik zu finden: „hier muß eine *begründete* Wahl für die eine oder andere Version getroffen werden, und mit der erfolgten Entscheidung verbunden ist eine Selektion der vorhandenen Formulierungen" (Meuser & Nagel, 1991, S. 459, Hervorhebung im Original).

Nachdem die Interviews bis zu diesem Punkt überwiegend auf Einzelebene ausgewertet wurden, findet im nächsten Schritt ein thematischer Vergleich der verschiedenen Interviews in Bezug auf Gemeinsamkeiten, Unterschiede und Widersprüche statt. Auf Grundlage der bisherigen Analysen werden nun gleiche bzw. ähnliche Themen aus den verschiedenen Interviews zusammengestellt und die Überschriften vereinheitlicht.

> Da beim thematischen Vergleich eine Fülle von Daten verdichtet wird, ist eine Überprüfung und gegebenenfalls eine Revision der vorgenommenen Zuordnungen unbedingt notwendig. Die Resultate des thematischen Vergleichs sind kontinuierlich an den Passagen der Interviews zu prüfen, auf Triftigkeit, auf Vollständigkeit und Validität. (Meuser & Nagel, 1991, S. 461)

In den letzten beiden Schritten findet eine Ablösung von den eigentlichen Interviews statt: Für die Gemeinsamkeiten und Unterschiede werden Kategorien gebildet und diese auf eine wissenschaftliche Ebene gebracht, um relevante Aspekte und Typisierungen herauszustellen und Verallgemeinerungen und Deutungsmuster auszuarbeiten.

> Die Abstraktionsebene ist die der empirischen Generalisierung. Es werden Aussagen über Strukturen des Expertenwissens getroffen. Die Anschlussmöglichkeit an theoretische Diskussionen ist gegeben, die Verallgemeinerung bleibt aber auf das vorliegende Material beschränkt, auch wenn sie in einer Begrifflichkeit geschieht, die in diesem selbst nicht zu finden ist. (Meuser & Nagel, 2009a, S. 477)

Die Ergebnisse werden am Ende der Auswertung mit den vor den Analysen angenommenen Theorien und Konzepten verglichen, so dass eine Falsifizierung bzw. Annahme der Theorien und Konzepte stattfinden kann (Meuser & Nagel, 1991).

7.3.3 Strukturgleichungsmodelle

Für weitere vertiefende Analysen zur Akzeptanz und Teilhabe von Lehrkräften an der Implementation von BNE werden Strukturgleichungsmodelle genutzt, da sie die Möglichkeit bieten, theoretisch hergeleitete Zusammenhänge zwischen latenten Variablen empirisch zu prüfen. Strukturgleichungsmodelle stellen eine Verbindung von konfirmatorischen Faktorenanalysen und Pfadmodellen dar, die sich durch eine Verknüpfung mehrerer Regressionsanalysen auszeichnen. D.h. es wird auf der Basis von empirisch erfassten manifesten Variablen das Verhältnis von latenten Variablen untersucht (Reinecke & Pöge, 2010). Strukturgleichungsmodelle haben den Vorteil, dass mehrere Hypothesen simultan geprüft werden können, und zwar unter expliziter Berücksichtung von Messfehlern (Reinecke, 2005). Damit lassen sich nach Geiser (2010) „die Zusammenhänge in Strukturgleichungsmodellen korrekter schätzen als beispielsweise in Korrelations-, Regressions- oder Pfadanalysen, die ausschließlich auf der Betrachtung beobachteter (fehlerbehafteter) Variablen beruhen" (S. 42). Im Folgenden wird dieses Verfahren mit Rekurs auf die Ausführungen von Reinecke (2005), Reinecke und Pöge (2010), Tabachnick und Fidell (2007) sowie Geiser (2010) näher dargelegt. Die Strukturgleichungsmodelle der vorliegenden Studie wurden dann ebenfalls mit Hilfe des Programms Mplus 5.1 (Muthén & Muthén, 2010) berechnet.

In einem ersten Schritt wird bei der Strukturgleichungsanalyse ein Modell über die Annahme vorhandener Beziehungsstrukturen theoretisch hergeleitet und spezifiziert. Dies wird zumeist anhand eines Pfaddiagramms aufgezeigt, wie Abbildung 7.02 für ein Strukturgleichungsmodell exemplarisch darstellt. Zu erkennen sind in dieser Abbildung die angenommenen Beziehungen zwischen drei latenten Variablen, wobei Variable ξ_1 als exogen (das heißt ausschließlich unabhängig) und die Variablen η_1 und η_2 als endogene Variablen, also als solche, deren Wert von anderen Variablen abhängt, bezeichnet werden. Variable η_1 stellt zudem eine Besonderheit dar, da sie als Mediatorvariable sowohl unabhängig als auch abhängig ist.

Abbildung 7.02: Beispiel eines Strukturgleichungsmodells mit einer latenten endoge-
                 nen und zwei latenten exogenen Variablen

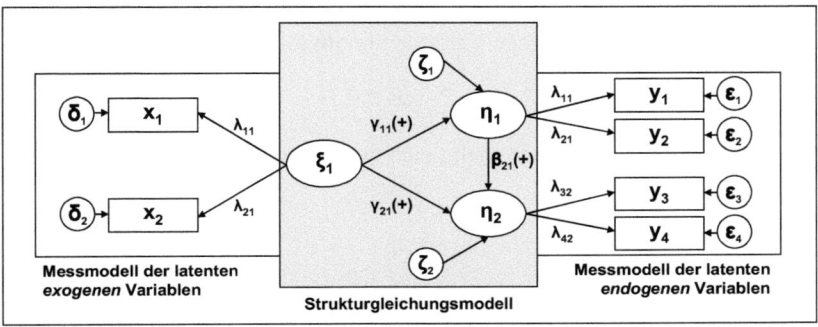

Quelle: Weiber & Mühlhaus, 2010, Abbildung 20

Die theoretischen Annahmen werden dann in einem weiteren Schritt in ein line-
ares Gleichungssystem überführt. Dabei wird zwischen einem Struktur- und einem Messmodell unterschieden (vgl. Abbildung 7.02). Das Strukturmodell stellt
die latente (messfehlerbereinigte) Ebene dar, in der die Beziehungen der latenten
Variablen zueinander betrachtet werden. Im Unterschied zur Faktorenanalyse
werden bei den Strukturgleichungsmodellen theoriegeleitet gerichtete Zusammenhänge zwischen unabhängigen und abhängigen Variablen angenommen.
Folgende Modellgleichung wird dazu formuliert:

$$\eta = B\eta + \Gamma\xi + \zeta \qquad (7.3.3; 1)$$

Der Parameter η bezeichnet dabei den Vektor der m endogenen latenten Variablen und ξ entsprechend den Vektor der n exogenen Variablen. Als Matrizen der
Pfadkoeffizienten werden B und Γ definiert, wobei die Pfadkoeffizienten die
Stärke der Beziehungen zwischen den latenten Variablen angeben. B steht für
die Koeffizientenmatrix der endogenen Variablen (m x m) und Γ für die der
exogenen Variablen (m x n). Die Matrix über alle Varianzen und Kovarianzen
der unabhängigen Variablen ξ wird durch Φ dargestellt. Die Residualvariablen
des Modells werden durch den Vektor ζ abgebildet. Die Varianzen der Messfehler σ_ζ werden anhand der Matrix Ψ spezifiziert.

Für das beispielhafte Strukturmodell aus Abbildung 7.02 sieht die Übertra-
gung wie folgt aus:

$$\begin{bmatrix} \eta_1 \\ \eta_2 \end{bmatrix} = \begin{bmatrix} 0 & 0 \\ \beta_{21} & 0 \end{bmatrix}\begin{bmatrix} \eta_1 \\ \eta_2 \end{bmatrix} + \begin{bmatrix} \gamma_{11} \\ \gamma_{21} \end{bmatrix}\xi_1 + \begin{bmatrix} \zeta_1 \\ \zeta_2 \end{bmatrix} \qquad (7.3.3; 2)$$

Die im Strukturmodell enthaltenen Variablen werden anhand von Indikatoren operationalisiert. Dargestellt wird dies anhand von Messmodellen (vgl. Abbildung 7.02), wobei wiederum zwischen den exogenen und endogenen Variablen unterschieden wird. Für exogene Variablen ergibt sich folgende Gleichung:

$$x = \Lambda_x \xi + \delta \qquad (7.3.3; 3)$$

Entsprechend ist die Strukturmodellgleichung für die endogenen Variablen aufgestellt:

$$y = \Lambda_y \eta + \varepsilon \qquad (7.3.3; 4)$$

x und y stellen die manifesten Variablen dar, die als Indikatoren der latenten Variablen dienen. Λ steht wiederum für die Matrix der Koeffizienten. Diese Matrizen beinhalten demnach die Strukturkoeffizienten (Faktorladungen) der einzelnen manifesten Variablen. δ und ε umfassen als Vektoren die Messfehler von x und y. Ihre Varianzen werden anhand der Matrizen Θ_δ und Θ_ε abgebildet. Ausdifferenziert für die endogenen Variablen aus Abbildung 7.02 zeigt sich folgende Gleichung:

$$\begin{bmatrix} y_1 \\ y_2 \\ y_3 \\ y_4 \end{bmatrix} = \begin{bmatrix} \lambda_{11} & 0 \\ \lambda_{21} & 0 \\ 0 & \lambda_{32} \\ 0 & \lambda_{42} \end{bmatrix} \cdot \begin{bmatrix} \eta_1 \\ \eta_2 \end{bmatrix} + \begin{bmatrix} \varepsilon_1 \\ \varepsilon_2 \\ \varepsilon_3 \\ \varepsilon_4 \end{bmatrix} \qquad (7.3.3; 5)$$

Die Schätzung der Parameter in den Strukturgleichungsmodellen erfolgt mittels Maximum-Likelihood(ML)-Diskrepanzfunktion. Dabei ist jedoch zu berücksichtigen, dass ein Modell identifiziert sein muss, damit alle Parameter geschätzt werden können. Das bedeutet, dass die Anzahl der bekannten Parameter mindestens so groß sein muss wie die der unbekannten Parameter t. Berechnen lässt sich dies anhand der t-Regel:

$$t \le \frac{1}{2}(x + y)(x + y + 1) \qquad (7.3.3; 6)$$

Um eine Identifizierbarkeit zu erreichen, werden theoriegeleitet Parameter fixiert oder mit anderen gleichgesetzt. So muss in dem Messmodell entweder die Varianz der latenten Variable oder die Faktorladung einer manifesten Variable auf 1 fixiert werden. Weitere Fixierungen ermöglichen zudem das Modell so einfach wie möglich zu halten.

Als empirische Datengrundlage dienen die Varianz- und Kovarianzmatrizen der gemessenen Variablen, die mit den Kovarianzmatrizen, die sich aus den geschätzten Modellparametern ergeben, verglichen werden: „Je besser die Werte der empirischen Kovarianzmatrix mit der geschätzten Kovarianzmatrix übereinstimmen, desto besser paßt das Strukturgleichungsmodell zu den Daten" (Reinecke, 2005, S. 10).

Zur Beurteilung der Güte eines Modells werden in der vorliegenden Studie der Comparative-Fit-Index (CFI), der Tucker-Lewis-Index (TLI) sowie der Root Mean Square Error of Approximination (RMSEA) verwendet. CFI und TLI geben an, ob durch das Modell gegenüber dem Basismodell[25] eine wesentliche Verbesserung angenommen werden kann, was durch Werte nahe 1 ausgedrückt wird. Das Gütemaß „RMSEA zeigt die Diskrepanz zwischen Populationskovarianzmatrix und der am besten angepassten Matrix zur Populationskovarianzmatrix an und testet die null hypothesis of close fit: H0 = RMSEA $\leq$ 0,05" (Reinecke & Pöge, 2010, S. 784). Werte von .05 oder kleiner sprechen demnach für eine geringe Abweichung zwischen der geschätzten und empirischen Kovarianzmatrix.

Die Ergebnisse der Strukturgleichungsmodelle in dieser Studie werden anhand von Pfaddiagrammen dargestellt, die die standardisierten Pfad- und Strukturkoeffizienten abbilden. Des Weiteren wird auch über die Ergebnisse der indirekten Pfade berichtet, welche sich jeweils aus dem Produkt der beiden direkten Pfade ergeben. Da dadurch häufig die Annahme der Normalverteilung verletzt ist, wird für die Signifikanzprüfung die von MacKinnon, Lockwood und Williams (2004) empfohlene *bias-corrected Bootstrap-Methode* verwendet. Anhand der Schätzung von 10.000 Bootstrap-Stichproben wird ein Konfidenzintervall ermittelt, anhand dessen die Ergebnisse auf ihre Signifikanz geprüft werden können (vgl. auch Geiser, 2010). Zudem wird bei der Darstellung der Ergebnisse die erklärte Varianz (R^2) mit aufgeführt.

7.4.4 Umgang mit fehlenden Werten

In quantitativen Erhebungen lässt sich kaum vermeiden, dass der Datensatz fehlende Werte enthält. Diese sollten bei Analysen nicht unberücksichtigt bleiben, um eine verzerrte Parameterschätzung zu vermeiden. Für die zuvor beschriebenen Verfahren der Latent-Class-Analyse und Strukturgleichungsmodelle werden

---

25 Beim Basismodell werden keine Kovarianzen und damit keine Zusammenhänge zwischen den Variablen angenommen.

in den Analysen der vorliegenden Studie das *Full Information Maximum Likelihood* (FIML)-Verfahren verwendet, um den fehlenden Werten zu begegnen. Der Vorteil dieser Methode besteht darin, dass die Behandlung der fehlenden Werte im Zusammenhang mit den Analysen und nicht im vorausgegangen Schritt geschieht. Das bedeutet, dass auch Personen, bei denen nicht für jedes Item eine Antwort vorliegt, mit in die Analyse aufgenommen werden (Lüdtke, Robitzsch, Trautwein & Köller, 2007). Dies geschieht mit Hilfe des *Maximum Likelihood*-Verfahrens:

> Bei der konkreten Schätzung der Modellparameter wird dann für jeden einzelnen Fall – nur unter Berücksichtigung der jeweils beobachteten Werte – die Likelihood berechnet. Die Likelihood des gesamten Modells ergibt sich, indem das Produkt über die Ausprägungen der Likelihood der einzelnen Fälle gebildet wird. (Lüdtke et al., 2007, S. 112)

Demzufolge wird keine Imputation der fehlenden Werte vorgenommen, sondern anhand der vorhandenen Daten werden die Parameter so geschätzt, dass sie am wahrscheinlichsten werden. Die Modellgleichung für die Berechnung der Likelihood wird wie folgt definiert:

$$\log L_i = K_i - \frac{1}{2}\log\left|\Sigma_i\right| - \frac{1}{2}(x_i - \mu_i)'\sum_i^{-1}(x_i - \mu_i) \qquad (7.3.4;\ 1)$$

x stellt den Vektor der vollständigen Daten des Falls i da. μ bezeichnet den Vektor der Mittelwertschätzungen der Variablen des Falls i und K ist eine Kostante, die von der Anzahl der vollständigen Datenpunkte des Falls i abhängt (Enders, Dietz, Montague & Dixon, 2006). Für die Likelihood des gesamten Modells ergibt sich:

$$\log L(\mu, \Sigma) = \sum_{i=1}^{N} \log L_i \qquad (7.3.4;\ 2)$$

Die Berechnung geschieht unter der Annahme, dass die fehlenden Werte dem Typ *Missing at Random* (MAR) (vgl. Rubin, 1976) zugeordnet werden können, der besagt, dass die Ausfälle nicht von der jeweiligen Variable selbst, sondern von anderen (erhobenen) Variablen abhängen. Als weitere Annahme kommt hinzu, dass zur Anwendung dieses Verfahrens eine multivariate Normalverteilung vorausgesetzt wird. Enders (2001) konnte aber anhand von Simulationsstudien aufzeigen, dass selbst bei Verletzung dieser Annahmen die Analysen zu besseren Ergebnissen führen als bei der Anwendung klassischer Verfahren (*listewise deletion*, *pairwise deletion* und *mean imputation*). Daher empfehlen

Lüdtke et al. (2007) dieses Verfahren zum Umgang mit fehlenden Werten gerade im Hinblick auf Analysen mit Strukturgleichungsmodellen.

Im Vergleich zur Methode der multiplen Imputation (MI) zeigen Collins, Schafer, und Kam (2001) auf, dass sich die beiden Verfahren theoretisch und konzeptionell sehr ähneln. Da sie auch – trotz unterschiedlicher Operationalisierung – zu fast denselben Ergebnissen führen, besteht nach Collins et al. (2001) kein Grund, eines der beiden Verfahren grundsätzlich zu bevorzugen. Ein Unterschied besteht allerdings in der Hinsicht, dass beim FIML-Ansatz Hilfsvariablen nicht oder nur im begrenzten Rahmen (vgl. Graham, 2003) eingesetzt werden können. Das Imputationsmodell entspricht demnach dem Analysemodell (Lüdtke et al., 2007).

> In the end, choosing between FIML and MI is probably a matter of personal preference and convenience. Empirical research and statistical theory suggest that both approaches offer a substantial improvement over the traditional missing data techniques that are still ubiquitous in the education literature. (Enders et al., 2006, S. 124 f.)

In das Programm Mplus 5.1 ist das FIML-Verfahren integriert (vgl. Muthén & Muthén, 2010). Daher wird in den Latent-Class-Analysen und bei der Berechnung des Strukturgleichungsmodells der vorliegenden Studie dieses Verfahren zum Umgang mit fehlenden Werten genutzt. Die Ergebnisse dieser Analysen sowie weitere deskriptive und qualitative Befunde werden im folgenden Kapitel vorgestellt.

8 Ergebnisse

Dieses Kapitel stellt die Analysen und Ergebnisse der vorliegenden Untersuchungen zur Implementation von BNE an weiterführenden Schulen in Nordrhein-Westfalen außerhalb von Modellversuchen dar. Ziel ist es, die in Kapitel 6 aufgestellten Forschungsfragen, welche auf Grundlage des theoretischen Hintergrundes und anhand der Sichtung des Entwicklungsverlaufs und bisheriger Maßnahmen bezüglich dieses Bildungsauftrags sowie des empirischen Forschungsstands erarbeitet wurden (vgl. Kapitel 2-5), zu beantworten und damit einen Beitrag zur Schließung von Forschungslücken im Bereich der Innovations- und Surveyforschung zu BNE zu leisten (vgl. Kapitel 5.2 und 5.4). Als Datengrundlage dienen dazu die in Kapitel 7.2 vorgestellten quantitativen und qualitativen Befragungen von Lehrkräften und Schulleitungen.

In einem ersten Schritt wird als Voraussetzung einer Implementation von BNE der Bekanntheitsgrad dieses Bildungsauftrags unter dem Schulpersonal weiterführender Schulen in Nordrhein-Westfalen anhand deskriptiver Ergebnisse der quantitativen Befragung vorgestellt (Kapitel 8.1). In Kapitel 8.2 werden Befunde weiterer deskriptiver Analysen der quantitativen Lehrerbefragung zur Integration von nachhaltigkeitsbezogenen Themen in Schule und Unterricht erörtert. Einen Schwerpunkt der Analysen stellen die Latent-Class-Analysen (vgl. Kapitel 7.3.1) dar, mittels derer Unterschiede auf Seiten der Lehrkräfte zwischen dem Wissen und den Einstellungen zur BNE sowie der Umsetzung dieses Bildungsauftrags aufgezeigt werden (Kapitel 8.3). Die in diesem Zusammenhang vorgenommene Gruppierung der Lehrkräfte in verschiedene Typen zeigt, welche Lehrkräfte bereits für die Implementation dieses Bildungsauftrags gewonnen werden konnten und liefert Hinweise darauf, in welchen Bereichen anzusetzen wäre, um eine stärkere Mobilisierung möglichst vieler Lehrkräfte zur Umsetzung von BNE zu erreichen. Die in Kapitel 8.4 vorgestellten deskriptiven Ergebnisse zu den Einstellungen der beteiligten Schulleitungen zu diesem Bildungsauftrag ermöglichen weitere Erkenntnisse über den Stand der Implementation und wurden für die Auswahl der Interviewpartnerinnen und -partner für die qualitative Erhebung genutzt (vgl. Kapitel 7.2.2.3). Die qualitative Erhebung wird wiederum als Datengrundlage für Kapitel 8.5 und 8.6 genutzt, dem zweiten

Schwerpunkt der Analysen der vorliegenden Studie (vgl. Kapitel 7.3.2). In Kapitel 8.5 werden die Befunde der Experteninterviews mit Schulleitungen und Lehrkräften ausgewählter Schulen vorgestellt und herangezogen, um vertiefende Erkenntnisse zu den Möglichkeiten der Implementation des Bildungsauftrags für nachhaltige Entwicklung an weiterführenden Schulen in Nordrhein-Westfalen außerhalb von Modellversuchen zu erhalten. Identifiziert werden mit Hilfe von Analysen der qualitativen Interviews förderliche und hemmende Bedingungen bei der Umsetzung außerhalb von Modellversuchen. Diese werden um Ergebnisse der Onlinebefragung der Lehrkräfte ergänzt. In einem die empirischen Analysen abschließenden Schritt werden als dritter Schwerpunkt dieser Studie Strukturgleichungsmodelle genutzt (vgl. Kapitel 7.3.3), um anhand der quantitativen Daten Zusammenhänge von Merkmalen des Lehrerkollegiums und der Schulleitung zur Implementation von BNE zu analysieren (Kapitel 8.7). So können – neben den qualitativen Ergebnissen – weitere Befunde zu den Bedingungen der Implementation ermittelt werden.

8.1 Bekanntheitsgrad von BNE

Die Untersuchung der Frage, auf welche Art und Weise eine Innovation in Schulen implementiert wird, impliziert, dass die Innovation den Akteuren bekannt ist. Wie in Kapitel 4 aufgezeigt, wurden auf internationaler und nationaler Ebene Bemühungen unternommen, den Bildungsauftrag für nachhaltige Entwicklung zu verbreiten. Jedoch zeigen bisherige Forschungsergebnisse, dass die Umsetzung oft bereits an der Hürde des mangelnden Bereitschaftsgrades scheitert (vgl. Kapitel 5.2 und 5.4). Daher wird im Folgenden das Wissen von Lehrkräften und Schulleitungen in den beteiligten Schulen aus Nordrhein-Westfalen über BNE betrachtet.

8.1.1 Bekanntheitsgrad unter den Lehrkräften

Wie Tabelle 8.01 zeigt, haben fast alle der befragten Lehrkräfte (95.7 %) der an dieser Studie teilnehmenden weiterführenden Schulen aus Nordrhein-Westfalen von dem Begriff ‚nachhaltige Entwicklung' bereits gehört. Knapp die Hälfte dieser Personen (47.6 %) gibt darüber hinaus an, spontan Ziele/Inhalte des Konzepts nennen zu können.

Tabelle 8.01: Kenntnis der Lehrkräfte von weiterführenden Schulen in NRW über den
Bildungsauftrag zu nachhaltiger Entwicklung

Kenntnis über ...	Ja		Nein	
	n	%	n	%
... den Begriff ‚nachhaltige Entwicklung'	464	95.7	21	4.3
... diesen Bildungsauftrag	230	47.7	252	52.3
... die UN-Dekade	140	29.4	336	70.6

Von einem Bildungsauftrag für nachhaltige Entwicklung hat dagegen nur knapp
die Hälfte aller befragten Lehrkräfte (47.7 %) Kenntnis. Im Vergleich der Schulformen zeigt sich, dass der Anteil der Lehrkräfte, die diesen Bildungsauftrag
kennen, an der Realschule mit 40.7 Prozent, der Hauptschule mit 43.5 Prozent
und der Förderschule mit 40.4 Prozent etwa zehn Prozentpunkte geringer ist als
der Anteil am Gymnasium mit 50.4 Prozent und sogar 20 Prozentpunkte geringer als der Anteil an Gesamtschulen mit 60.6 Prozent.

Die Mehrheit der Lehrkräfte, denen dieser Bildungsauftrag ein Begriff ist,
hat sich mit dem Konzept auch auseinandergesetzt: So nennen 79.6 Prozent dieser Lehrergruppe ein bis zwei Ziele dieses Bildungsauftrags. Von diesen genannten Zielen lassen sich 75.0 Prozent eindeutig den Zielen der BNE zuordnen.
19.8 Prozent stellen keine direkten Ziele dieses Bildungsauftrags dar, stehen
aber in Beziehung zu diesen und nur bei 5.2 Prozent der Antworten fand sich
keine Relevanz für diesen Bildungsauftrag (vgl. zur Kodierung Kapitel 7.2.1.2).

Weitere Hinweise über eine intensivere Auseinandersetzung mit diesem Bildungsauftrag ergeben sich aus der Frage zur Kenntnis über die Weltdekade ‚Bildung für nachhaltige Entwicklung' der Vereinten Nationen: Zur Halbzeit der
Dekade haben erst 29.4 Prozent von allen befragten Lehrkräften diese überhaupt
zur Kenntnis genommen (vgl. Tabelle 8.01). 2.9 Prozent aller befragten Lehrkräfte gaben an, spontan Ziele der Weltdekade nennen zu können und 12.8 Prozent antworteten, dass sie dies nach einigem Nachdenken könnten.

Insgesamt zeigt sich, dass – auch zwei Jahrzehnte nach der Zielsetzung einer
Förderung von nachhaltiger Entwicklung mit Hilfe der Agenda 21 (vgl. Kapitel
3.2) – eine Umsetzung des Bildungskonzepts bei über der Hälfte der Lehrkräfte
bereits daran scheitert, dass sie diesen Bildungsauftrag nicht kennen. Die Lehrkräfte, die den Bildungsauftrag für nachhaltige Entwicklung kennen, können
allerdings weitgehend auch entsprechende Ziele damit verbinden. Bemerkens-

wert ist jedoch, dass gerade einmal 30 Prozent der Befragten fünf Jahre nach Beginn der UN-Dekade von dieser überhaupt gehört haben.

8.1.2 Kenntnisse der Schulleitungen

Auch bei den Schulleitungen ist eine grundsätzliche Kenntnis über nachhaltige Entwicklung vorhanden. 44 der insgesamt 48 befragten Schulleitungen haben Fragen zu diesem Bereich beantwortet. 34 Personen (77.3 %) geben an, nachhaltige Entwicklung zu kennen. Diese erhielten weitere Fragen zu BNE: Von ihnen könnten 22 Personen (64.7 %) auch spontan Ziele/Inhalte dazu nennen. Den dazugehörigen Bildungsauftrag zu kennen, bejahen 24 Personen (70.6 %). 20 Befragte (58.8 %) nennen ein bis zwei Ziele von BNE, wobei die Antworten von 16 Schulleitungen eindeutig den in Kapitel 3.3 erörterten Zielen zugeordnet werden können. Allerdings hat nur die Hälfte der befragten Schulleitungen bereits etwas über die Weltdekade ‚Bildung für nachhaltige Entwicklung' der Vereinten Nationen gehört. Dies unterstreicht das entsprechende Ergebnis der Lehrerbefragung.

8.2 Einbindung nachhaltigkeitsbezogener Themen in Unterricht und Schule

Neben dem Wissen über nachhaltige Entwicklung und dem damit verbundenen Bildungsauftrag stellt sich bei der Untersuchung zur Umsetzung desselben an Schulen die Frage, inwieweit Themen aus diesem Bereich in Schule und Unterricht integriert werden. Die Lehrkräfte wurden daher anhand einer dichotomen Variable gefragt, ob sie nachhaltigkeitsbezogene Themen einbinden. Damit alle Lehrkräfte diese Frage beantworten konnten, wurde den Lehrkräften zuvor eine Auflistung von Bespielthemen des Bildungskonzepts für nachhaltige Entwicklung vorgelegt. Bei einer Zustimmung wurden sie gebeten für bis zu zehn dieser Themen genauere Angaben zu machen (vgl. Kapitel 7.2.1.2). Im Folgenden werden die Ergebnisse dazu vorgestellt.

8.2.1 Nachhaltigkeitsbezogene Themen in Unterricht und Schule

Insgesamt geben 82.4 Prozent aller befragten Lehrkräfte an, nachhaltigkeitsbezogene Themen im laufenden Schuljahr zu unterrichten. Betrachtet man die Antworten der Lehrkräfte differenzierter im Hinblick auf ihr Wissen zu diesem Bildungsauftrag, so ergibt sich folgendes Bild: Von den Lehrkräften, die den

Bildungsauftrag für nachhaltige Entwicklung kennen, setzen ihn 90.3 Prozent um. Aber auch die Lehrkräfte, die sich bisher noch nicht mit BNE auseinandergesetzt haben, berichten zu 76.8 Prozent, dass sie Themen aus diesem Bereich im Unterricht aufgreifen. Knapp 80 Prozent aller befragten Lehrkräfte (79.9 %), die nachhaltigkeitsbezogene Themen unterrichten, geben zudem weitere Auskünfte darüber. Etwa die Hälfte von ihnen (50.3 %) macht dabei Angaben zu drei oder mehr Unterrichtseinheiten. Damit wird über insgesamt 938 nachhaltigkeitsbezogene Themen berichtet. Die Dauer der Behandlung der Themen fällt sehr unterschiedlich aus. Im Durchschnitt verwenden die Lehrkräfte neun Unterrichtsstunden für die Behandlung eines Themas (SD = 8.2).

In Bezug auf die unterrichteten Fächer lässt sich folgendes Ergebnis festhalten: Bis auf Russisch werden in allen Fächern, die von den befragten Lehrkräften unterrichtet werden, nachhaltigkeitsbezogene Themen behandelt. Damit wird zu etwa 30 Unterrichtsfächern ein Bezug hergestellt. Wie Tabelle 8.02 zeigt, findet mit 37.4 Prozent die stärkste Einbindung an nachhaltigkeitsbezogenen Themen in gesellschaftswissenschaftlichen Unterrichtsfächern statt, gefolgt von den Sprachen mit 19.2 Prozent und den naturwissenschaftlichen Fächern mit 18.6 Prozent. Zudem ist mit 14.3 Prozent auch der Anteil an behandelten Themen zu BNE in den Fächern Religion, Ethik und Philosophie zusammengefasst relativ stark vertreten. 12.6 Prozent der genannten Themen werden dabei fächerübergreifend unterrichtet.

Tabelle 8.02:   Anteil der Unterrichtsfächer, in denen nachhaltigkeitsbezogene Themen behandelt werden

Unterrichtsfächer	Nennungen in Prozent
Gesellschaftswissenschaftliche Fächer	37.4
Sprachen	19.2
Naturwissenschaftliche Fächer	18.6
Religion, Ethik, Philosophie	14.3
Andere Fächer	10.5
Insgesamt	*100.0*

In Abbildung 8.01 ist für jede Schulform der prozentuale Anteil der Unterrichtsfächer dargestellt, in denen nachhaltigkeitsbezogene Themen unterrichtet werden. Über alle Schulformen hinweg ergibt sich eine Dominanz der gesellschaftswissenschaftlichen Fächer. Für das Gymnasium und die Gesamtschule zeigt sich, dass nachhaltigkeitsbezogene Themen zudem insbesondere in den Sprachen behandelt werden (Gymnasium: 24.6 %; Gesamtschule: 27.9 %). Eine sehr starke Einbindung findet dabei im Fach Englisch statt. So wird bei 13.2 Prozent der Unterrichtseinheiten am Gymnasium und 11.9 Prozent an der Gesamtschule von den Lehrkräften berichtet, dass sie diese Themen im Fach Englisch durchführen. Die naturwissenschaftlichen Fächer (in mittelgrau abgebildet) nehmen dagegen einen verhältnismäßig geringeren Stellenwert ein.

Abbildung 8.01: Prozentualer Anteil der Unterrichtsfächer, in denen nachhaltigkeitsbezogene Themen unterrichtet werden

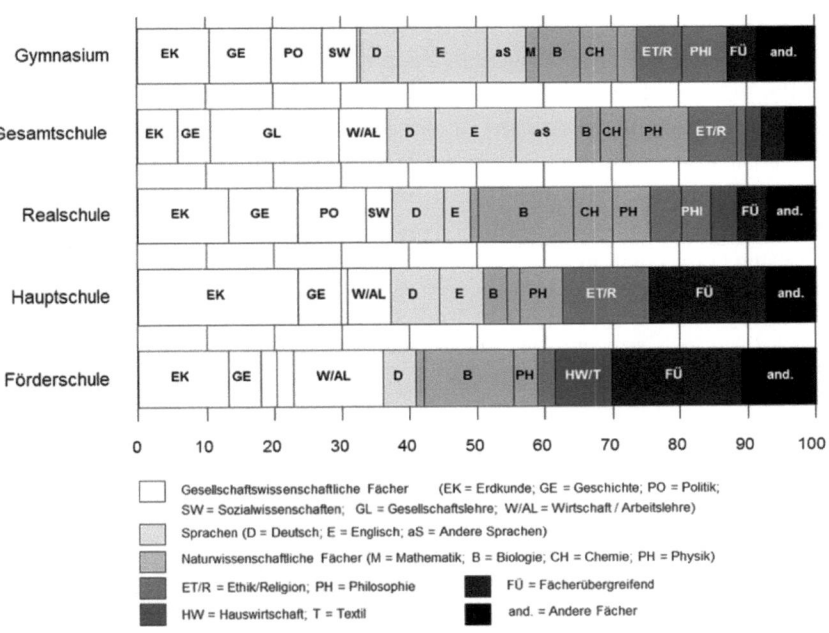

An der Realschule und an der Hauptschule findet laut Angaben der Lehrkräfte im Fach Englisch deutlich seltener eine Berücksichtigung von nachhaltigkeitsbezogenen Themen statt als bei den zuvor beschriebenen Schulformen (3.8 % und 6.4 %). Die Realschullehrkräfte führen bei den Angaben zu den nachhaltigkeitsbezogenen Unterrichtseinheiten am häufigsten das Fach Biologie (14.0 %) an. An der Hauptschule zeigt sich die Einbindung am stärksten im Fach Erdkunde (23.6 %). Es wird aber auch für viele Themen eine Kombination aus Fächern genannt. So wurden von den nachhaltigkeitsbezogenen Themen, die

die Hauptschullehrkräfte aufgelistet haben, 17.3 Prozent fächerübergreifend thematisiert. Eine ähnlich stark ausgeprägte fächerübergreifende Umsetzung von nachhaltigkeitsbezogenen Themen findet sich bei 19.3 Prozent der an dieser Studie beteiligten Förderschulen wieder. Bei den übrigen Schulformen ist der fächerübergreifende Anteil dagegen wesentlich geringer. Als weiteres Ergebnis ist festzuhalten, dass eine Einbettung in das Fach Mathematik über alle Schulformen hinweg kaum genannt wird.

Die Lehrkräfte wurden des Weiteren gebeten anzugeben, in welchen Jahrgangsstufen sie die behandelten nachhaltigkeitsbezogenen Themen unterrichten. Die Antworten sind in Abbildung 8.02 wiederum nach Schulformen differenziert. Dort zeigt sich, dass nachhaltigkeitsbezogene Themen häufiger in höheren Jahrgangsstufen als in niedrigeren Jahrgangsstufen behandelt werden. Über die Hälfte der von den Gymnasiallehrkräften genannten Unterrichtseinheiten werden in der Oberstufe unterrichtet. In der anderen knappen Hälfte sind im Bereich des Gymnasiums die sechs jüngeren Jahrgangsstufen etwa zu gleichen Teilen vertreten. Die ausgeglichenste Verteilung zeigt sich an der Hauptschule, aber auch an dieser Schulform wird die höchste Jahrgangsstufe mit 27.0 Prozent am stärksten berücksichtigt.

Abbildung 8.02: Prozentualer Anteil der Jahrgangsstufen, in denen nachhaltigkeitsbezogene Themen unterrichtet werden

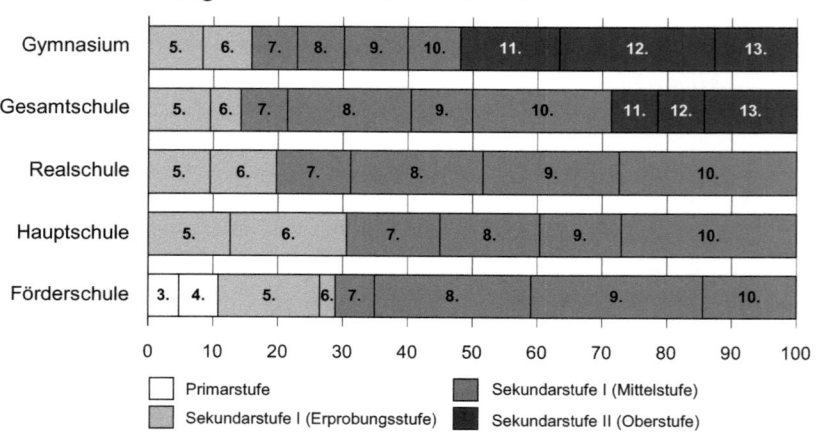

Die große Fallzahl an Gymnasiallehrkräften in der Stichprobe erlaubt für diese Schulform einen differenzierten Blick: Es zeigt sich hinsichtlich der stärkeren Berücksichtigung von nachhaltigkeitsbezogenen Themen im Fach Englisch am

Gymnasium im Vergleich zur Real- und Hauptschule, dass an Gymnasien 81.5 Prozent der nachhaltigkeitsbezogenen Themen, die in das Fach Englisch eingegliedert sind, in der Oberstufe unterrichtet werden. Dagegen beläuft sich der Anteil in der Sekundarstufe I am Gymnasium auf 4.9 Prozent und liegt damit in etwa auf der Höhe der Realschule (3.8 %) und der Hauptschule (6.4 %). Dieses Ergebnis wird dadurch verständlich, dass entgegen dem gymnasialen Curriculum der Sekundarstufe I für das Fach Englisch, in dem wenig Bezüge zum Bildungsauftrag für nachhaltige Entwicklung hergestellt werden (vgl. Kapitel 4.4.2), im Curriculum für die Sekundarstufe II besonders für den Bereich der Kompetenz- und Wertevermittlung eine starke Anlehnung an das Bildungskonzept zu erkennen ist. Darüber hinaus wird die Auseinandersetzung mit der Thematik nachhaltige Entwicklung für die zwölfte Jahrgangsstufe in dem Curriculum seit über zehn Jahren explizit empfohlen, indem unter dem Titel ‚Rio and After: Changes for Planet Earth? Global solutions' neben anderen exemplarisch eine Unterrichtssequenz erläutert wird (MSW NRW, 1999). Vor diesem Hintergrund wird auch der vergleichsweise hohe Anteil von Unterrichtseinheiten, die in der zwölften Jahrgangsstufe umgesetzt werden, verständlich. Die Ergebnisse weisen in die Richtung, dass eine curriculare Einbindung des Bildungskonzepts für nachhaltige Entwicklung seine Umsetzung in der Praxis begünstigt. Inwieweit die Lehrkräfte curriculare Vorgaben als Grund für die Einbindung nachhaltigkeitsbezogener Themen im Unterricht ansehen, wird im nächsten Abschnitt betrachtet.

8.2.2 Anlässe für die Behandlung von nachhaltigkeitsbezogenen Themen

Die Lehrkräfte wurden gebeten, für jede von ihnen genannte nachhaltigkeitsbezogene Unterrichtseinheit den wichtigsten Grund auszuwählen, der sie zur Behandlung dieser Themen veranlasst hat. Die diesbezüglich gewonnenen Ergebnisse sind in Abbildung 8.03 nach Schulformen differenziert. Über alle Schulformen hinweg zeigt sich, dass der Lehrplan am häufigsten als wichtigster Grund für die Umsetzung nachhaltigkeitsbezogener Themen angesehen wird. Damit stützen diese Ergebnisse die Bedeutsamkeit der curricularen Verankerung dieses Bildungsauftrags für die Implementation von BNE. Dies wird auch anhand der Befunde für die Hauptschule deutlich: Wie bereits in Kapitel 4.4.2 erläutert wurde, lagen zum Erhebungszeitpunkt für die Hauptschulen für die naturwissenschaftlichen und gesellschaftswissenschaftlichen Fächer Lehrpläne vor, die vor der Agenda 21 von 1992 und damit vor dem expliziten Ausspruch dieses Bildungsauftrags verfasst wurden. Dass diese Fächer aber insgesamt ei-

nen großen Beitrag zur Umsetzung leisten, wurde bereits anhand Abbildung
8.01 deutlich. In Abbildung 8.03 bestätigt sich nun, dass für die Hauptschullehrkräfte im Vergleich zu den übrigen Regelschullehrkräften der Lehrplan seltener der Hauptgrund für die Behandlung nachhaltigkeitsbezogener Themen ist.

Abbildung 8.03: Anlässe für die Einbindung nachhaltigkeitsbezogener Themen in
Schule und Unterricht (Angaben in Prozent)

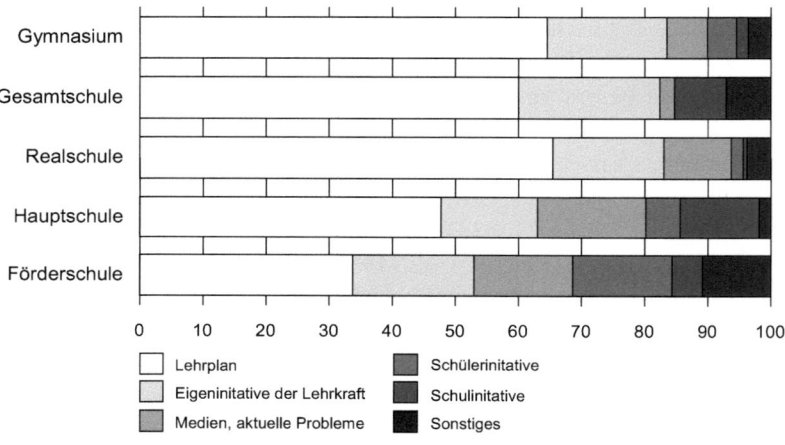

Ein weiteres Resultat ist, dass die Eigeninitiative der Lehrkräfte mit 18.6 Prozent der Nennungen insgesamt den am zweithäufigsten genannten Hauptgrund
darstellt. Die Medien und aktuelle Probleme bilden besonders in der Hauptschule (17.1 %), der Förderschule (15.7 %) sowie der Realschule (10.7 %) Anlässe,
um sich in Schule und Unterricht mit nachhaltigkeitsbezogenen Themen auseinanderzusetzen. Schülerinitiativen als Hauptgrund für die Behandlung nachhaltigkeitsbezogener Themen nennen am häufigsten die Förderschullehrkräfte
(15.7 %). In der Hauptschule trifft dies im Vergleich dazu nur auf 5.4 Prozent
der Lehrkräfte zu; dagegen nennen 12.6 Prozent Schulinitiativen.

Insgesamt ist demnach festzuhalten, dass an weiterführenden Schulen außerhalb von Modellversuchen die Lehrpläne bei der Anregung zur Implementation von BNE eine bedeutende Rolle spielen. Die Eigeninitiative der Schule,
Lehrkräfte bzw. Schülerinnen und Schüler nimmt dagegen einen wesentlich geringeren Stellenwert ein.

8.2.3 Kooperationen bei der Einbindung nachhaltigkeitsbezogener Themen

Bei dem Bildungskonzept für nachhaltige Entwicklung wird ein großer Wert auf eine ganzheitliche und praxisnahe Vermittlung gelegt, um der Komplexität und Vernetzung der ökologischen, ökonomischen und sozial-kulturellen Dimensionen gerecht zu werden. Dies soll in didaktischer Hinsicht durch eine interdisziplinäre und fächerübergreifende Unterrichtsgestaltung sowie durch Kooperationen mit externen Partnern geschehen (vgl. Kapitel 3.3.4). Forschungsergebnisse aus dem Bereich der Lehr-Lern-Forschung weisen zudem in die Richtung, dass die Vermittlung von nachhaltigkeitsbezogenen Themen durch lebensweltliche Bezüge und Realbegegnungen erfolgreich unterstützt werden kann (vgl. Kapitel 5.1).

Bei den nachhaltigkeitsbezogenen Themen, von denen die Lehrkräfte in der vorliegenden Befragung berichten, wird für 17.3 Prozent angegeben, dass sie bei der Umsetzung dieser mit anderen Kollegen kooperieren. Eine externe Kooperation wird nur bei 6.7 Prozent der genannten nachhaltigkeitsbezogenen Themen, die in Schule und Unterricht eingebunden werden, genutzt. Des Weiteren wurden die Lehrkräfte, die angeben zu kooperieren, gebeten, für die Kooperationen, die im Rahmen der Durchführung der einzelnen Unterrichtseinheiten verwendet werden, darzulegen, in welchem Umfang diese stattfinden. Knapp 70 Prozent der schulinternen Kooperationen finden regelmäßig über einen längeren Zeitraum oder zumindest häufig statt, 26.2 Prozent sporadisch und 4.1 Prozent werden im Rahmen einer einmaligen internen Kooperation durchgeführt. Im Vergleich dazu: Externe Kooperationen finden nur zur Hälfte häufig oder regelmäßig über einen längeren Zeitraum statt, sporadische Kooperationen mit Partnern außerhalb der Schule melden 29.4 Prozent der Befragten zurück, einmalige Kooperationen 20.6 Prozent.

Insgesamt zeigt sich, dass die Möglichkeit, mittels interner und externer Kooperationen nachhaltigkeitsbezogene Themen in Schule und Unterricht zu vermitteln, eher selten genutzt wird: Nur jede sechste genannte Unterrichtseinheit setzt die Lehrkraft in Kooperation mit Personen aus dem Kollegium um. Auf Unterstützung durch externe Partner wird sogar nur bei jeder 14. Unterrichtseinheit zurückgegriffen. Lehrkräfte, die angeben bei der Umsetzung von nachhaltigkeitsbezogenen Themen zu kooperieren, tun dies zur Hälfte im Rahmen von externen Kooperationen und mehrheitlich im Rahmen von internen Kooperationen zumindest häufig.

8.3 Bestimmung der Lehrertypen

Nachdem in Kapitel 8.1 erste Eindrücke über das Wissen des Lehrpersonals bezüglich BNE gewonnen wurden und in Kapitel 8.2 die Umsetzung nachhaltigkeitsbezogener Themen in Schule und Unterricht näher beleuchtet wurde, werden im Folgenden diese Bereiche zusammengefasst und um neue Aspekte erweitert. Untersucht wird, ob Unterschiede zwischen den Lehrkräften bezüglich ihren Einstellungen zu und der Umsetzung von BNE identifiziert werden können.
Anhand von Latent-Class-Analysen (vgl. Kapitel 7.3.1) wird dazu auf Grundlage der Daten der quantitativen Lehrerbefragung überprüft, ob sich die teilnehmenden Lehrkräfte weiterführender Schulen aus Nordrhein-Westfalen verschiedenen Klassen (Typen) zuordnen lassen. Dabei wird angenommen, dass sich
Lehrkräfte eines Lehrertyps in ihren Einstellungen und Wahrnehmungen zur
BNE und deren Implementation an der eigenen Schule ähneln, sich aber gleichzeitig von anderen Lehrertypen unterscheiden.

8.3.1 Bestimmung der Lehrertypen mittels Latent-Class-Analysen

Die deskriptiven Ergebnisse haben gezeigt, dass der Bekanntheitsgrad zu BNE
unter den Lehrkräften als eher gering einzuschätzen ist und zudem die Einbindung nachhaltigkeitsbezogener Themen im Unterricht sehr stark aufgrund der
Fächer variiert. Aus diesen Gründen erfolgte die Auswahl der Items zur Bestimmung unterschiedlicher Lehrertypen anhand der LCA im Hinblick auf die
Frage, ob die Unkenntnis und der Einbezug nachhaltigkeitsbezogener Themen
im Unterricht mit mangelnder Bereitschaft BNE umzusetzen einhergeht. Demzufolge wurde neben den beiden soeben genannten Aspekten Variablen in die
LCA aufgenommen, die die generelle Bereitschaft der Lehrkräfte hierzu erfasst.
Darüber hinaus wurden Items aufgenommen, bei denen angenommen wird, dass
sie die Bereitschaft beeinflussen: Wie in Kapitel 2.1.2 dargestellt hängt die Bereitschaft zur Umsetzung einer Innovation mit der beigemessen Notwendigkeit
zusammen. Entsprechend wurden die Lehrkräfte für die LCA zur ihrer Einstellung bezüglich nachhaltigkeitsbezogener Themen sowie ihrer Bedeutung im
Rahmen der Schule gefragt. Inhaltlich ergänzt wurden die Analysen durch die
Hinzunahme von Items zum wahrgenommenen Einfluss der Schule bezüglich
BNE auf die Schülerinnen und Schüler. Des Weiteren konnte anhand der Diffusionstheorie nach Rogers (2003) aufgezeigt werden, dass die Bereitschaft zur
Umsetzung steigt, je mehr Personen aus dem Kollegium sich an der Implemen-
tation der Innovation beteiligen (vgl. Kapitel 2.1.4). Darüber hinaus nimmt die

Schulleitung in diesem Prozess eine entscheidende Rolle ein, wie in Kapitel 2.1.5 erläutert wurde. Dazu werden in der LCA Items zur Wahrnehmung des Stellenwerts von BNE an der eigenen Schulen eingebunden.

Für die Bestimmung der Typen wurden somit 15 Items eingesetzt, die in Tabelle 8.03 in paraphrasierter Form dargestellt sind (für eine ausführliche Darstellung der Items vgl. Kapitel 7.2.1.2). Die Antwortkategorien der eingesetzten Items wurden für die Latent-Class-Analysen teilweise aufgrund von inhaltlichen Überlegungen sowie geringen Ausprägungen aggregiert, um die Güte des Modells zu optimieren (vgl. Kapitel 7.3.1). Die ersten drei Items umfassen Fragen zum Wissen über den Bildungsauftrag für nachhaltige Entwicklung; die diesbezüglich gewonnenen deskriptiven Ergebnisse wurden bereits in Kapitel 8.1 vorgestellt. Bezüglich der Variable zur Kenntnis über die UN-Dekade zur BNE wurden die beiden höchsten Kategorien („Ja, ich könnte spontan Ziele/Inhalte nennen.' und ‚Ja, aber ich müsste erst etwas nachdenken, bevor ich Ziele/Inhalte nennen könnte.') aufgrund der geringen Fallzahl ersterer (vgl. Kapitel 8.1) zusammengefasst.

Die Variablen V04 bis V07 bilden den von den Lehrkräften wahrgenommenen Stellenwert von BNE an der eigenen Schule ab. Durch die Aufnahme dieses Aspekts wird überprüft, ob sich die Lehrkräfte aufgrund der empfundenen Unterstützung bei der Umsetzung von BNE an der eigenen Schule unterscheiden und in welchem Zusammenhang dies mit der eigenen Einstellung zu diesem Bildungsauftrag steht.

Um die Wahrnehmung jedoch lediglich in der Tendenz aufzuzeigen, wurden jeweils zwei der Antwortkategorien dieser Items zusammengefasst, so dass die Variablen mit den zwei Ausprägungen der tendenziellen Zustimmung und der teilweisen bis vollständigen Ablehnung in die Analysen aufgenommen werden. Für die Darstellung der Einstellungen der Lehrkräfte zu nachhaltigkeitsbezogenen Themen wurde eine dreistufige Skala gebildet (vgl. Kapitel 7.2.1.2). Sie wird als Variable V08 in die Analysen aufgenommen. Die Variablen neun bis zwölf liefern Angaben über die Einstellungen der Lehrkräfte zum Bildungsauftrag für nachhaltige Entwicklung in Bezug auf die Schule allgemein und die Rolle als Lehrkraft.

Tabelle 8.03:   Item-Grundlage der Latent-Class-Analysen

Items	Ursprüngliche Anzahl an Antwortkategorien
Wissen zum Bildungsauftrag für nachhaltige Entwicklung	
(V01) Wissen über nachhaltige Entwicklung	4
(V02) Wissen über den Bildungsauftrag für nachhaltige Entwicklung	2
(V03) Wissen über UN-Weltdekade zur BNE	4
Wahrgenommener Stellenwert an der eigenen Schule	
(V04) Themen der BNE sind der an eigener Schule wichtig	4
(V05) Eigene Schulleitung fördert BNE-bezogene Unterrichtsvorhaben	4
(V06) Nur wenige Personen des eigenen Kollegiums befassen sich mit diesem Bildungsauftrag *(rekodiert)*	4
(V07) Nachhaltigkeitsbezogene Themen spielen an eigener Schule eine eher untergeordnete Rolle *(rekodiert)*	4
Nachhaltigkeitsbewusstsein	
(V08) Skala über persönliche Einstellung zu nachhaltigkeitsbezogenen Themen	3
Einstellung zum Bildungsauftrag für nachhaltige Entwicklung an Schule	
(V09) BNE gehört in möglichst viele Fächer[26]	4
(V10) Bereitschaft nachhaltigkeitsbezogene Themen auch bei erhöhtem Aufwand zu unterrichten	4
(V11) Durch Überfrachtung der Lehrpläne besteht kein Platz mehr für BNE *(rekodiert)*	4
(V12) BNE ist keine Hauptaufgabe der Schule *(rekodiert)*	4
Wahrgenommener Einfluss der Schule auf die Schülerinnen und Schüler	
(V13) Schulischer Einfluss auf das nachhaltigkeitsbezogene Bewusstsein ist gering *(rekodiert)*	4
(V14) Schulische BNE kann Einfluss auf nachhaltigkeitsrelevantes Verhalten nehmen	4
Eigene Umsetzung	
(V15) Einbindung von nachhaltigkeitsbezogenen Themen in Schule und Unterricht	2

---

26 Bei dieser Variable wurde von keiner Person ‚trifft voll zu' angegeben. Die höchste Ausprägung, die daher in den nachfolgenden Abbildungen dargestellt ist, stellt demnach ‚trifft eher zu' dar.

Wie die Lehrkräfte den Einfluss der schulischen BNE auf das Bewusstsein und Verhalten der Schülerinnen und Schüler wahrnehmen, wird mit den Variablen V13 und V14 erfasst. Als letzter Aspekt wird mit V15 die Einbindung nachhaltigkeitsbezogener Themen in Schule und Unterricht (mit den Ausprägungen ‚Ja' und ‚Nein'), dessen Ergebnisse bereits in Kapitel 8.2 erläutert wurden, aufgenommen. Zur besseren Interpretierbarkeit wurden alle Variablen vor den Analysen so kodiert, dass jeweils die höchste Ausprägung die stärkste Nähe zum Bildungsauftrag für nachhaltige Entwicklung ausdrückt.

Für die Analyse muss – wie in Kapitel 7.3.1 erläutert wurde – die Anzahl der Klassen (Lehrertypen) im Vorhinein festgelegt werden. Dazu werden bei dem Verfahren der Latent-Class-Analyse unterschiedliche Modelle (die allein aufgrund ihrer Klassenanzahl differieren) geschätzt, um bestimmen zu können, welches Modell die empirischen Daten am besten repräsentiert. Anhand von statistischen Modellgütekriterien sowie der bestmöglichen inhaltlichen Interpretierbarkeit findet im Anschluss an die Analysen die Auswahl des am besten geeigneten Modells statt.

Für die Latent-Class-Analysen über die vorgestellten 15 Variablen wird in der vorliegenden Studie der *samplesize adjusted* BIC-Index (aBIC) sowie der Bootstrap-Likelihood-Ratio-Differenztest zur Bestimmung der Modellgüte genutzt (vgl. Kapitel 7.3.1). Wie in Tabelle 8.04 zu erkennen ist, stellt der aBIC-Index für das Modell mit fünf Klassen gegenüber den Modellen mit zwei, drei, vier bzw. sechs Klassen den niedrigsten Wert dar. Dies ist ein erster Hinweis, der für die Auswahl des Modells mit fünf Klassen (bzw. Lehrertypen) spricht.

Tabelle 8.04: Ergebnisse des Modellvergleichs anhand des statistischen Gütekriteriums *samplesize adjusted* BIC

	2 Klassen	3 Klassen	4 Klassen	5 Klassen	6 Klassen
aBIC	9020.065	8842.324	8807.878	*8801.577*	8810.331

Ein weiterer Hinweis, der in die gleiche Richtung weist, liefert der Bootstrap-Likelihood-Ratio-Differenztest, dessen Ergebnisse in Tabelle 8.05 dargestellt sind. Mit Hilfe dieses Tests wird der Frage nachgegangen, ob das 5-Klassenmodell trotz einer höheren Anzahl an zu schätzenden Parametern besser zu den vorliegenden Daten passt als ein sparsameres Modell. Das Ergebnis ist signifikant (vgl. Tabelle 8.05) und zeigt, dass das Modell mit fünf latenten

Klassen für die Abbildung der empirischen Daten geeigneter ist als die anderen Modelle.

Tabelle 8.05: Ergebnis des Bootstrap-Likelihood-Ratio-Differenztests

Arametric Bootstrapped Likelihood Ratio Test for 4 (H0) versus 5 Classes	
H0 Loglikelihood Value	- 4218.183
2 Times the Loglikelihood Difference	99.935
Difference in the Number of Parameters	31
Approximate P-Value	0.0000
Successful Bootstrap Draws	500

Neben den statistischen Gütemaßen stellen die mittleren Klassenzuordnungswahrscheinlichkeiten ein weiteres Indiz dafür dar, dass das Modell mit der Einteilung der Lehrkräfte in fünf Typen am besten zu den Daten passt. Denn wie in Kapitel 7.3.1 aufgezeigt, wird für jede Person die Wahrscheinlichkeit berechnet zu einer bestimmten Klasse zu gehören. Die Personen werden dann der Klasse zugeordnet, für die sie aufgrund ihrer Antworten die höchste Wahrscheinlichkeit besitzen. Die in Tabelle 8.06 angegebenen mittleren Klassenzuordnungswahrscheinlichkeiten geben an, wie sicher im Durchschnitt die einzelnen Personen aufgrund ihres Antwortmusters einer bestimmten Klasse zugeordnet werden. Je höher die Werte in der Hauptdiagonale sind, desto eindeutiger können die Personen zugeordnet werden.

Tabelle 8.06: Mittlere Klassenzuordnungswahrscheinlichkeiten für das
5-Klassen-Modell

	Klasse 1	Klasse 2	Klasse 3	Klasse 4	Klasse 5
Klasse 1	*0.812*	0.057	0.102	0.023	0.006
Klasse 2	0.030	*0.931*	0.019	0.021	0.000
Klasse 3	0.049	0.028	*0.815*	0.032	0.076
Klasse 4	0.003	0.033	0.021	*0.891*	0.052
Klasse 5	0.003	0.003	0.144	0.037	*0.813*

Da die mittleren Zuordnungen der Personen zur eigenen Klasse bei einer Wahrscheinlichkeit zwischen .812 und .931 liegen, verweist dieses Ergebnis auf relativ sichere Zuordnungen der einzelnen Personen und auf eine geringe Anzahl an

Fehlklassifikationen. Das bedeutet, dass auch dieser Befund für die Güte des 5-Klassen-Modells spricht. Zusätzlich zu den statistischen Kriterien zur Messung der Modellgüte wurden die Modellergebnisse auch hinsichtlich ihrer inhaltlichen Interpretierbarkeit überprüft. Dabei fiel die Entscheidung ebenfalls auf die Bevorzugung der fünf latenten Klassen gegenüber den Modellen mit anderer Klassenanzahl. So ergibt sich für die hinzukommende Klasse bei dem 5-Klassen-Modell im Vergleich zu dem 4-Klassen-Modell, dass sie inhaltlich neu und gut interpretierbar ist und gegenüber den übrigen klar abgegrenzt werden kann. Sie ermöglicht damit eine differenziertere Beschreibung der Unterschiede zwischen den Lehrkräften. Die Klasse, die bei einem 6-Klassen-Modell hinzukommt, unterscheidet sich dagegen vorwiegend graduell von einer bereits bestehenden Klasse und würde damit für die vorliegenden Untersuchungen keinen bedeutenden Mehrwert erbringen.

Zusammengefasst kann festgehalten werden: Die statistischen Messwerte der Modellgüte wie auch die inhaltliche Interpretierbarkeit zeigen, dass die 5-Klassen-Lösung das Modell darstellt, das die vorliegenden Daten am besten repräsentiert, so dass es sinnvoll ist, die Lehrkräfte in fünf verschiedene Typen einzuteilen. Die Ergebnisse dieser Latent-Class-Analyse werden im nächsten Abschnitt näher erläutert.

8.3.2 Inhaltliche Unterschiede zwischen den Lehrertypen

Ziel der Latent-Class-Analyse ist es herauszuarbeiten, ob die Lehrkräfte aufgrund ihrer Einstellungen und Wahrnehmungen zum Bildungsauftrag für nachhaltige Entwicklung verschiedenen Klassen (Lehrertypen) zugeordnet werden können und inwiefern sich die Typen voneinander unterscheiden. Um die Unterschiede zwischen den Klassen zu verdeutlichen, sind in Abbildung 8.04 für jede Klasse die klassenspezifischen Itemlösungswahrscheinlichkeiten für die jeweils höchste Ausprägung der Variablen V01 bis V15[27] eingezeichnet, das heißt die Wahrscheinlichkeit, mit der die Personen der jeweiligen Klassen die höchste Antwortkategorie der Fragen ausgewählt haben. Hohe Wahrscheinlichkeitswerte geben eine Nähe zum Bildungsauftrag für nachhaltige Entwicklung an. Die einzelnen Lehrertypen lassen sich allerdings nur in Abgrenzung zu den anderen Lehrertypen charakterisieren. Dies wird im Folgenden für die einzelnen Lehrertypen vorgenommen.

---

27 Für die Item-Grundlage vgl. Tabelle 8.03.

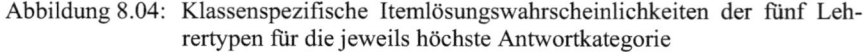

Abbildung 8.04: Klassenspezifische Itemlösungswahrscheinlichkeiten der fünf Lehrertypen für die jeweils höchste Antwortkategorie

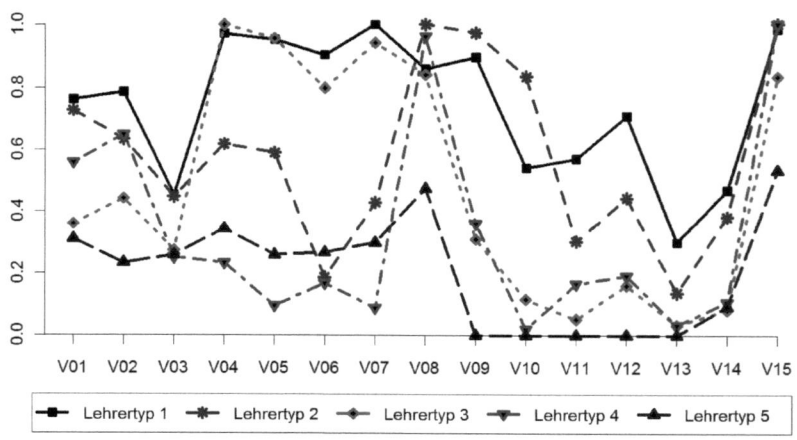

Lehrertyp 1

Die erste Gruppe von Lehrkräften umfasst 14.5 Prozent der Gesamtstichprobe
(vgl. Abbildung 8.05) und weist insgesamt die höchsten Ausprägungen und damit eine Nähe zu diesem Bildungsauftrag auf: Diese Lehrkräfte kennen diesen
Bildungsauftrag (V02) und verfügen im Vergleich zu den Lehrertypen 3, 4 und
5 über ein stärker vertieftes Wissen (gekennzeichnet durch das Wissen über die
UN-Weltdekade; V03), messen der Berücksichtigung des Bildungsauftrags für
nachhaltige Entwicklung im Schulsystem einen hohen Stellenwert bei (V09,
V11 und V12) und zeichnen sich durch die Bereitschaft aus, sich in diesem Bereich zu engagieren (V10 und V15). Ihre positive Sichtweise zur BNE wird
dadurch unterstützt, dass sie in ihrer Schule ein gemeinsames Engagement für
diesen Bildungsauftrag wahrnehmen, bei dem die Schulleitung unterstützend
wirkt (V05), nachhaltigkeitsbezogene Themen für die eigene Schule von Bedeutung sind (V04 und V07) und viele Kolleginnen und Kollegen zur erfolgreichen
Umsetzung beitragen (V06).

Abbildung 8.05: Klassenspezifische Itemlösungswahrscheinlichkeiten des Lehrertyps 1 für die jeweils höchste Antwortkategorie

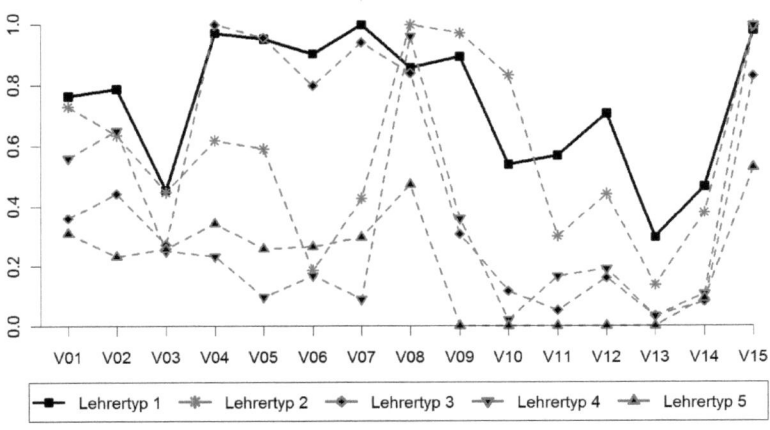

Dadurch dass diese Gruppe von Lehrkräften – unterstützt durch weitere Personen aus dem Kollegium – diesen Bildungsauftrag implementiert (V15), können
sie anhand ihrer eigenen Erfahrungen einschätzen, welchen Einfluss die Schule
auf das nachhaltige Bewusstsein und Verhalten der Schülerinnen und Schüler
hat. Daher ist ein weiterer aufschlussreicher Befund, dass dieser Lehrertyp im
Vergleich zu den anderen Lehrertypen den Einfluss auf die Schülerschaft am
höchsten einschätzt (V13 und V14).

Lehrertyp 2

In Abbildung 8.06 ist Lehrertyp 2 hervorgehoben, der mit 9.2 Prozent den
kleinsten Anteil an der Gesamtstichprobe ausmacht. Bei diesem Lehrertyp zeigen sich einige Parallelen zum ersten Lehrertyp: Auch Lehrertyp 2 zeichnet sich
durch ein vertieftes Wissen zum Bildungsauftrag für nachhaltige Entwicklung
aus (V2 und V3) und sieht die Bedeutsamkeit dieses Bildungsauftrags im Bereich des Schulsystems (V09 und V12).

Abbildung 8.06:   Klassenspezifische Itemlösungswahrscheinlichkeiten des Lehrertyps 2 für die jeweils höchste Antwortkategorie

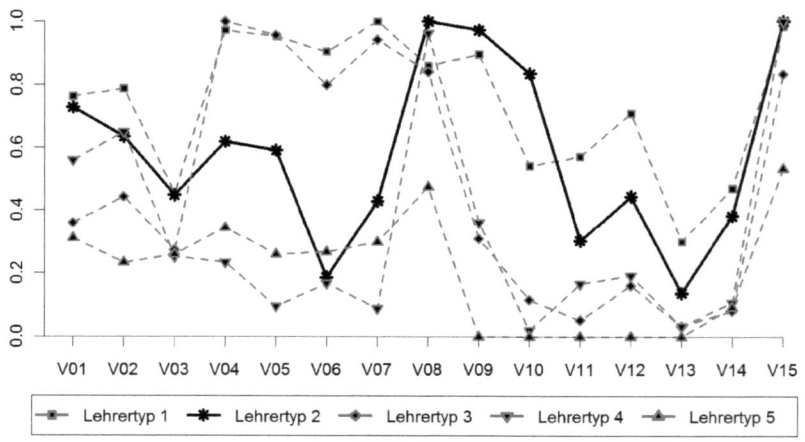

Im Vergleich zu den anderen Lehrertypen haben diese Lehrkräfte die höchste
Bereitschaft diesen Bildungsauftrag umzusetzen (V10 und V15), obwohl sie –
und darin unterscheiden sie sich maßgeblich von dem Lehrertyp 1 – wenig Unterstützung bei der Umsetzung innerhalb der eigenen Schule wahrnehmen (V04
bis V07). Am deutlichsten wird dies daran ersichtlich, dass dieser Lehrertyp relativ gering wahrnimmt, dass sich seine Kolleginnen und Kollegen mit diesem
Bildungsauftrag befassen (V06). Insgesamt zeichnet sich Lehrertyp 2 somit
durch ein hohes Engagement bei der Umsetzung von BNE in der Schule aus und
fühlt sich dabei aber eher als Einzelkämpfer.

Lehrertyp 3

Mit 36.5 Prozent stellt Lehrertyp 3 die größte Gruppe von Lehrkräften dar. Die
Lehrkräfte dieser Gruppe haben sich noch verhältnismäßig wenig mit nachhaltiger Entwicklung und dem dazugehörigen Bildungsauftrag befasst (vgl. in Abbildung 8.07 V01 bis V03). Dementsprechend sehen sie nicht die Wichtigkeit dieses Bildungsauftrags für die Schule (V11 und V12), obwohl sie nachhaltigkeitsbezogenen Themen allgemein einen ähnlichen Stellenwert beimessen wie die
ersten beiden Lehrertypen (V08).

Abbildung 8.07: Klassenspezifische Itemlösungswahrscheinlichkeiten des Lehrertyps 3 für die jeweils höchste Antwortkategorie

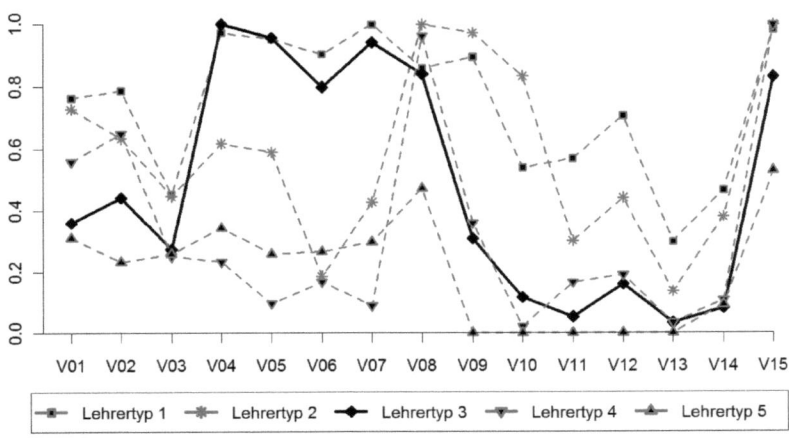

Charakteristisch für Lehrertyp 3 ist zudem, dass er eine starke Umsetzung dieses
Bildungsauftrags an der eigenen Schule wahrnimmt (V04 bis V07) und damit in
diesem Bereich mit Lehrertyp 1 vergleichbar ist. Einen Hinweis auf diese Diskrepanz zwischen der geringen eigenen Bereitschaft zur Umsetzung dieses Bildungsauftrags und seinem Stellenwert an der eigenen Schule liefert Variable 09:
Die verhältnismäßig geringe Einschätzung dieser Lehrkräfte, dass BNE in möglichst vielen Fächern integriert werden sollte, deutet darauf hin, dass sie den Bildungsauftrag für nachhaltige Entwicklung noch nicht für sich bzw. für die von
ihnen unterrichteten Fächer erkannt haben.

Lehrertyp 4

Ein anderes Bild ergibt sich für Lehrertyp 4 (vgl. Abbildung 8.08), der mit
14.1 Prozent vertreten ist. Er zeichnet sich durch einen hohen von ihm beige-
messenen Stellenwert nachhaltigkeitsbezogener Themen aus (V08), die er auch
in seinen Unterricht integriert (V15) und gehört zu den Lehrkräften, die diesen
Bildungsauftrag eher kennen (V02). Gleichwohl besitzt er nicht ein solch vertieftes Wissen darüber wie die Lehrertypen 1 und 2 (V03) und misst auch der
Bedeutung von BNE für den Schulkontext einen wesentlich geringeren Stellenwert bei (V11 und V12). Dies kann auch damit zusammenhängen, dass Lehrertyp 4 – im Vergleich zu den anderen Lehrertypen – die Umsetzung des Bil-

dungskonzepts an seiner Schule und den ihm dort zuerkannten Stellenwert am geringsten wahrnimmt (V04 bis V07).

Abbildung 8.08: Klassenspezifische Itemlösungswahrscheinlichkeiten des Lehrertyps 4 für die jeweils höchste Antwortkategorie

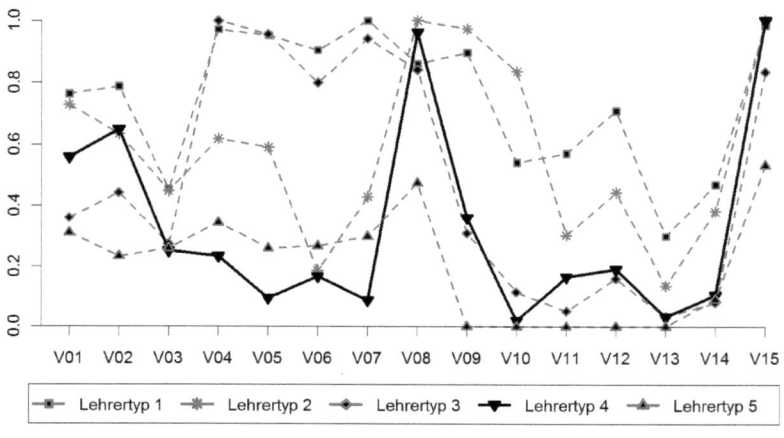

Lehrertyp 5

Etwa ein Viertel der Lehrkräfte (25.7 %) können ferner Lehrertyp 5 zugeordnet werden. In Abbildung 8.09 ist für diesen Lehrertyp deutlich zu erkennen, dass er sich bisher am wenigsten mit dem Bildungsauftrag für nachhaltige Entwicklung auseinandergesetzt hat (V02 und V03) und nachhaltigkeitsbezogenen Themen im Vergleich zu den anderen Lehrertypen den geringsten Stellenwert zuerkennt (V08). Eine Bereitschaft zur Umsetzung von BNE scheint bei ihm bisher kaum gegeben (V10 und V15), denn er misst diesem Bildungsauftrag nur eine geringe Bedeutung für das Schulsystem bei (V09, V11 und V12). Auch in der eigenen Schule sieht er sich in seinen Einstellungen bestätigt (V04 bis V07). Damit scheinen die Lehrkräfte des Lehrertyps 5 diejenigen zu sein, die zur Implementation von BNE zu überzeugen und zu motivieren die größte Herausforderung darstellt.

Abbildung 8.09: Klassenspezifische   Itemlösungswahrscheinlichkeiten   des   Lehre
typs 5 für die jeweils höchste Antwortkategorie

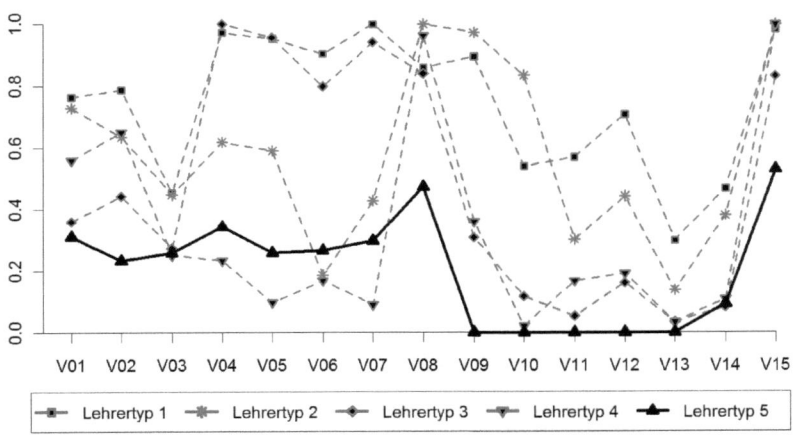

Weitere Differenzierungen zwischen den Lehrertypen

Die Darstellung der verschiedenen Lehrkräfte in den Abbildungen 8.05 bis 8.09 erfolgte aufgrund der klassenspezifischen Itemlösungswahrscheinlichkeiten für jeweils die höchste Ausprägung jeder Variable. Da der überwiegende Teil dieser Variablen mehr als zwei Ausprägungen besitzt, ist es besonders bei Überschneidungspunkten der verschiedenen Lehrertypen, die in Abbildung 8.04 ersichtlich werden, sinnvoll aufzuzeigen, inwieweit Lehrertypen anhand der anderen Ausprägungen deutlicher unterschieden werden können. Daher werden in diesem Abschnitt die Lehrertypen anhand von weiteren Charakteristika und in Abgrenzung voneinander näher beschrieben, wobei der Fokus auf den Lehrertypen 3, 4 und 5 liegt.

Der erste deutliche Überschneidungspunkt dieser drei Lehrertypen findet sich hinsichtlich der Variable zur Kenntnis über die UN-Weltdekade (vgl. in Abbildung 8.04 V03): Mit einer Wahrscheinlichkeit von etwa 25 Prozent kennen die Lehrkräfte aller drei betrachteter Lehrertypen die UN-Dekade und könnten auch (spontan oder mit etwas Nachdenken) Ziele dazu nennen. Eine Differenzierung der Lehrertypen 3, 4, und 5 lässt sich dagegen in den beiden weiteren Ausprägungen dieser Variable erkennen (vgl. Tabelle 8.07): Mit einer Wahrscheinlichkeit von 59 Prozent für die Ausprägung ‚Nein' (Lehrkräfte kennen die UN-Weltdekade zu BNE nicht) grenzt der Lehrertyp 5 sich noch einmal deutlich von den anderen ab. Die Lehrkräfte, die diesem Lehrertyp zugeordnet werden, weisen damit auch in diesem Bereich die geringste Auseinandersetzung mit diesem Bildungsauftrag auf.

Tabelle 8.07: Klassenspezifische Itemlösungswahrscheinlichkeit für die Variable zum Wissen über die UN-Weltdekade (V03)

	Lehrertyp 1	Lehrertyp 2	Lehrertyp 3	Lehrertyp 4	Lehrertyp 5
Ja (mit Wissen über Ziele)	0.46	0.45	0.27	0.25	0.26
Ja (ohne Wissen über Ziele)	0.23	0.20	0.40	0.34	0.15
Nein	0.31	0.35	0.33	0.41	0.59

Ein weiterer Aspekt, bei dem sich in der höchsten Ausprägung für die Lehrertypen 3, 4, und 5 starke Ähnlichkeiten bis hin zu Überschneidungen zeigen, stellt die Bereitschaft dar, nachhaltigkeitsbezogene Themen auch bei erhöhtem Aufwand zu unterrichten (V10). In der höchsten Ausprägung 'Trifft voll zu' ist die klassenspezifische Itemlösungswahrscheinlichkeit sehr gering. Für Lehrertyp 3 und 4 werden jedoch in Tabelle 8.08 für die Ausprägung 'Trifft eher zu' sehr hohe Wahrscheinlichkeiten ersichtlich (71 und 85 %), wohingegen Lehrertyp 5 mit einer Wahrscheinlichkeit von 24 Prozent für diese Ausprägung weiterhin einen erheblich geringeren Wert aufweist.

Tabelle 8.08: Klassenspezifische Itemlösungswahrscheinlichkeit für die Variable zur Bereitschaft nachhaltigkeitsbezogene Themen auch bei erhöhtem Aufwand zu unterrichten (V10)

	Lehrertyp 1	Lehrertyp 2	Lehrertyp 3	Lehrertyp 4	Lehrertyp 5
Trifft voll zu	0.54	0.84	0.12	0.02	0.00
Trifft eher zu	0.44	0.08	0.71	0.85	0.24
Trifft eher nicht zu	0.02	0.08	0.17	0.12	0.70
Trifft nicht zu	0.00	0.00	0.00	0.01	0.06

Damit zeigt sich deutlich das Potenzial, das in den Lehrertypen 3 und 4, die zusammen gut die Hälfte aller Lehrkräfte ausmachen, steckt. Denn Lehrkräfte, die tendenziell auch bei erhöhtem Aufwand nachhaltigkeitsbezogene Themen unterrichten würden, mangelt es nicht an der Bereitschaft den Bildungsauftrag für nachhaltige Entwicklung umzusetzen; allerdings scheint es einen Bedarf an Informationen über diesen Bildungsauftrag und dessen Bedeutung für den Schulkontext und die einzelnen Fächer zu geben.

Eine weitere Überschneidung in der obersten Ausprägung findet sich zwischen Lehrertyp 3, 4 und 5 hinsichtlich der Fragen, ob die Schule Einfluss auf das nachhaltigkeitsbezogene Bewusstsein und auf nachhaltigkeitsrelevantes Verhalten der Schülerinnen und Schüler nehmen kann. Bezüglich dieser zwei Variablen zeigt sich in Abbildung 8.04 eine klare Abgrenzung zwischen den Lehrertypen 1 und 2, also den Lehrkräften, die sich mit diesem Bildungsauftrag bereits auseinandergesetzt haben und diesen auch innerhalb der Schule umsetzen, und den Lehrertypen 3, 4 und 5, die sich bisher weniger mit diesem Bildungsauftrag beschäftigt haben. Demnach nehmen Lehrkräfte, die ihre Einschätzung aufgrund eigener Erfahrungen in diesem Bereich vornehmen können, eine deutlich stärkere Einflussnahme auf nachhaltigkeitsrelevantes Verhalten der Schülerinnen und Schüler wahr.

In Tabelle 8.09 sind für diese zwei Variablen wiederum die klassenspezifischen Itemlösungswahrscheinlichkeiten für alle Ausprägungen eingezeichnet, um auch die Lehrertypen 3, 4 und 5 deutlicher voneinander abgrenzen zu können.

Tabelle 8.09: Klassenspezifische Itemlösungswahrscheinlichkeit für die Variablen zum Einfluss der Schule auf das nachhaltigkeitsbezogene Bewusstsein (V13) und auf nachhaltigkeitsrelevantes Verhalten (V14) der Schülerinnen und Schüler

	Lehrertyp 1	Lehrertyp 2	Lehrertyp 3	Lehrertyp 4	Lehrertyp 5
Einfluss auf nachhaltigkeitsbezogenes Bewusstsein					
Trifft voll zu	0.30	0.14	0.03	0.03	0.00
Trifft eher zu	0.56	0.46	0.54	0.59	0.24
Trifft eher nicht zu	0.14	0.25	0.37	0.38	0.62
Trifft nicht zu	0.00	0.15	0.06	0.00	0.13
Einfluss auf nachhaltigkeitsrelevantes Verhalten					
Trifft voll zu	0.47	0.38	0.08	0.11	0.09
Trifft eher zu	0.50	0.40	0.66	0.61	0.51
Trifft eher nicht zu	0.03	0.22	0.27	0.27	0.40
Trifft nicht zu	0.00	0.00	0.00	0.02	0.00

Bezüglich der Einschätzung der schulischen Einflussnahme auf das nachhaltigkeitsbezogene Bewusstsein der Schülerinnen und Schüler ergibt sich ein ähnliches Ergebnis wie für die anderen vorgestellten Überschneidungsbereiche: Die Lehrertypen 3 und 4 halten die Einflussnahme tendenziell für möglich, wogegen Lehrertyp 5 eine Einflussnahme geringer einschätzt. Die Ergebnisse zur schulischen Einflussnahme auf nachhaltigkeitsrelevantes Verhalten der Schülerinnen und Schüler weist in abgeschwächter Form in dieselbe Richtung.

Zusammenfassender Überblick über die Lehrertypen
Insgesamt lässt sich die Aufteilung der Lehrkräfte aufgrund ihrer Einstellung zur und Umsetzung der BNE in fünf Lehrertypen wie folgt zusammenfassen: Die Lehrertypen 1 und 2 umfassen mit etwa 25 Prozent die Lehrkräfte, die sich bereits am stärksten mit dem Bildungsauftrag für nachhaltige Entwicklung auseinandergesetzt haben, seine Wichtigkeit im Schulkontext anerkennen und ihn demzufolge in Schule und Unterricht implementieren. Sie unterscheiden sich jedoch dahingehend, dass Lehrertyp 1 auch eine Unterstützung und gemeinsame Umsetzung von BNE an der eigenen Schule wahrnimmt, wohingegen sich Lehrertyp 2 eher als Einzelkämpfer in diesem Bereich betrachtet. Rund die Hälfte der Lehrkräfte lässt sich den Lehrertypen 3 und 4 zuordnen. Auch diese beiden Typen weisen viele Ähnlichkeiten auf: Sie stehen diesem Bildungsauftrag tendenziell eher aufgeschlossen gegenüber und zeigen generell die Bereitschaft ihn auch umzusetzen. Allerdings haben sich Lehrertyp 3 und 4 noch nicht so intensiv mit BNE auseinandergesetzt. Die relativ geringe Zustimmung zu der Aussage, dass das Bildungskonzept in möglichst vielen Unterrichtsfächern eingebunden werden sollte, lässt darauf schließen, dass sie die Bedeutung dieses Bildungsauftrags noch nicht für sich bzw. die von ihnen unterrichteten Fächer erkannt haben. Der Unterschied zwischen Lehrertyp 3 und 4 liegt – ähnlich wie zwischen Lehrertyp 1 und 2 – vorwiegend in der Wahrnehmung des Stellenwertes von BNE an der eigenen Schule. Lehrertyp 3 sieht eine starke Umsetzung und die beigemessene Bedeutung dieses Bildungsauftrags im eigenen Kollegium. Dies hat ihn jedoch noch nicht selbst dazu angeregt, sich stärker mit diesem Bildungsauftrag zu beschäftigen. Lehrertyp 4 nimmt dagegen den geringsten Stellenwert von BNE an der eigenen Schule wahr. Auch wenn er den Bildungsauftrag für nachhaltige Entwicklung grundsätzlich kennt, scheint er durch sein Arbeitsumfeld noch nicht zur Umsetzung innerhalb der Schule angeregt worden zu sein. Dennoch lässt sich für diese beiden Lehrertypen festhalten, dass bei ihnen erhebliches Potenzial bezüglich der Umsetzung des Bildungskonzepts zu

finden ist, das sich durch ihre Einstellungen und der generellen Bereitschaft zur Umsetzung zeigt. Dieses Potenzial bleibt bisher jedoch ungenutzt. Mit stärkeren Anregungen erscheint es möglich, diese beiden Lehrergruppen für die Implementation von BNE gewinnen zu können. Anders verhält es sich mit Lehrertyp 5: Die 25 Prozent der Lehrkräfte, die dieser Gruppe zugeordnet wurden, schreiben weder selbst diesem Bildungsauftrag eine hohe Bedeutung zu, noch nehmen sie wahr, dass dies im eigenen Lehrerkollegium geschieht. Da bei diesem Lehrertyp die geringste Auseinandersetzung mit BNE anzutreffen ist, wäre zunächst einmal eine Stärkung des generellen Bewusstseins über diesen Bildungsauftrag anzustreben.

Um die Lehrkräfte stärker für eine Auseinandersetzung mit BNE gewinnen zu können, bedarf es weiterer Kenntnisse über sie. Hier ansetzend werden im Folgenden die nach Lehrertypen kategorisierten Lehrkräfte aufgrund von Hintergrundmerkmalen charakterisiert.

8.3.3 Hintergrundmerkmale der verschiedenen Lehrertypen

In den deskriptiven Analysen zum Wissen der Lehrkräfte über den Bildungsauftrag für nachhaltige Entwicklung haben sich – wie in Kapitel 8.1 berichtet – bereits Unterschiede zwischen den verschiedenen Schulformen angedeutet. Daher stellt sich die Frage, ob sich diese auch in den hier gebildeten Lehrertypen widerspiegeln. Die Ergebnisse – dargestellt in Abbildung 8.10 – zeigen nur geringe Unterschiede zwischen den Regelschulen. Lediglich im Hinblick auf die Förderschule ergibt sich, dass Lehrertyp 5 häufiger vertreten ist, d.h. dass eine größere Anzahl an Förderschullehrkräften sich bisher kaum mit BNE auseinandergesetzt hat.

Wenn sich jedoch keine erheblichen Unterschiede zwischen den Schulformen zeigen, so deutet dies darauf hin, dass die Unterschiede stärker innerhalb der Schulformen liegen. Analysen dazu können hier – aufgrund von zu geringen Fallzahlen bei den übrigen Schulformen – lediglich für das Gymnasium vorgenommen werden.

Abbildung 8.10: Prozentuale Verteilung der fünf Lehrertypen nach Schulform[28]

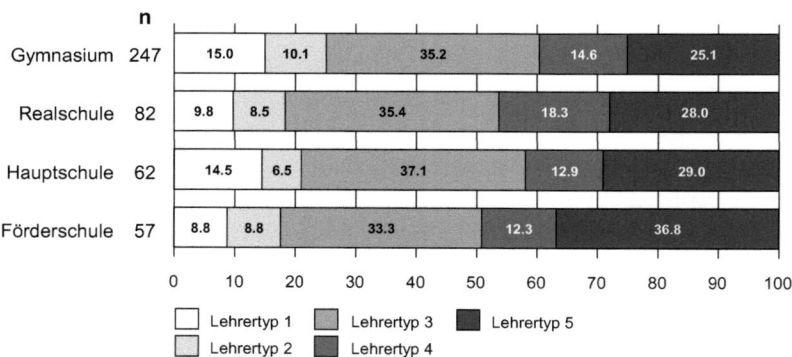

Wie in Kapitel 4.4 erläutert wurde, besteht eine unterschiedlich starke Veranke-rung des Bildungskonzepts für nachhaltige Entwicklung in den Unterrichtsfä-chern. Da die deskriptiven Analysen zu den eingebundenen nachhaltigkeits-bezogenen Themen in Schule und Unterricht ergaben, dass der Lehrplan von den Lehrkräften als Hauptanlass für die Behandlung dieser Themen angesehen wird (vgl. Kapitel 8.2), ist anzunehmen, dass die Lehrkräfte aufgrund der Fächer, die sie unterrichten, diesen Bildungsauftrag unterschiedlich wahrnehmen. Inwieweit sich dahingehend Unterschiede zwischen der Verteilung der Lehrkräfte auf die fünf Lehrertypen ergeben, ist für das Gymnasium in Abbildung 8.11 dargestellt.

Bei der Interpretation der in Abbildung 8.11 dargestellten Ergebnisse ist zu berücksichtigen, dass die Lehrkräfte in der Regel nicht nur ein Fach unterrichten und daher die Einstellungen einzelner Lehrkräfte nicht nach jedem von ihnen unterrichteten Fach differenziert werden können. Unterrichtet eine Lehrkraft zum Beispiel die Fächerkombination Deutsch und Erdkunde, so wird sie einem bestimmten Lehrertyp (beispielsweise Lehrertyp 1) zugeordnet und mit dieser Zuordnung für beide Unterrichtsfächer aufgeführt. Bei der Interpretation der Er-gebnisse ist allerdings zu beachten, dass hier – je nach Fach – die Fallzahlen recht gering ausfallen (vgl. Abbildung 8.11). Die Ergebnisse können daher le-diglich Tendenzen bzw. Hypothesen für weiterführende Untersuchungen liefern.

---

28 Aufgrund der geringen Anzahl an teilnehmenden Gesamtschullehrkräften wird auf die Darstellung der Aufteilung der Lehrtypen für diese Schulform verzichtet.

Abbildung 8.11: Prozentuale Verteilung der Gymnasiallehrkräfte auf die fünf Lehrertypen für ausgewählte Fächer

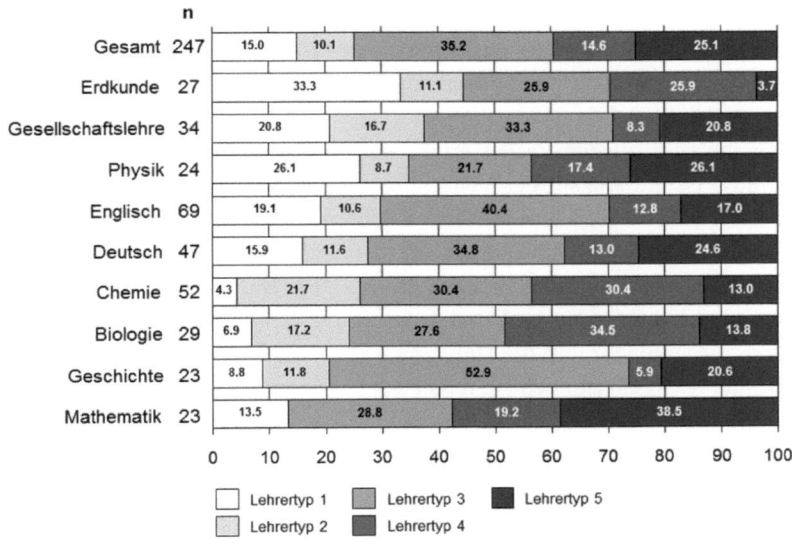

Wie in Abbildung 8.11 ersichtlich wird, ergeben sich dennoch für die einzelnen
Fächer erhebliche Unterschiede in der Aufteilung der Lehrkräfte auf die fünf
Lehrertypen. Für die gesellschaftlichen Fächer zeigen sich Befunde, die auf-
grund der curricularen Verankerungen des Bildungsauftrags für nachhaltige
Entwicklung zu erwarten wären: So ist der prozentuale Anteil des Lehrertyps 1,
das heißt der Lehrkräfte, die gemeinsam mit ihrer Schule BNE einen hohen Stellenwert einräumen und diesen Bildungsauftrag mit verhältnismäßig guter
Kenntnis umsetzen, bei den Erdkundelehrkräften am höchsten (33.3 %) und nur
3.7 Prozent dieser Lehrkräfte wurden Lehrertyp 5 zugeordnet. Auch unter den
Lehrkräften, welche die Fächer Politik, Sozial- oder Wirtschaftswissenschaften
unterrichten (in der Abbildung zusammengefasst als Gesellschaftslehre), findet
sich ein hoher Anteil wieder, der bereits für diesen Bildungsauftrag erreicht
werden konnte (Typ 1 und 2 mit insgesamt 37.5 %). Anders sieht es für die
Lehrkräfte aus, die Geschichte unterrichten. Von ihnen lassen sich nur etwa ein
Fünftel den ersten beiden Lehrertypen zuordnen; die Mehrheit gehört Lehrertyp
3 an. Diese Lehrkräfte nehmen einen hohen Stellenwert und die Umsetzung dieses Bildungsauftrags an der eigenen Schule wahr, erachten ihn aber noch nicht
als wichtig für ihren eigenen Arbeitskontext. In den gymnasialen Lehrplänen für

das Fach Geschichte findet sich im Vergleich zu den anderen gesellschaftswissenschaftlichen Fächern die geringste Einbindung des Bildungskonzepts; eine
explizite Bezugnahme gibt es nicht. Damit könnte dies ein weiterer Hinweis darauf sein, dass die Lehrkräfte durch die Verankerung von BNE in den Curricula
zur Auseinandersetzung und Umsetzung dieses Bildungsauftrags angeregt werden.

Für die sprachlichen Fächer ergibt sich folgendes Bild: Bei den Englisch-
lehrkräften ist die Anzahl der Lehrkräfte des Lehrertyps 5, also der Personengruppe, die sich bisher kaum mit dem Bildungsauftrag für nachhaltige Entwicklung auseinandergesetzt hat und diesem dementsprechend einen geringen Stellenwert einräumt, unterdurchschnittlich (17.0 %). Dafür zeigen sich leicht erhöhte Werte beim Lehrertyp 1 und 3. Diese Lehrkräfte nehmen eine hohe Bedeutungszuschreibung und die Umsetzung dieses Bildungsauftrags an der eigenen Schule wahr. Erstaunlich ist, dass auch bei den Deutschlehrkräften eine relativ hohe Anzahl von Lehrkräften zu finden ist, die sich bereits mit dem Bildungsauftrag intensiver auseinandergesetzt hat, obwohl weder für die Sekundarstufe I noch für die Oberstufe eine explizite Verankerung in den gymnasialen
Lehrplänen wiederzufinden ist. Hier wäre weiter zu untersuchen, wie sich die
fächerspezifischen Unterschiede über die curriculare Perspektive hinaus begründen lassen.

Ein weiteres bemerkenswertes Ergebnis findet sich hinsichtlich der naturwissenschaftlichen Fächer: Obwohl in den Lehrplänen für die Fächer Biologie,
Chemie und Physik die gesellschaftliche Mitgestaltung im Sinne der nachhaltigen Entwicklung als Ziel der naturwissenschaftlichen Grundbildung explizit in
den gymnasialen Lehrplänen für die Sekundarstufe I aufgeführt ist, zeichnen
sich die Lehrkräfte für Biologie und Chemie nicht dadurch aus, dass sie der
BNE einen entsprechend hohen Stellenwert einräumen und diesen Bildungsauftrag umsetzen. Aufschlussreich ist zudem, dass, wenn diese Lehrkräfte diesen
Bildungsauftrag für bedeutsam ansehen, sie sich bei der Umsetzung als Einzelkämpfer wahrnehmen (Typ 2: Chemie 21.7 %; Biologie 17.2 %). Für den Lehrertyp 1, die Gruppe der Lehrkräfte, die sich bei der Umsetzung dieses Bildungsauftrags durch das Kollegium der eigenen Schule unterstützt fühlt, ergeben
sich dagegen bei den Chemielehrkräften mit 4.3 Prozent und bei den Biologie-
lehrkräften mit 6.9 Prozent im Vergleich zu den anderen Lehrkräften die geringsten Gruppengrößen. Gleichzeitig zeigt sich, dass von diesen Lehrkräften
verhältnismäßig viele dem Lehrertyp 4 zuzuordnen sind und damit generell die
Bereitschaft erkennen lassen, diesen Bildungsauftrag umzusetzen. Unter den

Physiklehrkräften ist ein recht hoher Anteil an Lehrertyp 1 und 5 zu finden. Das bedeutet, dass diese Lehrkräfte sich entweder bereits intensiver mit dem Bildungsauftrag für nachhaltige Entwicklung auseinandergesetzt haben und Unterstützung bei der Umsetzung durch das Kollegium finden oder dass noch keine starke Auseinandersetzung mit dieser Thematik bei ihnen stattgefunden hat. Eine Umsetzung mit wenig Unterstützung im Kollegium findet – wie Lehrertyp 2 zeigt – unter diesen Lehrkräften eher selten statt. Eine mögliche Erklärung für dieses Ergebnis könnte die Fächerkombination der Lehrkräfte darstellen. So wäre zu vermuten, dass Lehrkräfte, die in Kombination mit dem Fach Physik das Fach Mathematik unterrichten, häufiger dem Lehrertyp 5 zuzuordnen sind, wogegen eine Kombination mit den naturwissenschaftlichen Fächern Biologie oder Chemie zur stärkeren Auseinandersetzung und Umsetzung dieses Bildungsauftrags führt und die Lehrkräfte demnach dem Lehrertyp 1 entsprechen. Durch die geringen Fallzahlen lässt sich diese Hypothese jedoch in der vorliegenden Untersuchung nicht überprüfen. Unterstützt wird diese Annahme allerdings durch das Ergebnis für die Mathematiklehrkräfte: Unter ihnen gibt es einen hohen Anteil an Personen, die sich bisher wenig mit dem Bereich nachhaltige Entwicklung auseinandergesetzt haben und diesem eine geringe Bedeutung für den Schulkontext beimessen (Lehrertyp 5: 38.5 %). Lehrertyp 2 ist in dieser Gruppe nicht vertreten, d.h. keiner der Mathematiklehrkräfte lässt sich dadurch charakterisieren, dass er diesen Bildungsauftrag ohne Unterstützung im Kollegium umsetzt. Dieses Ergebnis erweist sich wiederum konform zu dem Lehrcurriculum für das Fach Mathematik für das Gymnasium, das keinen Bezug zur BNE aufweist.

Insgesamt wird anhand der Ergebnisse, die in Abbildung 8.11 dargstellt sind, ersichtlich, dass sich aufgrund der Fächer, welche die Lehrkräfte unterrichten, Unterschiede zwischen den Einstellungen zur und der Umsetzung von BNE ergeben. Dabei zeigen sich tendenziell Parallelen zu der Verankerung dieses Bildungsauftrags in den jeweiligen Fachcurricula. Die intensivste Auseinandersetzung und Bereitschaft zur Umsetzung wird bei den Lehrkräften ersichtlich, die gesellschaftswissenschaftliche Fächer unterrichten. Aber auch für die anderen hier betrachteten Fachlehrkräfte ist das Potenzial zu erkennen, sich für die Implementation des Bildungskonzepts gewinnen zu lassen.

In Bezug auf das Alter der Lehrkräfte ergeben sich für die beteiligten Lehrkräfte keine wesentlichen Unterschiede in der Aufteilung auf die fünf Lehrertypen, die in eine bestimmte Richtung zu interpretieren wären. Beim Vergleich zwischen den Geschlechtern ist für die Gymnasiallehrkräfte zu verzeichnen, dass die Lehrerinnen diesen Bildungsauftrag stärker (auch eigenständig) umsetzen. Bei den Lehrern ist der Anteil der Personen, die sich bisher noch wenig mit BNE auseinandergesetzt haben, im Verhältnis etwas höher.

8.4 Stellenwert von BNE aus Sicht der Schulleitungen

Im vorherigen Abschnitt wurden die Wahrnehmung der Lehrkräfte bezüglich des Stellenwertes von BNE und der eigenen Schule analysiert. Hier anknüpfend werden diese beiden Aspekte im vorliegenden Abschnitt auch für Schulleitungen näher betrachtet. Im Folgenden werden dazu die Ergebnisse der Einschätzungen zu BNE von den Schulleitungen dargelegt, die angaben, den Bildungsauftrag zur nachhaltigen Entwicklung zu kennen (das heißt insgesamt 24 von 34 Personen; vgl. Kapitel 7.2.1.1).

Abbildung 8.12:   Einstellungen der Schulleitungen zu BNE im Schulkontext und der Stellenwert dieses Bildungsauftrags an der eigenen Schule (Angaben in Prozent)

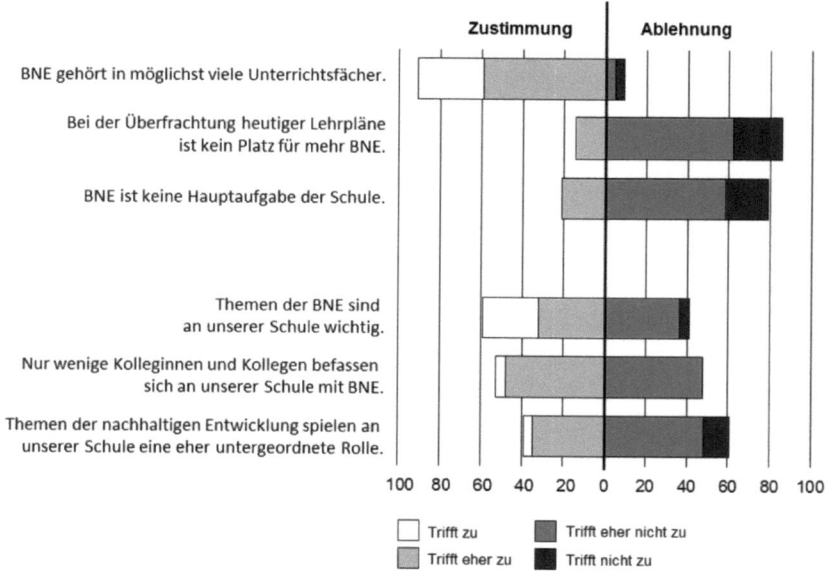

Abbildung 8.12 zeigt, dass fast alle Schulleitungen, die das Bildungskonzept kennen, BNE als eine wichtige Aufgabe für die Schule erachten, die in mög-

lichst vielen Unterrichtsfächern umgesetzt werden sollte. Entgegen dieser tendenziellen Positionierung der Schulleitung in Richtung der Befürwortung des
Bildungskonzepts werden der Stellenwert und die Umsetzung von BNE an der
eigenen Schule von diesen Schulleitungen zweigeteilt wahrgenommen: Etwa die
Hälfte der Schulleitungen, die diesen Bildungsauftrag kennen, schätzt die Bedeutung dieses in der eigenen Schule als hoch ein. 52 Prozent, ebenfalls gut die
Hälfte, gibt dagegen an, dass nur wenige Personen aus dem eigenen Kollegium
sich mit BNE befassen.

Für die in den zwei nachfolgenden Kapiteln vorgestellten qualitativen Analysen war es notwendig, aus den beteiligten Schulen eine Auswahl von Schulen
zu treffen, die für die Experteninterviews geeignet sind. In Kapitel 7.2.2.3 wurde
dazu bereits dargelegt, dass zur Beantwortung der Forschungsfragen vorausgesetzt werden muss, dass die dazu untersuchten Schulen BNE auf irgendeine
Weise implementieren. Daher wurden die soeben dargelegten Angaben der
Schulleitung zum wahrgenommenen Stellenwert dieses Bildungsauftrags an der
eigenen Schule als ein Kriterium für die Auswahl genommen. Als ein weiteres
Kriterium wurde die Bedeutungszuschreibung der Schulleitungen, die ebenfalls
in diesem Abschnitt beschrieben wurde, verwendet. Denn wie in Kapitel 2.1.5
erläutert, kommt der Schulleitung bei der Implementation von Innovationen eine
bedeutende Rolle zu, so dass eine wahrgenommene Bedeutsamkeit durch die
Schulleitung als unterstützend für die Implementation angesehen werden kann.
Zudem war vorgesehen auch die Schulleitung selbst zu interviewen, so dass bei
einer Bedeutungszuschreibung der Schulleitung angenommen wurde, dass diese
eher für ein solches Interview zu gewinnen sei. Neben diesen quantitativen Ergebnissen als Grundlage für die Auswahl der Schulen wurde – wie ebenfalls in
Kapitel 7.2.2.3 ausführlich begründet – eine Einschränkung auf die Schulform
Gymnasium vorgenommen. Die Ergebnisse zu den acht durchgeführten Experteninterviews werden hieran anschließend in Kapitel 8.5 und 8.6 dargelegt.

8.5   Möglichkeiten zur Umsetzung von BNE

Mit den bisherigen Ergebnissen der quantitativen Analysen konnte gezeigt werden, inwieweit sich das Schulpersonal der beteiligten weiterführenden Schulen
mit dem Bildungsauftrag für nachhaltige Entwicklung auseinandergesetzt hat,
welchen Stellenwert die Lehrkräfte und Schulleitungen dem Bildungskonzept
beimessen und inwiefern sie BNE in Schule und Unterricht umsetzen. Diese Be-

funde werden im vorliegenden Kapitel um die Analyse der leitfadengestützten Experteninterviews mit ausgewähltem Schulpersonal von vier Gymnasien (zur Auswahl vgl. Kapitel 7.2.2.3 sowie Kapitel 8.4) erweitert. Dieses geschieht, um vertiefend die Möglichkeiten von weiterführenden Schulen in Nordrhein-Westfalen außerhalb von Modellversuchen zur Implementation von BNE aufzudecken. Dazu wird in Kapitel 8.5.1 ein Überblick über die vier für die Analysen ausgewählten Schulen gegeben und dargestellt, inwiefern sie sich in ihrer Umsetzung dieses Bildungsauftrags unterscheiden. In Kapitel 8.5.2 wird beleuchtet, welche möglichen Anlässe für die Auseinandersetzung mit dieser Innovation von den Experten aus der Praxis wahrgenommen werden. Kapitel 8.5.3 thematisiert verschiedene Möglichkeiten zur Einbindung von BNE in Schule und Unterricht. Abschließend wird in Kapitel 8.5.4 das schulinterne Management im Rahmen dieses Implementationsprozesses analysiert.

8.5.1 Überblick über die ausgewählten Schulen

Einen Überblick über die vier ausgewählten Gymnasien sowie deren befragtes Schulpersonal ist in Tabelle 8.10 dargestellt. Die Schulen B, C und D sind in ihrer Größe annähernd komparabel, wohingegen Schule A durch eine wesentlich kleinere Schüleranzahl gekennzeichnet ist. Die Standorte der Schulen unterscheiden sich. Die Personen, mit denen die Experteninterviews durchgeführt wurden, sind überwiegend männlich.

Relevant für die vorliegende Studie ist, dass die Schulen sich in der Art und Weise, wie sie BNE umsetzen, erheblich unterscheiden, obgleich die Auswahl der Schulen aufgrund ähnlicher Angaben der Schulleitung zur Einstellung und Umsetzung dieses Bildungsauftrags an der eigenen Schule vorgenommen wurde (vgl. Kapitel 8.4).[29] In Schule B und D stellt die Auseinandersetzung mit nachhaltiger Entwicklung einen Schwerpunkt dar. Schule B hat die Auszeichnung ‚Schule der Zukunft' erhalten (vgl. dazu Kapitel 4.3), an Schule D wurde dafür ebenfalls ein entsprechender Antrag gestellt, nachdem sie bereits als ‚GLOBE-Schule' ausgezeichnet worden war. Somit findet an beiden Schulen seit längerem eine Implementation dieses Bildungsauftrags statt. An Schule A und C ist dagegen noch keine explizite Auseinandersetzung mit dem Bildungskonzept für nachhaltige Entwicklung im Gesamtsystem erfolgt, so dass auch kein Schwerpunkt in diesem Bereich auszumachen ist.

---

29 An Schule C hat zwischen der quantitativen Befragung und den qualitativen Interviews ein Schulleitungswechsel stattgefunden.

Tabelle 8.10: Überblick über die für die Experteninterviews ausgewählten Schulen

	Schule A	Schule B	Schule C	Schule D[1]
Umfang der Schülerschaft	ca. 450	ca. 1100	ca. 1300	ca. 1400
Schulstandort	Kleinstadt	Großstadt (Randgebiet)	Mittelstadt	Großstadt
Interviewte Schulleitung				
Bezeichnung	A1	B1a und B1b[2]	C1	D1
Geschlecht	weiblich	männlich und weiblich	männlich	männlich
Interviewte Lehrkraft				
Bezeichnung	A2	B2	C2	D2
Geschlecht	männlich	weiblich	männlich	männlich

[1] An dieser Schule war eine Tonaufnahme aus technischen Gründen nicht möglich. Daher erfolgte in diesem Fall eine Mitschrift durch die Interviewerin.

[2] An dieser Schule nahmen auf eigenen Wunsch zwei Personen aus der Schulleitung an dem Interview teil.

Mit den nachfolgenden Analysen sollen zum einen Aussagen über diejenigen Schulen getroffen werden, in denen man sich aktiv um eine Implementation von BNE bemüht. Zum anderen sind aber auch Erkenntnisse darüber zu erwarten, inwieweit der Bildungsauftrag für nachhaltige Entwicklung auch ohne eine Pro-filierung der Schule in diesem Bereich Einzug in Schulen halten kann. Die un-terschiedlichen Perspektiven, die sich sowohl aufgrund der zwei Schulgruppen als auch der Befragungen von Schulleitung und Lehrkräften derselben Schule ergeben, liefern vielfältige Erkenntnisse über die Bedingungen zur Umsetzung von BNE, die im Folgenden vorgestellt werden.

8.5.2 Anlässe zur Auseinandersetzung mit BNE

Es werden zunächst zwei Zugänge aufgezeigt, in deren Rahmen BNE an Gym-nasien in Nordrhein-Westfalen hineingetragen wird. Der erste Zugang führt über die curriculare Verankerung des Bildungskonzepts in einzelnen Fächern. Dadurch finden auch Lehrkräfte, an deren Schulen noch keine zielgerichtete Im-plementation dieses Bildungsauftrags erfolgt ist, Zugang zum Bildungskonzept für nachhaltige Entwicklung. So berichtet Lehrkraft C2, die das Fach Erdkunde unterrichtet, auf die Frage, wodurch sie mit dem Bildungskonzept in Berührung gekommen ist:

> Ja, also natürlich von meinem Fach her. Und da betrifft es - ist es ja fast permanent so. *(Lehrkraft C2, Zeile 6)*

Jedoch scheint dieser Weg nicht unbedingt zu einer aktiven Auseinandersetzung mit dem Konzept BNE zu führen. So antwortet Lehrkraft A2 – obwohl im Laufe des Interviews ein klares, an der Agenda 21 ausgerichtetes Verständnis über die Vermittlung von nachhaltiger Entwicklung und deren Inhalte bei der Lehrkraft ersichtlich wird – zunächst Folgendes auf die gleiche Frage:

> Nee, bin ich nicht mit in Berührung gekommen. *(Lehrkraft A2, Zeile 5)*

Ein Hinweis darauf, dass dies kein Einzelfall ist, zeigt sich daran, dass Lehrkraft A2 zwar einschätzt, dass Nachhaltigkeitsaspekte in (fast) allen Unterrichtsfächern an der eigenen Schule vermittelt werden, jedoch im weiteren Verlauf des Interviews herausstellt, dass das Konzept der nachhaltigen Entwicklung nicht allen Lehrkräften bekannt sei. Zudem führt der Weg über die Einbindung in die Lehrpläne nicht zwangsläufig dazu, dass sich auch die Schulleitung damit auseinandersetzt, was an der Reaktion von Schulleitung A1 deutlich wird:

> Offiziell kenne ich dieses Konzept nicht. *(Schulleitung A1, Zeile 10)*

Lehrkraft D2 sieht darin, dass vielen Lehrkräften dieser Bildungsauftrag nicht bewusst ist, ein Defizit im Bereich der Umsetzung von BNE, da durch das fehlende Bewusstsein die thematisierten Inhalte nicht in das Gesamtkonzept eingeordnet werden. Dafür erweist sich – nach Einschätzung von Lehrkraft D2 – der zweite Weg, durch den Schulen zu einer aktiven Auseinandersetzung mit dem Bildungskonzept angeregt werden, als unterstützend: die Auszeichnung von Schulen als ‚Schule der Zukunft' durch die Landesregierung. Aus Sicht von Lehrkraft D2 bewirken das Sammeln einzelner Aspekte, die in der Schule umgesetzt werden und die im Rahmen des Zertifizierungsverfahrens vorgenommene Gesamtdarstellung der Aktivitäten, die in diesem Bereich an der Schule stattfinden, ein Bewusstwerden von BNE bei den einzelnen Akteuren. Jedoch scheint dies eher eine Stärkung des Bewusstseins an Schulen zu sein, an denen bereits Aspekte dieses Bildungsauftrags implementiert wurden. So geben die Befragten beider Schulen, die sich auf eine solche Zertifikation beworben haben, an, dass bereits bestehende Aktivitäten dokumentiert wurden. Neue Projekte mussten dazu nicht erst konzipiert werden, berichtet Schulleitung B1a. Damit scheint die Auszeichnung der Schulen in diesem Bereich zwar zu einer bewussten Auseinandersetzung mit dem Bildungskonzept für nachhaltige Entwicklung zu führen, jedoch nur an wenigen Schulen den Beginn der Implementation von BNE zu veranlassen.

Als Anstoß, BNE neben einer impliziten Einbindung nachhaltigkeitsbezogener Themen in einzelnen Fächern auch explizit und ganzheitlich in die Schule zu implementieren, werden von den Befragten konkrete Ideen für Projekte und Aktionen angesehen. So gab in Schule B eine Schülerin den Impuls zur Beschäftigung mit dem Bildungskonzept für nachhaltige Entwicklung als sie vorschlug, eine Schule in Afrika zu unterstützen. Schulleitung B1a berichtet in diesem Zusammenhang:

> Der Anstoß war also über dieses konkrete Projekt, zu schauen: Wie können wir uns da jetzt weiter integrieren? Wir haben also verschiedene Bausteine gesucht. Unter anderem sind wir dann auf dieses Konzept ... aufmerksam geworden. *(Schulleitung B1a, Zeile 27-30)*

Um ein solches Projekt in einer Schule zu initiieren, sind – wie aus den Interviews ersichtlich wird – zwei Voraussetzungen notwendig: in der jeweiligen Schule muss zunächst eine Bereitschaft vorhanden sein, sich für Anregungen zu öffnen. Dass gerade auch Anstöße von Seiten der Schülerinnen und Schüler bedeutsam sein können, wird dadurch deutlich, dass der überwiegende Teil der umgesetzten Projekte und Aktionen, von denen die Interviewten berichten, eben durch die Schülerschaft angeregt wurden. Ein dazu anregendes Umfeld zeigt sich in Schule B, indem die Lehrkräfte und die Schulleitung auf Anregungen der Schülerinnen und Schüler, die z.B. über tagesaktuelle Geschehnisse hervorgerufen werden, positiv reagieren und die Schülerinnen und Schüler bei der Umsetzung unterstützen:

> ... als z.B. jetzt in Japan die Katastrophe auch im Unterricht thematisiert und besprochen wurde, da haben ganz viele Klassen gesagt: ... Können wir da nicht spontan was machen? Können wir nicht agieren? Können wir nicht da was machen?' ... Der letzte Antrag kam von der Klasse fünf, die was machen wollten, also das fängt schon ganz früh an und das finde ich so eine tolle Sache. *(Schulleitung B1b, Zeile 133-143)*

Die zweite Voraussetzung, um entsprechende Projekte umsetzen zu können, ist das Engagement von Lehrkräften, wie Schulleitung B1a mit Blick auf die Erfahrungen an ihrer eigenen Schule ausführt:

> Es sind zunächst mal Personen, zwei Lehrer gewesen, die die Initiative übernommen haben und gesagt haben: ... Das machen wir weiter'. Wenn diese Personen in der Lage sind, zu motivieren und zu zeigen: Da ist was, wo wir uns engagieren können, das geht auch in die Schule mit ein. *(Schulleitung B1a, Zeile 92-95)*

Aber auch Lehrkraft C2 sieht das Hineintragen des Bildungskonzepts durch einzelne Lehrkräfte, die sich engagieren, als Chance für die Implementation von BNE an Schulen:

```
Ich glaube, es muss ein Lehrer sein, ein Kollege sein
oder Kollegin sein, die sich das ganz groß auf die Fah-
ne hängt und sagt, ich möchte hier noch was bewegen.
```
(Lehrkraft C2, Zeile 445-447)

Sind diese Voraussetzungen vorhanden, empfiehlt es sich, nach Aussage von Schulleitung B1a, ein konkretes Projekt zum Anlass zu nehmen und im Kleinen zu beginnen, um daraus weitere Aspekte erwachsen zu lassen. Welche Möglichkeiten der Implementation in diesem Zusammenhang für weiterführende Schulen außerhalb von Modellversuchen bestehen bzw. von den befragten Experten gesehen werden, wird im folgenden Abschnitt näher beleuchtet.

8.5.3 Möglichkeiten der Vermittlung von BNE

In Kapitel 8.5.2 haben sich bei den Anlässen zur Auseinandersetzung mit BNE bereits einige Möglichkeiten der Einbindung dieses Bildungsauftrags an weiterführenden Schulen in Nordrhein-Westfalen außerhalb von Modellversuchen angedeutet. Diese werden nun genauer untersucht und es wird damit zusammenhängend der Frage nachgegangen, wie Aspekte des Bildungskonzepts vermittelt werden können und welche Auswirkungen auf das Bewusstsein und Verhalten der Schülerinnen und Schüler beobachtet werden.

Nachhaltigkeitsbezogene Themen im Unterricht

Ebenso wie die Ergebnisse der Online-Befragung der Lehrkräfte gezeigt haben (vgl. Kapitel 8.2.1), deuten auch die qualitativen Befunde daraufhin, dass sich in allen Unterrichtsfächern eine Einbindung von BNE in den Unterricht anbietet. Exemplarisch verdeutlicht dies die Aussage von Lehrkraft A2 auf die Frage, in welchen Fächern BNE einbezogen werden könnte:

```
In allen Fächern. Natürlich, weiß jetzt nicht, wie es
in Musik - selbst in Musik wird es vermutlich auch die
Nachhaltigkeitsaspekte geben. ... Aber selbst im fran-
zösischen Lehrplan da wird ... in der kontrastiven
Wahrnehmung anderer Kulturen um für sich selber da eine
gewinnbringende - ja auch eine Selbstfindung muss da
sein. Und diese Selbstfindung dient ja immer, dass man
als Mensch in einer Gesellschaft so lebt, dass die
nachfolgenden Gesellschaften mindestens den gleichen
Lebensstand halten können, den wir haben. Da trägt je-
des Fach zu bei, klar. (Lehrkraft A2, Zeile 69-79)
```

Schulleitung B1a betont in diesem Zusammenhang ferner, dass Themen der BNE nicht losgelöst von den Lehrplänen, sondern in Verbindung mit dem Fächerkanon behandelt werden sollten. Alle Befragten berichten davon, dass sie eine Einbindung von BNE in den Unterricht mit den vorgegebenen Curricula als vereinbar einschätzen.

Neben dieser curricularen Verankerung stellt sich die Frage, inwieweit eine Vermittlung über alle Jahrgangsstufen hinweg möglich ist. Die quantitativen Ergebnisse haben dazu gezeigt, dass eine Einbindung nachhaltigkeitsbezogener Themen in allen Jahrgangsstufen stattfindet, der Schwerpunkt aber in den höheren Jahrgängen gesetzt wird (vgl. Kapitel 8.2.1). Die befragten Experten bestätigen in den Interviews ebenfalls, dass ein vertiefendes Verständnis für diese Themen in der Oberstufe vermittelt werden kann. Unterschiedlich wahrgenommen werden hingegen die Möglichkeiten einer Bearbeitung mit jüngeren Schülerinnen und Schüler, wobei die Befragten der Schulen, die den Bildungsauftrag für nachhaltige Entwicklung explizit verankert haben, eine möglichst frühe Einbindung befürworten:

> Also das spür ich ganz deutlich, dass je jünger der Schüler, umso mitgerissener ist er. Auch, wenn man im Unterricht solche Themen behandelt ... und [die jüngeren Schülerinnen und Schüler] verstehen das Prinzip der Nachhaltigkeit sofort und wundern sich über die bösen Erwachsenen, die das nicht tun ... Natürlich würde ich auf jeden Fall immer erst - je niedriger, desto eher anfangen. Also, bei den Kindern anfangen und sie damit aufwachsen lassen. *(Lehrkraft B2, Zeile 203-224)*

In diesem Zitat spiegelt sich auch eine weitere Aussage der Experten wider: die Wichtigkeit einer aufbauenden Vermittlung von BNE über mehrere Jahre hinweg. So wird von den Befragten befürwortet, dass in den jüngeren Jahrgangsstufen ein Basiswissen in dem Bereich nachhaltige Entwicklung unterrichtet wird, auf welches in den älteren Jahrgangstufen aufgebaut werden kann.

Damit zeigt sich anhand der Experteneinschätzung aus der Praxis, dass die Einbindung nachhaltigkeitsbezogener Themen in den Unterricht an Gymnasien in Nordrhein-Westfalen für viele Fächer auch dann als möglich eingestuft wird, wenn in der Schule kein Schwerpunkt in diesem Bereich gesetzt wird. Im Folgenden soll beleuchtet werden, dass aus Sicht des befragten Lehrpersonals auch außerhalb des Unterrichts unterschiedliche Möglichkeiten zur Integration des Bildungskonzepts zur nachhaltigen Entwicklung bestehen.

Einbindung von Bildung für nachhaltige Entwicklung außerhalb des Unterrichts

Eine Implementation von BNE an weiterführenden Schulen kann außerhalb des Unterrichts auf unterschiedlichen Ebenen erfolgen. In Kapitel 5.3.2 wurde bereits die Möglichkeit angesprochen, Aktionen durchzuführen, mit denen ein konkretes Projekt im Ausland finanziell unterstützt wird. Von einem solchen Projekt an ihrer Schule berichten drei der Befragten, wobei sich zeigen wird, dass die Umsetzung vielfältig ausfallen kann. An Schule A und B werden unter anderem Veranstaltungen wie Konzerte und Themenabende zugunsten des Projekts durchgeführt. Schulleitung D1 berichtet hingegen von einer durch die Schülervertretung organisierten Aktion, bei der jede Schülerin und jeder Schüler einen Cent am Tag für eine Schule in Afrika spendet. Durch direkte Beziehungen zu diesen Projekten, erhalten die Schülerinnen und Schüler eine Rückmeldung für ihr Engagement, wie beispielsweise Schulleitung B1b erzählt:

> ... und dann gibt es eben einen entsprechenden Abend ... mit afrikanischer Kost und Bildern, wo man die Armut sieht und welche Freude man da bewirken kann. Und wenn man einen ganzen Raum sieht voll mit Schülern, die begeistert gucken und haben da Bücher in der Hand, das ist einfach so was Konkretes und die sehen, das, was wir hier sparen, kann man da nutzbringend anwenden. Und das ist wesentlich überzeugender für Schüler, als wenn ich jetzt so in der Theorie bleib. Das ist also eine ganz wichtige Sache, dass man eben so vor Ort zeigt: Da müsst ihr euch einsetzen, da könnt ihr helfen. *(Schulleitung B1b, Zeile 64-71)*

Daneben berichtet das befragte Lehrpersonal von Arbeitsgemeinschaften als eine weitere Möglichkeit BNE zu integrieren. Diese finden im Zusammenhang mit den zuvor aufgeführten Projekten, aber auch mit ökologischer Ausrichtung statt. Dabei wird insbesondere durch Arbeitsgemeinschaften die Möglichkeit gesehen, die Schülerinnen und Schüler dazu anzuregen, neue Ideen einzubringen. So berichtet zum Beispiel Lehrkraft D2 von einer Umwelt-AG, in der die Schülerinnen und Schüler Energiesparmöglichkeiten im Schulgebäude suchen, die dann von der Schule umgesetzt werden. Dass damit auch Schülerinnen und Schüler anregt werden können, die sich nicht an einer solchen AG beteiligen, beschreibt Lehrkraft B2:

> Dann gehen die durch den Unterricht und klopfen und sagen: ... Also, wir sind von der Agenda 21 und wir machen wieder so eine Aktion'. Und dann erklären die das den Schülern. Die arbeiten auch sehr eigenständig. ... das ist immer besser, als wenn ein Lehrer kommt und sagt: ... Du, du, du, wir müssen aber jetzt mal auf die Umwelt achten, und jetzt machen wir mal'. Das find ich

```
ganz  schön,  dass  das  von  Schülerkreisen  ausgeht  und  -
ja,  das  wirkt  auch.
```
(Lehrkraft B2, Zeile 193-202)

Insofern können Arbeitsgemeinschaften ergänzend dazu genutzt werden, eine Reflexion des eigenen Handelns anzuregen und ein umweltbewusstes Agieren unter den Schülerinnen und Schülern zu fördern. In Schule D wurde darüber hinaus noch ein weiterer Weg gefunden, umweltbewusstes Verhalten zu fördern: In jeder Klasse wird eine Schülerin bzw. ein Schüler als Umweltpate ernannt und erhält die Aufgabe, im Klassenraum auf ressourcenschonende Aspekte – wie auf die Regulierung der Heizung – zu achten. Ein solches Beispiel zeigt die Möglichkeiten für nachhaltiges Verhalten in der Schule, die wiederum auf sehr unterschiedlichen Ebenen stattfinden können. Lehrkraft D2 berichtet beispielsweise von einem Projekt eines Schulladens, bei dem auf umweltfreundliche Materialien geachtet wird. Lehrkraft B2 weist auf die Solarstromanlage auf dem Dach der Schule hin. Unter anderem durch ein aufgestelltes Zählwerk soll den Schülerinnen und Schüler ins Bewusstsein gerufen werden, wie viel Strom damit gespart wird. Daneben werden von den Experten Projekttage als Möglichkeit zur Integrierung von Themen aus dem Bereich der BNE genannt. Zusammenfassend lässt sich eine breite Palette an Umsetzungsmöglichkeiten des damit verbundenen Bildungsauftrags aufzeigen.

Handlungsorientierte Kompetenzvermittlung

Neben einer Vermittlung von Inhalten wird von allen Experten aus der Praxis die Förderung von Kompetenzen im Hinblick auf nachhaltige Entwicklung als bedeutsam angesehen. Die von den Befragten genannten Kompetenzen, welche die Schülerinnen und Schüler in diesem Zusammenhang erlernen sollen, lassen sich in drei Bereiche gliedern: Als erstes werden Kompetenzen zur Analyse und Begutachtung von Themen in Bezug auf Nachhaltigkeit genannt. Zweitens sollen die Schülerinnen und Schüler erlernen, entsprechende Lösungsstrategien zu finden. Ein dritter Bereich umfasst die Kompetenzen, um die Inhalte an Andere vermitteln zu können. Lehrkraft A2 erläutert diese Kompetenzvermittlung anhand einer kürzlich an ihrer Schule durchgeführten Gruppenarbeit im Fach Erdkunde:

```
...  Und  das  haben  die  ...  zunächst  mal  analysiert,  die
ganzen  Problemfelder,  haben  Beziehungen  hergestellt  ...
und  dann  versucht,  Lösungswege  zu  entwickeln.  Und  da
muss  man  natürlich  Sachkompetenz  haben,  um  tatsächlich
dann  auch  die  Urteilskompetenz  da  einbringen  zu  können.
Allerdings  auch  eine  Methodenkompetenz,  denn  sie  müssen
ja  aus  unterschiedlichen  Materialien  eine  Karte  lesen,
```

```
ein Diagramm auswerten, Texte markieren, strukturieren
... eine Aufgabe war dann ein Plakat zu erstellen, wo
das ... Beziehungsgeflecht deutlich wird. Und da haben
sie gesehen, dass das gar nicht so einfach ist, jetzt
mit Pfeilen oder mit einer graphischen Darstellung,
auch das ist eine Kompetenz, wie vermittle ich [das]
dann tatsächlich ... generell geht es darum, dass je-
mand, der keine Ahnung hat, später, nach dem Vortrag
oder nach dem Betrachten dieses Plakates, auf dem Stand
ist und sagt: ... Ja, diese Thematik oder die Problema-
tik habe ich verstanden.' (Lehrkraft A2, Zeile 52-66)
```

Die Expertenaussage deutet darauf hin, dass sich das in Kapitel 3.3 dargelegte theoretische Konzept der BNE mit den damit verbundenen Kompetenzen gut in den Unterricht integrieren lässt. Auch das Hauptziel des Bildungskonzepts, die Vermittlung von Gestaltungskompetenz, wird von dem befragten Lehrpersonal als zentral für die Förderung nachhaltigkeitsrelevanten Verhaltens angesehen. Allerdings ergibt sich in diesem Zusammenhang eine Diskrepanz zwischen denjenigen Schulen, an denen BNE als ein Schwerpunkt betrachtet wird, und solchen, in denen sich noch nicht mit diesem Bildungsauftrag auseinandergesetzt wurde. In ersteren werden – wie anhand der in Kapitel 8.5.3.2 erläuterten Möglichkeiten der Umsetzung im Schulkontext deutlich wird – viele handlungsorientierte Anregungsgelegenheiten wahrgenommen. Lehrkraft C2 sieht dagegen wenig Handlungsmöglichkeiten für die Schülerinnen und Schüler:

```
Aber wie gesagt, es ist sehr schwer Schüler - ich glau-
be, das ist auch noch nicht in deren Horizont und Sie
hatten jetzt gefragt: Was kann man machen? Praktischer
Natur - was will man praktisch machen? Man kann sie nur
anhalten, sich anders zu verhalten, man kann sie belo-
bigen, wenn sie mit dem Fahrrad kommen oder halt eben
mal aufmerksam sind und an Kleinigkeiten des Alltags
das festmachen. Weil sie zahlen auch nichts, das bezah-
len meist die Eltern. Alles, was Schule ist, ist so-
wieso nicht transparent, wer das zahlt. ... also ich
denke, da ... [darf] man auch die Kinder ... nicht
überfordern und zu viel verlangen. Und ich denke, als
Erwachsene sollte man vorbildlich vorgehen, so was im-
mer wieder ansprechen, aber ob man letztendlich ein Um-
denken, aktives Umdenken schafft - ich glaube das ist
für Schüler - und ich sag mal für Sek. I Schüler und
für Erprobungsstufenschüler - noch ganz weit weg. (Lehr-
kraft C2; Zeile 196-208)
```

Dieses Beispiel weist auf die Wichtigkeit hin, Lehrkräfte anhand von Handlungsbeispielen aufzuzeigen, wie eine Vermittlung von BNE praxisnah und handlungsanregend stattfinden kann. Denn ansonsten stellt sich die Frage, wie Schülerinnen und Schüler Handlungskompetenzen in diesem Bereich erlernen sollen, wenn selbst die Lehrkräfte kaum Handlungsmöglichkeiten für die Heranwachsenden erkennen.

In dem soeben aufgeführten Zitat spricht die Lehrkraft C2 zudem die Einflussnahme der Lehrkräfte auf die Schülerinnen und Schüler im Bereich der BNE an. Welche Möglichkeiten das befragte Schulpersonal in diesem Zusammenhang wahrnimmt, wird im folgendem Abschnitt besprochen.

Motivierung von Schülerinnen und Schülern

In den Ergebnissen der Onlinebefragung zeigt sich eine recht unterschiedliche Einschätzung der Lehrkräfte zur schulischen Einflussnahme auf das nachhaltigkeitsbezogene Bewusstsein und nachhaltigkeitsrelevante Verhalten der Schülerinnen und Schüler. Das Lehrpersonal der qualitativen Expertenbefragung, welches bereits Erfahrungen in der Vermittlung von Aspekten aus der BNE gesammelt hat, nimmt zumindest eine kurzfristige Motivierung der Schülerinnen und Schüler in diesem Bereich wahr. Allerdings zeigt sich nach Aussage von Lehrkraft B2 und Schulleitung B1a eine stärkere Anregung der Schülerinnen und Schülern bei der Durchführung konkreter Projekte als bei einer theoretischen Behandlung im Unterricht. Dies verweist wiederum auf eine handlungsorientierte Vermittlung, welche bereits im vorherigen Abschnitt beleuchtet wurde. Gleichwohl werden vom überwiegenden Teil der Experten auch andere Einflussquellen auf die Schülerinnen und Schüler genannt: das Elternhaus, der Freundeskreis und die Medien. So merken einige Experten an, dass die Schülerinnen und Schüler im Elternhaus nicht mehr ein geschlossenes Wertesystem vermittelt bekommen, so dass der Schule bei der Wertevermittlung eine größere Rolle zukommt:

> Ich denke ... die grundlegenden Orientierungen kommen aus dem Elternhaus - oder sie kommen nicht aus dem Elternhaus - und ich sehe Schule häufiger eher als sozialen Reparaturbetrieb. Was wir also alles machen müssen, machen sollen, wo die grundlegenden Dinge aus Elternhäusern oder dem gesellschaftlichen Umfeld nicht mehr geleistet werden. *(Schulleitung C1, 288-292)*

Anhand der Aussagen der Experten aus der Praxis lässt sich schwer einschätzen, welchen längerfristigen Einfluss die Schule auf das nachhaltigkeitsbezogene Bewusstsein und Verhalten der Schülerinnen und Schüler tatsächlich nimmt. Da sich die verschiedenen Einflussquellen jedoch nicht voneinander trennen lassen, hält es Lehrkraft B2 für besonders wichtig auf allen Ebenen die Schülerinnen und Schüler anzuregen:

> Aber ich halte es für ganz schwer überprüfbar - auch
> ganz schwer auseinander haltbar. Sagen wir mal, ich hab
> da hinterher den 20-Jährigen, der ist gar nicht mehr in
> der Schule und der ist - auf einer Skala von eins bis
> zehn - ist der sagen wir mal jetzt auf Punkt sieben
> ‚Engagement für Nachhaltigkeit'. Ja, von diesem Punkt
> sieben auf der Skala, wie viel hat dann Schule zu bei-
> getragen? Wie viel Medien? Wie viel Elternhaus? Ich
> könnte mir schlecht einfallen lassen, wie man so was
> überprüfen wollte? ... Deswegen finde ich es wichtig,
> dass es im Endeffekt überall passiert, dass es in Schu-
> le passiert, dass es im Elternhaus passiert ... *(Lehrkraft
> B2, Zeile 243-253)*

Um ein nachhaltigkeitsbezogenes Bewusstsein und nachhaltigkeitsrelevantes Verhalten bei den Schülerinnen und Schülern zu fördern, wird es als wichtig angesehen, mit den Eltern zusammen zu interagieren und sie in die Geschehnisse in der Schule zu involvieren. Schulleitung A1 fasst diese gemeinsame Aufgabe wie folgt zusammen:

> Der Erziehungsauftrag ist ein gemeinsamer aus Eltern-
> haus und Schule. Und das, was wir grundsätzlich machen,
> können wir nicht gegen die Eltern machen, sondern nur
> gemeinsam mit ihnen. Und nur wenn Eltern hinter diesen
> Dingen stehen und mit kommunizieren, kann Schule auch
> gelingen. *(Schulleitung A1, Zeile 278-281)*

Mehrere Befragte berichten von Anregungen, die sie den Schülerinnen und Schüler nach Hause mitgeben, um eine solche ganzheitliche Vermittlung auch über den Schulkontext zu erreichen. Dass dies Erfolge haben kann, wird in der Aussage von Schulleitung B1a deutlich:

> Und wir stellen immer wieder fest, ... dass die Schüler
> über diese Bewusstmachung in ihrer Freizeit, in ihrem
> Elternhaus, zu Hause, über die Schule hinaus mit diesen
> Dingen weiterarbeiten. Und dann erreichen wir genau
> das, was wir in der Schule wollen. Inhalte in der Schu-
> le anstoßen, die dann später auch noch in das Bewusst-
> sein übergehen. Und wenn es nur zu Hause ist zu überle-
> gen: Wie verhalte ich mich, sagen wir mal, zum Thema
> Umwelt. Aber das ist ja nicht das einzige ... Dass das
> über die Schule hinaus getragen wird, das ist eigent-
> lich der Kerngedanke an der ganzen Sache. *(Schulleitung B1a,
> Zeile 148-156)*

Zusammenfassend lässt sich anhand der Experteninterviews aufzeigen, dass es möglich ist Schülerinnen und Schülern ein nachhaltigkeitsbezogenes Bewusstsein zu vermitteln und sie zu nachhaltigkeitsrelevanten Verhalten anzuregen und zu motivieren. Für die Vermittlung von BNE kommt der Schule dabei ein wichtiger Stellenwert zu. Inwieweit es gelingen kann, von Seiten der Schule dazu ein dauerhaftes und ganzheitliches Bewusstsein bei den Schülerinnen und Schülern zu fördern, wird im folgenden Abschnitt betrachtet.

Implementation von BNE als ganzheitliches Konzept

Das Konzept BNE ist so angelegt, dass die einzelnen Bereiche, in denen eine Förderung stattfindet, nicht losgelöst voneinander vermittelt werden sollen. Vielmehr sind Verbindungen zueinander herzustellen, um so der Komplexität dieses Konzepts gerecht zu werden (vgl. Kapitel 3.3). Als Grundlage wird von den Experten ein einheitliches Konzept angesehen, das konsensfähig im Kollegium sein muss. Gerade in diesem Bereich zeigt sich ein deutlicher Unterschied zwischen den Schulen, in denen sich bereits bewusst mit dem Bildungsauftrag für nachhaltige Entwicklung auseinandergesetzt wurde, und jenen, bei denen BNE eher eine implizite Einbindung findet. Zum einen spiegelt sich der Unterschied zwischen diesen zwei Schulgruppen in der Konsenswahrnehmung im Kollegium wider: So antwortet Lehrkraft D2 auf die Frage, inwieweit das Kollegium gemeinsam das Konzept umsetzt, dass ein Konsens bestehen würde, auch wenn nicht immer alle einer Sache vollkommen zustimmen. Lehrkraft C2 berichtet dagegen, dass es im Kollegium bereits bei kleineren Maßnahmen – wie Licht ausschalten oder Mülltrennung – zu kontroversen Diskussionen kommt und im Kollegium kein Konsens darüber erlangt wird. Zum anderen bestehen die Diskrepanzen bei der Vermittlung auf Grundlage eines gemeinsamen Konzepts: So berichtet Schulleitung C1 von der Integrierung nachhaltigkeitsbezogener Themen in unterschiedlichen Unterrichtsfächern, weist aber selbst darauf hin, dass sich dahinter kein gemeinsames Konzept verbirgt:

> So sind es immer nur einzelne Bausteine - das ist so - und damit bezweifle ich, dass das wirklich eine nachhaltige Bildung in dem Bereich gibt. *(Schulleitung C1, Zeile 130-132)*

Im Vergleich dazu beschreiben Schulleitung B1a und B1b die Umsetzung von BNE als ein Mosaik, das aus vielen Bereichen besteht, die einander ergänzen:

> ... dieses Konzept der Bildung für Nachhaltigkeit ist ja nicht an einen Teil gebunden, sondern das ist ja ein ganz weites Feld, das man wie Mosaiksteine zusammenfügen kann zu einem Bild. Und das ist hier an der Schule gemacht worden. *(Schulleitung B1a, Zeile 169-172)*

Eine solche Verbindung erfolgt an Schule B durch fächerübergreifendes und fächerverbindendes Unterrichten sowie durch die Verknüpfung von unterrichtlichen und außerunterrichtlichen Aspekten. Eine solch ganzheitliche Vermittlung zeigt nach Meinung der Befragten neben der Kompetenzvermittlung an die Schülerinnen und Schüler auch positive Auswirkungen für die Lehrkräfte:

> Also, das ist wirklich wie ein Mosaik, da kommt eins zum anderen. Und für die Kollegen ist das Schöne an der Sache, dass die eben auf Bestehendes zurückgreifen können, die haben ja dann Anregung und auch entsprechendes Material und das fasst ineinander. ... Das ist nicht so was von oben Aufgedrücktes: ... Jetzt arbeitet mal zusammen und kooperiert.' Sondern es ergibt sich einfach. *(Schulleitung B1b, Zeile 200-206)*

Wichtig wird demnach von den Experten angesehen, dass die einzelnen Möglichkeiten der Implementation von BNE in Schule und Unterricht in Kombination und verbindend zueinander umgesetzt werden. Anhand der Aussagen der Befragten lassen sich Hinweise dazu finden, dass die Schülerinnen und Schüler dadurch immer wieder auf verschiedenen Ebenen angeregt werden und so auch längerfristig ein nachhaltigkeitsbezogenes Bewusstsein gefördert werden kann. Um zu einer ganzheitlichen Implementation von BNE zu gelangen, ist die schulinterne Organisation dieses Prozesses von Bedeutung. Daher wird dieser Aspekt im Folgenden anhand der Experteninterviews analysiert.

8.5.4 Schulinternes Management bei der Implementation von BNE

In Kapitel 2.1 wurde anhand von Innovationstheorien und Forschungsergebnissen zur Implementation von Neuerungen dargelegt, welchen Stellenwert der Schulleitung und der Organisation innerhalb der Schule bei der Implementation von Innovationen beigemessen wird. Im vorliegenden Kapitel werden die Experteninterviews dahingehend beleuchtet, inwieweit die Befunde aus der Innovationsforschung sich auch in den Aussagen der Befragten widerspiegeln und welche Hinweise sich daraus für die Förderung der Implementation von BNE ergeben. Dazu wird in einem ersten Schritt analysiert, wie an den Schulen zu einem positiven Innovationsklima beigetragen wird. Des Weiteren wird die wahrgenommene Rolle der Schulleitung bei der Implementation von Innovationen in Augenschein genommen und untersucht, durch welche Maßnahmen die Schulleitungen versuchen, Innovationen voranzutreiben.

Die interviewten Experten sind sich einig, dass Kommunikation ein zentrales Element im Implementationsprozess darstellt. Sie sind der Meinung, dass eine dialogische Auseinandersetzung mit Neuerungen die Bereitschaft zur Beteiligung an der Umsetzung im Kollegium vergrößert. Schulleitung A1 nimmt beispielsweise in diesem Zusammenhang die Kolleginnen und Kollegen gedanklich als gleichberechtigten Partnerinnen und Partner wahr:

> Und da muss im Grunde nur ein Kommunikationsweg gefunden werden und wichtig ist, dass man sich Zeit lässt bei all der Diskussion und nicht versucht, Dinge übers Knie zu brechen. Und dann kann man eine ganze Menge miteinander erreichen und miteinander anschieben. *(Schulleitung A1, Zeile 246-249)*

Auch die anderen Schulleitungen sehen den Dialog mit dem Kollegium als Schlüssel, um den in Kapitel 8.5.3.5 angesprochenen Konsens erreichen zu können. Damit wird die benötigte Unterstützung von Seiten des Kollegiums wahrgenommen. Dass dabei die Berücksichtigung der Bedürfnisse und Interessen der Lehrkräfte von Seiten der Schulleitung als förderlich angesehen wird, macht die Aussage von Schulleitung B1b deutlich:

> Heute stellt die Schule sehr viele Ansprüche an die Lehrer und wenn die bereit sind, über das erforderliche Maß hinaus Freizeit zu investieren, müssen die schon interessiert sein. Und das klappt eigentlich nur, wenn die wirklich dann auch motiviert sind. Und nicht von oben aufgesetzt ... Das erweckt einen ganz anderen Widerstand. *(Schulleitung B1b, Zeile 241-246)*

Demnach werden die Partizipationsmöglichkeiten der Lehrkräfte im Implementationsprozess, die nicht nur eine bloße Ausführung betreffen, sondern vielmehr durch den Einbezug des Kollegiums bei Entscheidungen sichtbar werden, als bedeutend für ein positives Innovationsklima angesehen. Mehrere Experten sprechen sich in diesem Zusammenhang insbesondere für solche Innovationen aus, die von innen heraus angeregt werden:

> Aber die besten Ideen sind doch immer die, die nicht von oben kommen, sondern die zum Beispiel aus dem Stoff, aus der Sache kommen oder die von außen an die Schule herangetragen werden, über Eltern, Schüler oder auch von Kollegen. *(Schulleitung B1a, Zeile 226-229)*

Dies verweist wiederum auf die in Kapitel 8.5.2 thematisierte Offenheit für Anregungen, die als Voraussetzung angesehen wird, um Anlässe zur Auseinandersetzung mit und Möglichkeiten zur Umsetzung von BNE wahrzunehmen.

Anregungen für Lehrkräfte können nach Einschätzung der Experten gut über Fortbildungen transportiert werden. Ist ein gutes Innovationsklima in einer Schule vorhanden, so wird das Fortbildungsangebot genutzt, um Neuerungen Raum zu geben. Eine aus Sicht der Experten sinnvolle Organisation des Angebots in diesem Bereich beschreibt Schulleitung D2: Schule D verfügt über ein spezielles Fortbildungskonzept, bei dem alle Fortbildungsangebote gesammelt und begutachtet werden. Die Inhalte der Fortbildungen werden dem gesamten Kollegium durch diejenigen Lehrkräfte, die an den Veranstaltungen teilgenommen haben, sowohl in mündlicher als auch in schriftlicher Form weitergegeben.

Auch Lehrkraft B2 misst Fortbildungen einen hohen Stellenwert bei, um das Bildungskonzept für nachhaltige Entwicklung in Schulen einzuführen. Zudem sieht sie Vorteile darin, wenn andere Schulen von erfolgreichen Implementationsprozessen berichten:

> ... wenn ein Kollege von einer anderen Schule was er-
> zählt, wie es bei ihm geht und wie es die Schüler be-
> geistert hat oder was auch immer es gebracht hat, dann,
> wenn es eine positive Wirkung hatte, da hören die Leute
> genau hin, glaube ich, und - ja, stellen Fragen und ...
> fangen zumindest an - spätestens dann - sich zu inte-
> ressieren. Das ist eine gute Methode. *(Lehrkraft B2, Zeile 463-
> 467)*

Die Frage, wie die jeweilige Schulleitung mit Neuerungen, die in die Schule hineingetragen wird, umgeht und welche Rolle sie als Schulleitung bei der Umsetzung spielt, wird von den Befragten recht unterschiedlich eingeschätzt. An den Schulen, an denen BNE bereits auf sehr verschiedenen Ebenen eingebracht wird, stellen die Schulleitungen ihre eigene Rolle bei der Umsetzung nicht in den Mittelpunkt. Schulleitung D1 sieht die Rolle der Schulleitung im Bereich des Managements und betont die Teamorientierung bei der Umsetzung von Innovationen. Auf die Frage, wie sie ihre eigene Rolle als Schulleitung im Implementationsprozess wahrnimmt stellt sich Schulleitung B1a noch weniger in den Vordergrund:

> Als einer von vielen auf jeden Fall, der eventuell
> einen Dialog anstößt oder der einen Dialog, wenn er mal
> hängen soll an einer gewissen Stelle, ja, weiter
> schiebt. *(Schulleitung B1a, Zeile 225-226)*

Eine wesentlich zentralere Rolle schreiben Schulleitung A1, die von einer „*zentrale[n] Dreh- und Angelposition*" *(Zeile 242)* spricht, und Schulleitung C1, welche sie als Wortführer betitelt, der Schulleitung zu. Allerdings sind die Herangehensweisen dieser beiden Schulleitungen sehr unterschiedlich: Schulleitung A1 sieht sich als Initiator, der Ideen aus den Kollegium aufnimmt und in einem Dialog und mit Aufwendung von viel Zeit das Kollegium langsam an eine Neuerung heranführt. Schulleitung C1 ist es dagegen in ihrer Rolle wichtig, die Schule vor zu vielen Neuerungen zu schützen, indem sie Innovationen erst einmal skeptisch gegenübertritt und über diese entscheidet:

```
Entweder ich will das, dann geht das, oder ich will das
nicht, ... dann geht das nicht.
```
(Schulleitung C1, Zeile 188-189)

Ersichtlich wird damit insgesamt der hohe Stellenwert, der der Schulleitung bei Innovationsprozessen zugesprochen wird. Die Aussagen der Schulleitungen weisen zudem in die Richtung, dass es als hilfreich für die Umsetzung eingeschätzt werden kann, auch der Rolle des Kollegiums einen hohen Stellenwert einzuräumen und sich bewusst zu sein, dass man für die Umsetzung auf dieses angewiesen ist. Der Rückhalt im Kollegium scheint insbesondere dann notwendig, wenn die Schulleitung selbst als Initiator fungiert, wie sich anhand der Sichtweise von Lehrkraft B2 zeigt:

```
Aber ich glaub generell, dass ein Kollegium anfängt
nachzudenken, wenn der Schulleiter irgendwas verwirkli-
chen will: Wie kommt der darauf? Und warum kommt er da
jetzt mit an? Das glaube ich aber ganz sicher. ... Ich
mein, es gibt auch viele Schulleiter, die so geschickt
sind, dass wenn sie es zu ihrem eigenen Anliegen ma-
chen, sie im Endeffekt sich dann ihre Leute suchen, die
das initiieren.
```
(Lehrkraft B2, Zeile 513-522)

Zusammenfassend lässt sich somit auch für die Förderung der Umsetzung von BNE die Wichtigkeit der Schaffung eines positiven Innovationsklimas in der Schule annehmen, welches dadurch geprägt wird, dass eine Offenheit für neue Anregungen geschaffen wird. Als Möglichkeit, Anregungen zu geben, werden dazu besonders Fortbildungen und Praxisbeispiele aus anderen Schulen angesehen. Als bedeutend für die Umsetzung zeichnet sich aber auch das Verhalten der Schulleitung ab, welche dem Kollegium im Implementationsprozess fördernd oder hemmend zur Seite stehen kann.

Nachdem nun in diesem Kapitel aus Sicht der befragten Experten die Möglichkeiten zur Implementation von BNE innerhalb der Schule beleuchtet wurden, werden die Experteninterviews im nachfolgenden Kapitel dahingehend analysiert, welche Einflüsse sich von außen für den Umsetzungsprozess als hinderlich oder unterstützend erweisen.

8.6 Förderliche und hinderliche Bedingungen bei der Umsetzung

Da BNE nur eine Innovation unter vielen ist, die an die Schulen herangetragen werden, wird anhand der Experteninterviews mit Schulleitungen und Lehrkräfte von vier Gymnasien im vorliegenden Kapitel herausgearbeitet, welche Bedingungen sich als dienlich einschätzen lassen, um die Umsetzung dieses Bildungsauftrags an Schulen zu unterstützen. Ergänzt werden die Ergebnisse durch weitere Befunde aus der Onlinebefragung der Lehrkräfte (vgl. Kapitel 7.2.1).

Dazu wird zunächst untersucht, in welchen Bereichen Maßnahmen der Bildungsadministration als förderlich angesehen werden und welche Bedeutung dem Verhalten der Kommunalverwaltung in diesem Zusammenhang zukommt. Anschließend wird der Frage nachgegangen, inwieweit begrenzte zeitliche und finanzielle Ressourcen als hindernd für die Implementation von BNE an Schulen angesehen werden.

8.6.1 Förderliche bildungsadministrative Maßnahmen

In Kapitel 8.5.2 wurde bereits deutlich, dass Schulen besonders auch durch bildungsadministrative Maßnahmen dazu angeregt werden, BNE zu implementieren. So wird eine zumindest implizite Einbindung durch die curriculare Verankerung dieses Bildungsauftrags gesehen. Alle befragten Experten aus dem Gymnasialbereich geben an, dass eine Einbindung nachhaltigkeitsbezogener Themen im Unterricht stattfindet. Damit wird ein Hinweis dazu gegeben, dass dies auch eine unterstützende Maßnahme von Seiten der bildungsadministrativen Ebene für die Schulen darstellt, die keinen Schwerpunkt in diesem Bereich setzen. Zudem deuten die offenen Antworten aus der Onlinebefragung der Lehrkräfte an, dass eine noch stärkere und breitere Verankerung des Bildungsauftrags für nachhaltige Entwicklung auf curricularer Ebene die Umsetzung weiter fördern könnte: So geben die Lehrkräfte, die bisher keine nachhaltigkeitsbezogenen Themen in ihrem Unterricht behandeln, als häufigste Antwort auf die Frage, was sie von dem Einbezug solcher Themen abhält, an, dass dieser Bereich nicht zu ihren Fächern passen würde bzw. im Curriculum nicht vorgesehen ist. Und auch die Lehrkräfte, die nachhaltigkeitsbezogene Themen bereits unterrichten, antworten häufig auf die offene Frage, was sie motivieren würde, diese Themen noch mehr im Unterricht zu behandeln, dass eine deutlichere Verankerung in den Lehrplänen einen Beitrag dazu liefern würde. Damit zusammenhängend wird eine stärkere Vermittlung von Informationen über das Bildungskonzept von beiden Lehrergruppen als hilfreich eingeschätzt. Welcher Bedarf einerseits in diesem Bereich besteht und welches Potenzial andererseits dadurch freigesetzt werden könnte, lässt sich aus den beiden folgenden Aussagen von zwei Lehrkräften auf die Frage, was sie von der Behandlung nachhaltigkeitsbezogener Themen abhält, schließen:

> Eigentlich nichts und wenn ich darüber nachdenke, fallen mir auch Möglichkeiten ein, wie man auch in meinen

Fächern darauf eingehen könnte. Sicherlich gibt es aber Fächer wie Sozialwissenschaften oder Erdkunde, die dafür prädestiniert sind. *(eine Lehrkraft aus der Onlinebefragung)*

Nichts hält mich davon ab, kannte ich bisher nur nicht. *(eine Lehrkraft aus der Onlinebefragung)*

Dies kann als Hinweis darauf verstanden werden, dass die curriculare Verankerung von BNE einen Beitrag dazu leistet, die Umsetzung dieses Bildungsauftrags voranzutreiben. Dies bestätigt auch eine Aussage der Lehrkraft D2, die dadurch eine intensivere Auseinandersetzung mit dem Bildungskonzept an Schulen wahrnimmt. Gleichwohl ergibt sich, dass in den Fächern, in denen diese curriculare Einbindung fehlt, die Lehrkräfte sich seltener mit diesem Bildungsauftrag auseinandersetzen und ihn als weniger relevant für ihre eigenen Fächer wahrnehmen.

Ein Informationsdefizit besteht zum einen bei der Kenntnis über diesen Bildungsauftrag an sich, zum anderen aber auch bei den Lehrkräften, die sich bereits um eine Einbindung nachhaltigkeitsbezogener Themen bemühen, wie in Abbildung 8.13 ersichtlich wird. So wünschen sich die Lehrkräfte konkrete Anregungen zur Implementation des Bildungskonzepts in Form von Informationen, Lehrmaterialien, Fortbildungen etc.

Auch von den befragten Experten werden Fortbildungen als ein wichtiger Beitrag zur Förderung der Umsetzung des Bildungskonzepts für nachhaltige Entwicklung angesehen. Der stärkste Wunsch der Lehrkräfte betrifft – wie in Abbildung 8.13 dargestellt – konkrete Vorschläge für Projekte. Dies unterstreicht die von den Experten eingeschätzte Möglichkeit, durch konkrete Projekte BNE stärker ganzheitlich an den Schulen zu verankern. Zudem wird mit diesem Ergebnis der in Kapitel 8.5.3.3 herausgearbeitete Hinweis über die Wichtigkeit, Lehrkräfte mit handlungsnahen Beispielen zu unterstützen, verstärkt. Ein weiterer interessanter Befund zeigt sich darin, dass von den Lehrkräften zwar starke Unterstützung von außen gewünscht wird, der Bedarf einer stärkeren innerschulischen Unterstützung dagegen weit seltener gesehen wird. Von den befragten Experten wird ergänzend dazu als eine weitere Möglichkeit zur Anregung die Ausschreibung von Wettbewerben angesehen. Allerdings gibt Lehrkraft B2 zu bedenken, dass durch die Menge solcher Ausschreibungen von verschiedenen Seiten entsprechende Anregungen oftmals unberücksichtigt bleiben. Schulleitung D2 schätzt diese Vielfalt dagegen als positiv ein, da den Beteiligten dadurch eine Auswahl gegeben wird.

Abbildung 8.13: Gewünschte Unterstützung für die unterrichtliche Arbeit bei der Umsetzung von BNE von Lehrkräften, die nachhaltigkeitsbezogene Themen bereits unterrichten (Angaben in Prozent)

Für Schulen, in denen bereits eine gewisse Einbindung von BNE stattfindet, wird der von der bildungsadministrativen Seite genutzte Weg über eine Auszeichnung von Schulen als unterstützend angesehen, um durch den Zertifizierungsprozess das eigene Profil in diesem Bereich zu schärfen und die einzelnen Elemente im Kontext des Bildungskonzepts für nachhaltige Entwicklung wahrzunehmen. Die Auszeichnung selbst stellt nach Einschätzung von Lehrkraft B2 insbesondere für die Schulleitung einen besonderen Anreiz dar. Ihr als Lehrkraft war die Auszeichnung der eigenen Schule als Schule der Zukunft gar nicht mehr bewusst:

> Dann glaub ich, bleibt eher die Sache als solche im Bewusstsein als die Auszeichnung - aber das ist ja auch ganz schön, das unterschiedliche Interesse, das damit womöglich verknüpft ist. *(Lehrkraft B2, Zeile 670-672)*

In Schulen, in denen sich noch nicht mit dem Bildungsauftrag für nachhaltige Entwicklung auseinandergesetzt wurde, erscheint es dagegen erst einmal sinn-

voll, die Bedeutung dieses Bildungsauftrags, die ihm auch von der bildungsadministrativen Seite beigemessen wird, hervorzuheben.

> ... ein Land wie Nordrhein-Westfalen müsste dann sagen:
> ‚So, das ist unser Thema und jetzt geht das in die
> Schulen rein.' Und dann ist die Frage der Kontinuität.
> ... und das ist etwas, was wir also in Schulen sehr ne-
> gativ erfahren haben, in den letzten Jahren, wo manch-
> mal Dinge ganz schnell in die Schulen rein gedrückt
> wurden und nach zwei Jahren wieder raus genommen wurden
> und da ist ... in den Kollegien eine ganz große Skep-
> sis, immer die Frage: Was ist das Neue? Wie nachhaltig
> - für uns in der Schule -, ist das bleibend oder machen
> wir jetzt für zwei Jahre, drei Jahre etwas Neues und
> haben unsere Energie rein gesteckt und dann kommt die
> nächste Regierung und macht wieder etwas anders. *(Schullei-*
> *tung C1, Zeile 445-454)*

Insgesamt können die eingeschlagenen Wege durch bildungsadministrative
Maßnahmen in Nordrhein-Westfalen als förderlich für die Implementation von
BNE angesehen werden. Jedoch zeigt sich anhand der Befragungen auch, dass
diese Wege auch weiter beschritten werden müssen, wenn das Ziel eine möglichst flächendeckende Implementation des Bildungskonzepts für nachhaltige
Entwicklung sein soll. Dabei ist gerade für Schulen, die dieser Innovation zunächst eher skeptisch gegenübertreten, von Bedeutung, dass dieser Bildungsauftrag auch dauerhaft von der bildungsadministrativen Seite getragen und ihm ein
bedeutsamer Stellenwert eingeräumt wird. Als eine Unterstützung von außen
können sich dazu ergänzend auch die Kommunen erweisen, wie in den Berichten der Experten deutlich wird. Auf welche Weise dies möglich sein kann, wird
im Folgenden beschrieben.

8.6.2 Unterstützende Beiträge durch die Kommunalverwaltung

Da die Kommunen den Schulen die Gebäude zur Verfügung stellen, ist ein erster Beitrag, den die Städte und Gemeinden zur Unterstützung der Vermittlung
nachhaltigkeitsbezogener Themen leisten können, ein vorbildhaftes ressourcen-
schonendes Umweltverhalten. An allen vier ausgewählten Gymnasien wird angeben, dass die jeweilige Stadt durch Maßnahmen wie Wärmedämmung, Nutzung von Energiesparlampen u. ä. ihrer Vorbildfunktion in diesem Bereich zunächst einmal nachkommt. Ein weiterer Beitrag der Städte stellt deren Zusammenarbeit mit den Schulen im Bereich des ressourcenschonenden Umweltver-
haltens dar. Hier unterscheiden sich die Städte erheblich voneinander: In den
Schulen, in denen BNE bisher noch keinen Schwerpunkt darstellt, berichten die

Experten von einer neutralen bis zurückhaltenden Haltung der Stadtverwaltung auf die Umsetzung dieses Bildungsauftrags an den Schulen. So verweisen die Experten der Schule C auf Maßnahmen und Vorgaben der Stadt, die aber wie andere Renovierungsmaßnahmen nicht in die schulische Vermittlung von BNE einfließen. Lehrkraft A2 nimmt das Verhalten der Verantwortlichen der Kommune sogar als kontraproduktiv für die schulische Vermittlung von handlungsorientierten Kompetenzen wahr. Beispielsweise lassen sich an ihrer Schule die Heizungen nicht regulieren mit der Begründung, die Schülerinnen und Schüler würden sie zu häufig verstellen. Die Klassenräume müssen daher bei laufender Heizung gelüftet werden. Als ein weiteres hemmendes Beispiel beschreibt Lehrkraft A2 den Umgang bei der Müllentsorgung:

> ... wir haben mal angefangen, eine Zeit lang Müll zu trennen in den Klassen - wir auf Eigeninitiative. Das scheitert daran, dass die Putzfrauen, die hier durchgehen und die Mülleimer tatsächlich dann leeren, die haben nur einen Wagen und die kippen dann aus den schön sortierten Mülleimern alles wieder in ihren einen Wagen zurück. Das war dann auch so eine Sisyphusarbeit und dann merken die Schüler auch - nicht, dass sie nicht ernst genommen werden - aber es scheitert dann eben an solchen oder vielfach an äußeren Gegebenheiten, dass ein guter Wille gar nicht realisierbar ist, weil, was weiß ich, die haben halt keine drei Wagen. Und einen Antrag bei der Stadt zu stellen: ... Machen Sie größere Wägelchen!' das scheitert dann daran, was weiß ich, passen nicht durch die Türen oder sind zu teuer und das ist dann sehr schade. *(Lehrkraft A2, Zeile 220-232)*

Von einem anderen Verhalten berichten die Schulleitungen der Schulen B und D: Sie erhalten nicht nur Unterstützung durch die eigenen Städte, sondern diese schaffen auch konkrete Anreize für die Schulen. So erhalten die Schulen die Hälfte der Gelder, die durch von den Schülerinnen und Schülern durchgeführte Energiesparmaßnahmen eingespart werden:

> Die Stadt hat gesagt: ,Wenn Schulen bereit sind zum Beispiel Energiesparmaßnahmen von Schülern durchführen zu lassen, sparen wir als Stadt natürlich, aber wir sind bereit, einen Teil der Kosten, das ist Hälfte-Hälfte, den Schulen zur Verfügung zu stellen für solche Projekte, die ... [damit] in Zusammenhang zu bringen sind.' *(Schulleitung B1a, Zeile 80-84)*

Die Schülerinnen und Schüler werden damit zum umweltbewussten Handeln angeregt und gleichzeitig erhalten die Schulen dadurch finanzielle Ressourcen für weitere Projekte. An Schule B ist dieses Projekt an das Projekt zur Unterstützung der Schule in Afrika geknüpft, indem dieser mit den eingesparten Geldern geholfen wird. Aus Sicht von Schulleitung B1a war das mit ein Anlass für das Lehrpersonal sich mit diesem Bereich stärker auseinanderzusetzen. Damit zeigt sich beispielhaft, wie Städte dazu beitragen können, die Schulen in einer handlungsorientierten Vermittlung nachhaltigkeitsbezogener Themen zu unterstützen. Durch ein solches Verhalten ermöglichen die Städte auch, finanzielle Schwierigkeiten bei der Umsetzung des Bildungsauftrags für nachhaltige Entwicklung zu reduzieren. Inwieweit solch fehlende Ressourcen von den Befragten andernfalls als Hinderungsgrund gesehen werden und welche Bedeutung sie den zeitlichen Ressourcen in diesem Zusammenhang beimessen, wird im anschließenden Kapitel dargelegt.

8.6.3 Finanzielle und zeitliche Ressourcen

Da eine Vielzahl an Anforderungen an die Schulen gestellt wird, müssen sie mit ihren zur Verfügung stehenden Kapazitäten haushalten. Daraus ergibt sich die Frage, inwieweit finanzielle und zeitliche Ressourcen als hemmend für die Umsetzung von BNE angesehen werden. Finanzielle Einschränkungen werden vorwiegend von denjenigen Schulen gesehen, die diesen Bildungsauftrag noch nicht bewusst implementiert haben. Dies könnte daran liegen, dass es den Schulen bisher an Anregungen fehlt, wie BNE sich konkret umsetzen lässt. Denn Lehrkraft B2 dagegen sieht aus finanzieller Hinsicht keine Schwierigkeiten diesen Bildungsauftrag umsetzen zu können:

> Geldprobleme, was braucht man für Geld? ... sagen wir mal, wenn ich einen Aktionstag machen will, da brauch ich ein bisschen Geld für Plakate, die ich da drucken lasse oder für irgendwelche Stände, die ich aufstellen will und brauch dafür irgendwas, aber das ist ja - eigentlich sind das ja Peanuts. *(Lehrkraft B2, Zeile 550-553)*

Zeitliche Ressourcen scheinen demgegenüber viel stärker von Bedeutung zu sein. So betonen alle Experten, dass die Umsetzung immer von dem freiwilligen Engagement der Lehrkräfte abhängig ist. Ebenfalls wird von den Lehrkräften der Onlinebefragung häufig angegeben, dass Zeit ein hindernder Grund ist bzw. die Verfügung über mehr Zeit sie auch zu einer noch stärkeren Einbindung nachhaltigkeitsbezogener Themen in Schule und Unterricht motivieren würde. Gerade an Schulen, die sich nicht in diesem Bereich schwerpunktmäßig engagieren, wird in den Experteninterviews betont, dass an die Schule so viele Ansprüche gestellt werden, dass eine stärkere Implementation von BNE aus zeitlichen Gründen kaum möglich ist.

Dies verdeutlicht die Wichtigkeit, Lehrkräfte die Bedeutsamkeit von BNE aufzuzeigen und ihnen auch von bildungsadministrativer Seite zu spiegeln, welchen Stellenwert diesem Bildungsauftrag beigemessen wird, wenn ein stärkerer Transfer dieser Innovation erreicht werden soll.

> Was man eigentlich braucht, ... sind so ein paar enga-
> gierte Lehrer, da denk ich immer, die findet man in je-
> dem Kollegium, denk ich immer. Vielleicht ist das naiv
> gedacht, aber da mein ich immer, so ein paar, die sich
> für so eine Idee begeistern lassen, die muss es geben.
> *(Lehrkraft B2, Zeile 558-561)*

Die Hürde, die der zeitliche Faktor ausmachen kann, lässt sich zudem dadurch reduzieren, dass die Akteure an den Schulen erst einmal zu einer Bewusstwerdung der impliziten Verankerung von BNE, die bereits an der eigenen Schule vorhanden ist, angeregt werden und daran anknüpfend kleinschrittige Möglichkeiten zur weiteren Implementation aufgezeigt werden.

8.7   Innovationsklima an der Schule

In den Befunden der qualitativen Analysen gibt es mehrere Hinweise darauf, dass ein positives Innovationsklima an Schulen eine gute Voraussetzung für die Bereitschaft zur Auseinandersetzung und Implementation von BNE darstellt. Von den Experten wird für ein gutes Innovationsklima zum einen die Einstellung und das Verhalten der Schulleitung gegenüber Neuerungen als bedeutend für den Implementationsprozess angesehen. Zum anderen wird die Wichtigkeit des Kollegiums betont, durch welches die Umsetzung einer Innovation erst möglich wird (vgl. Kapitel 8.5). Daher besteht die Annahme, dass an Schulen, an denen das Kollegium und die Schulleitung generell offen Innovationen gegenübertreten, Anlässe zur Auseinandersetzung und Implementation von BNE eher wahrgenommen werden und infolgedessen an diesen Schulen dem Bildungsauftrag für nachhaltige Entwicklung ein höherer Stellenwert beigemessen wird. Dies wird im vorliegenden Kapitel durch eine Analyse der quantitativen Befragung der Lehrkräfte anhand eines Strukturgleichungsmodells überprüft. Bestätigt sich diese Annahme, so würde das Ergebnis darauf hindeuten, dass für die Förderung einer flächendeckenden Verbreitung von BNE im Bereich des Schulsystems nicht nur eine stärkere Vermittlung von Informationen über diesen Bildungsauftrag hilfreich erscheint, sondern auch die Schulung des Lehrpersonals sowie der Schulleitung bezüglich des Umgangs mit Innovationen im Allgemeinen.

Dazu werden in einem ersten Schritt die Annahmen bezüglich des Zusammenhangs einzelner Aspekte des Innovationsklimas zum Stellenwert der Innovation BNE an der Schule in Kapitel 8.7.1 erläutert und auf dieser Grundlage ein Pfaddiagramm erstellt. In Kapitel 8.7.2 werden dann in einem zweiten Schritt die Hypothesen empirisch überprüft.

8.7.1 Annahmen über das Innovationsklima an Schulen

Wie in Kapitel 2.1.5 anhand von Innovationstheorien und des Forschungsstands in diesem Bereich aufgezeigt wurde, kommt der Schulleitung bei der Implementation von Innovationen eine bedeutende Rolle zu. Ihr Umgang mit Neuerungen kann die Lehrkräfte in der Umsetzung dieser unterstützen. Dagegen kann eine neutrale oder skeptische Haltung den Implementationsprozess hemmen. Daher besteht die erste Annahme darin, dass eine positive Einstellung der Schulleitung gegenüber Neuerungen im Allgemeinen im Zusammenhang mit dem Stellenwert von BNE an der Schule steht. Aber nicht nur die Haltung der Schulleitung ist in diesem Zusammenhang von Bedeutung, sondern ebenfalls die Art und Weise, in der sie das Geschehen in der Schule organisiert, wie auch anhand der Experteninterviews in Kapitel 8.5.4 gezeigt werden konnte. Aus diesem Grund wird vermutet, dass an Schulen, an denen sich die Schulleitung dadurch auszeichnet, dass sie einen Überblick über das Geschehen behält, transparente Entscheidungen trifft und für einen guten Informationsfluss sorgt, eher eine Auseinandersetzung mit dem Bildungsauftrag für nachhaltige Entwicklung stattfindet.

Wie zudem anhand der qualitativen Analysen gezeigt werden konnte, werden Neuerungen häufig auch über die Lehrkräfte an Schulen herangetragen, welche sich entweder aus eigenem Interesse mit neuen Impulsen auseinandersetzen oder Anregungen durch Schülerinnen und Schüler erhalten (vgl. Kapitel 8.5.2). Dazu muss allerdings im Kollegium eine Bereitschaft bestehen, Neues auszuprobieren und sich für Innovationen zu engagieren. Besteht unter den Lehrkräften einer Schule eine hohe Innovationsbereitschaft, so kann demnach angenommen werden, dass an dieser Schule eher Anlässe wahrgenommen wurden BNE zu implementieren. Wie bereits erläutert, ist jedoch zu erwarten, dass die Einstellung der Schulleitung zu Neuerungen Wirkung auf die Innovationsbereitschaft im Kollegium hat. Zudem weisen die Ergebnisse der Experteninterviews darauf hin, dass für eine erfolgreiche Umsetzung einer Innovation ein Konsens innerhalb des Kollegiums bestehen sollte. Eine hohe kollektive Selbstwirksamkeitsüberzeugung, das heißt die Gewissheit, dass das eigene Lehrerkollegium neue Anforderungen gemeinsam bewältigen kann (vgl. dazu Warner & Schwarzer, 2009), lässt demnach auf einen positiven Zusammenhang zu der Innovationsbereitschaft des Kollegiums schließen. Aus diesen Annahmen ergibt sich das in Abbildung 8.14 dargestellte Pfaddiagramm.

Der von den Lehrkräften wahrgenommene Stellenwert von BNE an der eigenen Schule stellt in der Analyse die abhängige Variable dar. Die wahrgenommene Führungskompetenz der Schulleitung und deren Einstellung zu Neuerungen sowie die kollektive Selbstwirksamkeitsüberzeugung des Kollegiums beschreiben die unabhängigen Variablen. Als Mediatorvariable, das heißt ebenfalls unabhängig, aber gleichsam beeinflusst durch andere Variablen, dient die wahrgenommene Innovationsbereitschaft im Kollegium. Die dargestellten Konstrukte wurden anhand der quantitativen Befragung der Lehrkräfte erhoben (vgl. Kapitel 7.2.1.2) und werden auf Individualebene überprüft. Demzufolge werden auch die Einstellung und das Verhalten der Schulleitung als Wahrnehmung der Lehrkräfte betrachtet. Es sei jedoch darauf hingewiesen, dass die exogenen Variablen und Mediatorvariablen im Fragebogen so platziert wurden, dass sie nicht im Zusammenhang mit der Umsetzung einer BNE stehen, sondern für die eigene Schule im Allgemeinen erfragt wurden. Im Folgenden werden nun die Ergebnisse der Strukturgleichungsmodellanalysen vorgestellt.

Abbildung 8.14: Pfaddiagramm zum Zusammenhang des Innovationsklimas mit dem Stellenwert von BNE an der Schule

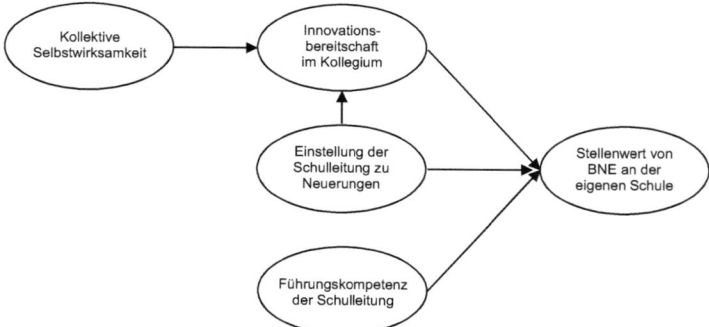

8.7.2 Empirische Zusammenhänge zum Stellenwert von BNE an der Schule

In Abbildung 8.15 sind die Ergebnisse der Analyse des Strukturgleichungsmodells abgebildet. Die Gütekriterien verweisen auf eine gute Passung des Modells

mit den empirischen Daten. Die standardisierten Faktorladungen der Messmo-
delle liegen zwischen .60 und .86 und sind alle statistisch.

Der größte Effekt auf den Stellenwert von BNE an der Schule lässt sich bei
der allgemeinen Innovationsbereitschaft im Lehrerkollegium finden. Doch auch
die Führungskompetenz der Schulleitungen hat einen bedeutenden Effekt auf
den Stellenwert dieses Bildungsauftrags. Für die Einstellung der Schulleitung zu
Neuerungen wird dagegen kein direkter Zusammenhang ersichtlich. Da jedoch
die Schulleitung mit ihrer Einstellung zu Innovationen auf die Innovationsbereitschaft im Kollegium wirkt, ergibt sich ein indirekter, statistisch signifikanter
Effekt von .10 zum Stellenwert von BNE. Ein weiterer indirekter Effekt besteht
über die Innovationsbereitschaft des Kollegiums zwischen der kollektiven
Selbstwirksamkeitsüberzeugung und dem Stellenwert des Bildungskonzepts zur
nachhaltigen Entwicklung an der Schule. Auch dieser Pfadkoeffizient erweist
sich mit einem Wert von .21 als signifikant. Insgesamt erklärt dieses Modell
26 Prozent der Variabilität des Stellenwertes, den BNE an der Schule hat. Zudem werden 49 Prozent der Varianz der Innovationsbereitschaft des Kollegiums
erklärt.

Abbildung 8.15: Strukturgleichungsmodell zu den Zusammenhängen zwischen Einstellungen und Verhaltensweisen der Schulleitung sowie des Kollegiums gegenüber Neuerungen und dem Stellenwert von BNE an der
Schule

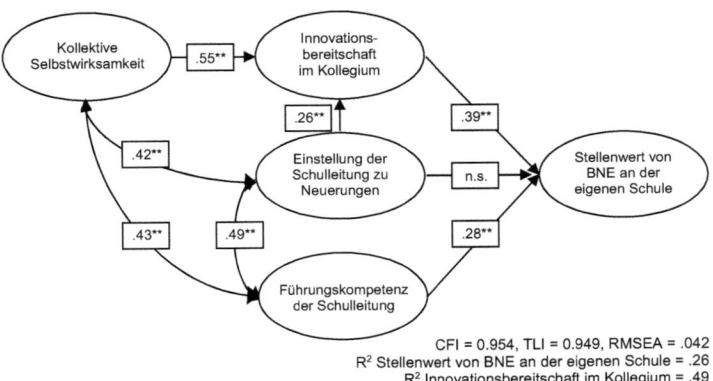

CFI = 0.954, TLI = 0.949, RMSEA = .042
R^2 Stellenwert von BNE an der eigenen Schule = .26
R^2 Innovationsbereitschaft im Kollegium = .49

Damit bestätigt sich anhand der quantitativen Daten, dass generell das Innovationsklima an der Schule in einem positiven Zusammenhang zur Wahrnehmung
von BNE an den Schulen steht. Dabei kommt der Schulleitung zum einen

dadurch eine bedeutende Rolle zu, dass eine transparente und strukturierte Führung der Schule mit der Umsetzung von BNE einhergeht. Gleichzeitig steht die
Haltung der Schulleitungen gegenüber Neuerungen im Zusammenhang zu der
Innovationsbereitschaft im Kollegium. Zudem besteht eine Beziehung zwischen
der Gewissheit, dass das Kollegium gemeinsam neue Anforderungen bewältigen
kann und einer positiven Einstellung des Kollegiums zu Innovationen. Die Innovationsbereitschaft unter den Lehrkräften hängt wiederum damit zusammen,
dass Anlässe zur Implementation dieses Bildungsauftrages wahrgenommen und
umgesetzt werden.

8.8 Zusammenfassung

Im Folgenden werden die zuvor dargestellten empirischen Ergebnisse zusammengefasst betrachtet.

Bekanntheitsgrad von Bildung für nachhaltige Entwicklung

Die Analysen zu den quantitativen Befragungen von Lehrkräften und Schulleitungen ergaben bezüglich des Bekanntheitsgrads von BNE folgende Befunde:
30 Prozent der Schulleitungen kennen das Bildungskonzept für nachhaltige
Entwicklung nicht. Bei den Lehrpersonen betrifft dies sogar mehr als die Hälfte.
Hier zeigt sich somit ein erhebliches Informationsdefizit. Eine grundlegende
Heranführung des Schulpersonals an eine Auseinandersetzung mit BNE steht
demzufolge in weiten Teilen noch aus. Auch die UN-Dekade zur BNE kann dazu keinen erheblichen Beitrag leisten, wenn erst knapp 30 Prozent der Lehrpersonen diese Dekade bis zu ihrer Halbzeit überhaupt zur Kenntnis genommen hat.
Gleichzeitig ist aber festzuhalten, dass die Mehrheit der Schulleitungen und
Lehrpersonen, die angeben, das Konzept BNE zu kennen, mit ihm konkrete Ziele verbindet (vgl. Kapitel 8.1).

Einbindung nachhaltigkeitsbezogener Themen in Schule und Unterricht

Hinsichtlich der Einbindung von Inhalten aus dem Bereich der nachhaltigen
Entwicklung hat sich in dieser Studie gezeigt: Gut 90 Prozent der Lehrkräfte, die
das Bildungskonzept kennen, behandeln nachhaltigkeitsbezogene Themen im
bzw. außerhalb des Unterrichts (z.B. in Rahmen von Arbeitsgemeinschaften).
Von den übrigen Lehrkräften gaben nach Vorlage nachhaltigkeitsbezogener
Themenbeispiele etwa Dreiviertel an, ebenfalls Inhalte aus diesem Bereich im

bzw. außerhalb des Unterrichts einzubinden. In den gesellschaftswissenschaftlichen Fächern werden über alle Schulformen hinweg die meisten nachhaltigkeitsbezogenen Themen behandelt (vgl. Kapitel 8.2).

Lehrertypen

Bei der Wahrnehmung und der Umsetzung des Bildungsauftrags für nachhaltige Entwicklung ergeben sich deutliche Unterschiede zwischen den Lehrkräften. Anhand der im Rahmen dieser Studie durchgeführten Latent-Class-Analysen konnten fünf verschiedene Lehrertypen identifiziert werden: Lehrertyp 1 und 2 (zusammen knapp 25 Prozent der befragten Lehrkräfte) misst dem Bildungsauftrag für nachhaltige Entwicklung einen hohen Stellenwert bei und setzt ihn infolgedessen innerhalb der Schule um. Darunter befindet sich sowohl eine Gruppe von Lehrkräften (Lehrertyp 1), die sich von dem eigenen Kollegium und der Schulleitung darin unterstützt fühlt, als auch eine Gruppe (Lehrertyp 2), die sich in diesem Zusammenhang eher als Einzelkämpfer sieht. Etwa die Hälfte der Lehrkräfte (Lehrertyp 3 und 4) hat sich bisher noch nicht intensiv mit dem Bildungskonzept auseinandergesetzt und sieht es daher für die eigene Arbeit auch nicht als relevant an. Bei ihnen wird aber ersichtlich, dass sie potenziell die Bereitschaft für ein Engagement in diesem Bereich zeigen. Unter ihnen gibt es eine Gruppe (Lehrertyp 3), die an der eigenen Schule eine Implementation von BNE wahrnimmt, sowie Lehrkräfte (Lehrertyp 4), die angeben, dass der Bildungsauftrag an der eigenen Schule keinen hohen Stellenwert hat. Bei den übrigen gut 25 Prozent der Lehrkräfte (Lehrertyp 5) zeichnet sich insgesamt eine eher geringe Bereitschaft zur Auseinandersetzung mit dem Bildungskonzept für nachhaltige Entwicklung ab.

Insgesamt lässt sich für die verschiedenen Schulformen keine sich stark unterscheidende Verteilung der Lehrertypen feststellen. Für die Gymnasiallehrkräfte, für die aufgrund der hohen Fallzahl in der vorliegenden Studie weitere Differenzierungen vorgenommen werden konnten, ergeben sich zudem in Bezug auf das Alter keine wesentlichen Unterschiede hinsichtlich der Verteilung auf die fünf Lehrertypen. Geschlechterspezifisch wird jedoch deutlich, dass Lehrerinnen den Bildungsauftrag stärker (auch in Eigeninitiative) umsetzen (vgl. Kapitel 8.3).

Curricularer Stellenwert von Bildung für nachhaltige Entwicklung

Wie in Kapitel 4.4 erörtert wurde, ist die curriculare Verankerung in den verschiedenen Unterrichtsfächern von BNE, sowohl in den bundesweit geltenden

Bildungsstandards als auch in den Lehrplänen für das Land Nordrhein-Westfalen, sehr unterschiedlich: In den naturwissenschaftlichen Fächern Biologie, Chemie und Physik sowie in den gesellschaftswissenschaftlichen Fächern zeigt sich in den aktuellen Lehrplänen und Richtlinien für Nordrhein-Westfalen eine explizite Einbindung des Bildungsauftrags. In den sprachlichen Fächern wurden in den Lehrplänen für die Sekundarstufe I Teilaspekte aufgenommen, wogegen im Fach Mathematik keine explizite Aufnahme von BNE zu finden ist (vgl. Kapitel 4.4).

In den Analysen der vorliegenden Studie wird deutlich, dass die Verankerung von BNE in den Curricula für dessen Implementation von zentraler Bedeutung ist: Die nachhaltigkeitsbezogenen Themen werden häufiger in den Fächern eingebunden, in denen eine curriculare Verankerung vorgenommen wurde. Deutlich wird dies unter anderem am Fach Englisch, bei dem für die Sekundarstufe I nur eine implizite Einbindung von Teilaspekten des Bildungskonzepts auf curricularer Ebene stattgefunden hat, wogegen für die Sekundarstufe II BNE explizit verankert wurde. Entsprechend werden an den Schulen ohne Oberstufe wesentlich weniger Themen aus diesem Bereich in den Englischunterricht eingebunden als an der Gesamtschule und dem Gymnasium (vgl. Kapitel 8.2.1).

Zudem stellt über alle Schulformen hinweg der Lehrplan den Hauptanlass für die Implementation von nachhaltigkeitsbezogenen Themen dar. Ihm kommt damit ein deutlich höherer Stellenwert als der Eigeninitiative der Lehrkraft zu (vgl. Kapitel 8.2.2). Dieses Ergebnis wird ferner durch den Befund gestützt, dass Lehrkräfte, die nachhaltigkeitsbezogene Themen nicht behandeln, als Grund dafür angaben, dass dieser Bereich nicht in den Lehrplänen ihrer Fächer vorgesehen sei (vgl. Kapitel 8.6.1).

Auch die Ergebnisse der Analysen zu den Lehrertypen verweisen in diese Richtung: So zeigt sich für die Gymnasiallehrkräfte, dass unter denjenigen, die das Fach Erdkunde unterrichten, ein überdurchschnittlich hoher Anteil dem Bildungsauftrag eine hohe Bedeutung beimisst und dementsprechend umsetzt. Unter den Mathematiklehrkräften findet sich dagegen ein sehr hoher Anteil an Lehrkräften, der sich bisher nicht mit dem Bildungsauftrag auseinandergesetzt hat. Zudem setzen diese Lehrkräfte das Bildungskonzept nicht in Eigeninitiative ohne Unterstützung in der eigenen Schule um (vgl. Kapitel 8.3.3).

Vor diesem Hintergrund überraschen die Befunde für die Biologie- und Chemielehrkräfte: Ein erheblicher Anteil dieser Lehrkräfte zeigt zwar tendenziell eine hohe Bereitschaft den Bildungsauftrag umzusetzen, eine explizite Auseinandersetzung mit ihm hat aber bei ihnen noch nicht stattgefunden (vgl. Kapitel 8.3.3). Eine Erklärung dafür könnte darin liegen, dass das Bildungskonzept stark an bereits seit langem in diesen Fächern verankerten Bildungskonzepten – wie die Umweltbildung – geknüpft ist (vgl. dazu Kapitel 3.3.3), so dass die Lehrkräfte die Novität von BNE nicht wahrnehmen und so keinen Anlass zur Auseinandersetzung mit dem Bildungskonzept sehen.

Stellenwert des Bildungsauftrags aus Sicht der Schulleitungen

Die Schulleitungen, die den Bildungsauftrag zur nachhaltigen Entwicklung kennen, messen ihm überwiegend einen hohen Stellenwert bei. Entgegen dieser klaren Positionierung nehmen sie die an der eigenen Schule vorherrschenden Zuschreibungen zur Bedeutung dieses Bildungskonzepts jedoch sehr unterschiedlich wahr: Etwa die Hälfte der befragten Schulleitungen gibt an, dass nachhaltigkeitsbezogene Themen an der eigenen Schule eher eine untergeordnete Rolle spielen und dass nur wenige Lehrkräfte sich mit BNE befassen (vgl. Kapitel 8.4).

Anlässe für die Implementation des Bildungsauftrags

Voraussetzung für die Implementation von BNE an Schulen ist, dass sie dazu veranlasst werden diesen Bildungsauftrag umzusetzen. Wie zuvor erläutert, ist die curriculare Verankerung eine Möglichkeit, allen Lehrkräften eine Auseinandersetzung mit dem Bildungsauftrag formell vorzugeben. Inwiefern sie so auch an das Konzept BNE in seiner Vielschichtigkeit herangeführt werden und es umfassend in den eigenen Unterricht einbinden, bleibt fraglich.

Neben diesem Weg wird von den für die vorliegende Studie interviewten Lehrkräften und Schulleitungen auf die Auszeichnung von Schulen für ein besonderes Engagement im Bereich der BNE durch das Landesministerium verwiesen. Dabei erweist sich diese Maßnahme als besonders geeignet, Schulen, die bereits Teilbereiche des Bildungskonzepts einbinden, zu einer expliziten Auseinandersetzung mit dem Gesamtkonzept BNE anzuregen. Insbesondere die für die Antragstellung vorgesehene Berichterstattung über die schulischen Aktivitäten in diesem Bereich führt zu einer differenzierten Selbstreflexion vor dem Hintergrund der vielschichtigen Kriterien.

Die Hinweise aus den qualitativen Ergebnissen zeigen, dass Ausgangspunkt für einen möglichen erfolgsversprechenden Weg für eine umfassende schulische Verankerung von BNE ein kleines Projekt sein kann, auf dem aufgebaut werden kann und durch das immer mehr Lehrkräfte zu einer aktiven Beteiligung anregt werden. Voraussetzung dafür ist zum einem, dass sich bereits am Anfang einige

Lehrkräfte finden lassen, die bereit sind, sich für diese Innovation zu engagieren. Zum anderen ist ein positives Innovationsklima an der Schule fördernd, wie die Aussagen der Experten deutlich machen (vgl. Kapitel 8.5.2).

Einen positiven Zusammenhang zwischen Aspekten des Innovationsklimas und der Umsetzung des Bildungsauftrags für nachhaltige Entwicklung an der Schule bestätigen auch die quantitativen Ergebnisse: Dabei zeigt sich der engste Zusammenhang zwischen dem Stellenwert des Bildungsauftrags an der eigenen Schule und der generellen Innovationsbereitschaft des Kollegiums, die wiederum im Zusammenhang mit der kollektiven Selbstwirksamkeitsüberzeugung des Kollegiums und der Einstellung der Schulleitung zu Neuerungen steht. Letzterer Aspekt hängt darüber hinaus indirekt mit dem Stellenwert von BNE an der Schule zusammen. Zudem zeigt sich ein signifikanter Zusammenhang zwischen der Führungskompetenz der Schulleitung und dem Stellenwert von BNE an der eigenen Schule (vgl. Kapitel 8.7). Aus diesen Ergebnissen kann geschlossen werden, dass die Förderung eines generellen positiven Innovationsklimas an Schulen die Bereitschaft zur Umsetzung von BNE unterstützt. Des Weiteren verweist das Ergebnis auf die Bedeutung der Schulleitungen bei der Implementation des Bildungsauftrags. Ihre Einstellungen und ihr Verhalten können sich positiv auf den Implementationsprozess auswirken, wie auch die qualitativen Befunde bestätigen (vgl. Kapitel 8.5.4).

Sind Anlässe zur Umsetzung des Bildungsauftrags gegeben und werden sie auch wahrgenommen, so stellt sich des Weiteren die Frage, welche Möglichkeiten die Schulen außerhalb von Modellversuchen haben, um BNE zu implementieren. Zur Beantwortung dieser Frage wurden im Rahmen dieser Studie weitere Befunde der qualitativen Interviews herangezogen, die im Folgenden zusammengefasst dargestellt werden.

Möglichkeiten der Umsetzung von BNE an Schulen

Im Rahmen der Modellversuche, die im Bereich der BNE bundesweit durchgeführt wurden, wurden auch Ansatzpunkte der Umsetzung des Bildungsauftrags an Schulen erarbeitet. Dies ist sofern bedeutsam, da bisher wenig untersucht wurde, inwieweit auch an Schulen, die dafür keine besondere Unterstützung von außen erhalten, Möglichkeiten der Integration von BNE gesehen werden, wurde bisher wenig untersucht (vgl. Kapitel 5.2). Die vorliegende Studie leistet einen Beitrag zur Schließung dieser Forschungslücke: Mit Blick auf die Implementation von BNE an Schulen hat sich gezeigt, dass grundsätzlich die im Rahmen dieser Studie befragten Experten für alle Unterrichtsfächer die Möglichkeit sehen, nachhaltigkeitsbezogene Aspekte einzubinden. Dabei wird eine über die Schuljahre hinweg aufbauende Vermittlung als sinnvoll erachtet, da schulischen Bildungsprozessen – neben der Einflussnahme, die besonders durch das Elternhaus und den Freundeskreis gesehen wird – ein wichtiger Beitrag für die Vermittlung eines nachhaltigkeitsbezogenen Bewusstseins beigemessen wird (vgl. Kapitel 8.5.3).

Allerdings bestehen unterschiedliche Einschätzungen dazu, ob nachhaltigkeitsbezogene Themen bereits in den unteren Jahrgangsstufen vermittelt werden können. Dies spiegelt sich auch in den quantitativen Daten wider: Hier geben die Lehrkräfte über alle Schulformen hinweg an, in den oberen Jahrgangsstufen wesentlich häufiger Unterrichtseinheiten in diesem Bereich durchzuführen als in den unteren Jahrgangsstufen (vgl. Kapitel 8.2.1). Ergebnisse der Lehr-Lern-Forschung verweisen jedoch darauf, dass eine Vermittlung von Themen aus dem Bereich nachhaltige Entwicklung bereits im Grundschulalter Erfolge zeigen kann (vgl. Kandler, 2011; Rieß, 2010). Zudem plädieren in den qualitativen Interviews der vorliegenden Studie die Experten der Schulen, an denen ein Schwerpunkt im Bereich der BNE gesetzt wird, dafür, möglichst früh mit der Förderung der Schülerinnen und Schüler in diesem Bereich zu beginnen. Daher wäre es für eine weitere Förderung der Umsetzung für nachhaltige Entwicklung an weiterführenden Schulen sinnvoll, verstärkt Möglichkeiten zur Vermittlung nachhaltigkeitsbezogener Themen an jüngere Schülerinnen und Schüler aufzuzeigen (vgl. Kapitel 8.5.3).

Für eine Einbindung von BNE außerhalb des Unterrichts werden von den Experten Arbeitsgemeinschaften und konkrete Projekte als Wege zur Vermittlung von nachhaltigkeitsrelevantem Wissen und Kompetenzen angesehen. Die qualitativen Befunde machen deutlich, dass gerade in diesen Bereichen Raum für eine handlungsorientierte und lebensnahe Vermittlung gegeben ist (vgl. Kapitel 8.5.3). Auch dies bestätigt wiederum die Erkenntnisse aus dem Bereich der Lehr-Lern-Forschung (vgl. Kapitel 5.1). Allerdings verweisen die Ergebnisse der vorliegenden Untersuchung hinsichtlich der Heranführung des Lehrpersonals an den Bildungsauftrag für nachhaltige Entwicklung auf die Notwendigkeit, den Lehrkräften konkrete Vorschläge für Handlungsanregungen der Schülerinnen und Schüler sowie für konkrete Projekte zu vermitteln (vgl. Kapitel 8.5.3). So wird von den Lehrkräften vorwiegend weitere Unterstützung in diesem Bereich gewünscht (vgl. Kapitel 8.6.1). Einen fördernden Beitrag dazu könnten – wie sich in den qualitativen Interviews gezeigt hat – die Kommunen leisten, indem sie einen Teil, der durch von Schülerinnen und Schülern durchgeführten energiesparenden Maßnahmen an der Schule eingespart wird, den Schulen zur Verfügung stellen (vgl. Kapitel 8.6.2). Daneben erhoffen sich die Lehrkräfte mit mehr und besseren zur Verfügung gestellten Unterrichtsmaterial den Bildungsauftrag stärker an der Schule implementieren zu können (vgl. Kapitel 8.6.1). Diesem Anliegen sollten die Modellprogramme entsprechen, indem Informationen, anregende Beispiele und Unterrichtsmaterialien zu BNE erstellt wurden, die vorwiegend über das Internet Verbreitung finden sollen (vgl. Kapitel 4.2). Dass ein solcher Transfer aber oftmals nicht das Schulpersonal erreicht und insbesondere im Bereich der BNE viele Dokumente nur schwerlich zugänglich sind, wurde in Kapitel 4.5 erörtert. Die vorliegenden Ergebnisse verweisen in dieselbe Richtung. Es sollte demnach darüber nachgedacht werden, wie solche Dokumente den Schulen in übersichtlicherer Form und leichter zugänglich gemacht werden können.

Die Ergebnisse der vorliegenden Studie zeigen, dass auch an Schulen außerhalb von Modellversuchen zahlreiche Möglichkeiten bestehen, den Bildungsauftrag für nachhaltige Entwicklung zu implementieren. Voraussetzung dafür ist allerdings, dass das Schulpersonal an eine Auseinandersetzung mit dem Bildungskonzept herangeführt wird. Um diesem Informationsdefizit zu begegnen, sollten zudem die Transferwege bisheriger Implementationsbemühungen weiter ausgebaut werden, damit so möglichst viele Schulen erreicht werden können.

Ganzheitliche Verankerung

Das Bildungskonzept zur nachhaltigen Entwicklung ist derart angelegt, dass es ganzheitlich und auf verschiedenen Ebenen der Schule umgesetzt wird, um so den Schülerinnen und Schülern einen mehrperspektivischen Blick auf die miteinander vernetzten Aspekte der nachhaltigkeitsbezogenen Thematiken zu ermöglichen (vgl. Kapitel 3.3). Werden an den Schulen verschiedene der soeben erörterten Möglichkeiten genutzt, so stellt sich die Frage, inwieweit die Schülerinnen und Schüler Vernetzungen selbstständig herstellen können, wenn sie ihnen unabhängig voneinander vermittelt werden. Ein weiterer Befund der qualitativen Analysen legt in diesem Zusammenhang nahe, Verbindungen zwischen den einzelnen Elementen herzustellen (vgl. Kapitel 8.5.3). Dies wird wissenschaftstheoretisch gestützt von dem didaktischen Prinzip des fächerübergreifenden und fächerverbindenden Unterrichtens, das für die Umsetzung von BNE vorgesehen ist (vgl. Kapitel 3.3.4). Die Expertenaussagen zeigen, dass mit Hilfe eines Gesamtblicks über die Aktivitäten, die an der Schule durchgeführt werden, auch auf Bestehendes zurückgriffen und Weiteres aufgebaut sowie weitere Lehrkräfte für die Umsetzung angeregt werden können (vgl. Kapitel 8.5.3). Dass aber in diesem Bereich Förderungsbedarf besteht, darauf deuten auch die Ergebnisse der quantitativen Analysen hin: Bei den nachhaltigkeitsbezogenen Unterrichtseinheiten, welche die Lehrkräfte in ihren Unterricht einbinden, findet nur in jedem sechsten Fall eine interne Kooperation statt. Kooperationen mit externen Partnern werden sogar nur bei jeder 14. Unterrichtseinheit wahrgenommen (vgl. Kapitel 8.2.3).

Die zuvor erörterten Ergebnisse der qualitativen und quantitativen Untersuchung zur Implementation von BNE an weiterführenden Schulen werden im folgenden abschließenden Kapitel diskutiert und kritisch reflektiert.

9 Fazit und Diskussion

Die vorliegende Studie hat sich mit der Implementation des Bildungskonzepts für nachhaltige Entwicklung an weiterführenden Schulen beschäftigt. Der Fokus lag dabei zum einen auf der Forschungsfrage, inwieweit der Bildungsauftrag für nachhaltige Entwicklung an weiterführenden Schulen in Nordrhein-Westfalen verankert ist. Zum anderen wurde als zweites zentrales Forschungsanliegen der Frage nachgegangen, wie BNE – außerhalb von Modellversuchen – an weiterführenden Schulen umgesetzt werden kann. Die Datengrundlage zur Beantwortung dieser und weiterführender Forschungsfragen stellt eine schriftliche Befragung von 489 Lehrkräften und 34 Schulleitungen von 50 Schulen sowie acht qualitative Experteninterviews mit Lehrkräften und Schulleitungen dar. Der Ertrag der Studie wird im Folgenden resümierend erörtert und kritisch diskutiert. Dazu werden die Ergebnisse aus drei Perspektiven betrachtet: Zunächst gilt es, die gewonnenen Erkenntnisse zu reflektieren (Kapitel 9.1). Im Anschluss hieran werden die Ergebnisse im Hinblick auf Bedingungen und Möglichkeiten für die bildungsadministrative Förderung der Implementation des Bildungsauftrags für nachhaltige Entwicklung beleuchtet und in Reflektion auf die theoretischen und empirischen Erkenntnisse aus dem Bereich der Innovationsforschung eingeordnet (Kapitel 9.2). Abschließend werden in Kapitel 9.3 die sich aus den Erkenntnissen und Grenzen der vorliegenden Studie ergebenden weiteren Forschungsbedarfe aufgezeigt.

9.1 Verankerung und Möglichkeiten der Umsetzung von BNE

Die Vereinten Nationen betrachten die Ausrichtung auf eine nachhaltige Entwicklung als unumgänglich, um künftigen Generationen ihre Lebensgrundlagen zu erhalten. Bildung wird in diesem Kontext als ein zentraler Ansatzpunkt gesehen, um bei Heranwachsenden ein Bewusstsein und Kompetenzen zu fördern, die es ihnen ermöglichen, die Welt aktiv auf nachhaltige Weise mitgestalten zu können (vgl. Kapitel 3.2). Als Bildungsauftrag ist BNE daher besonders für den schulischen Kontext von Bedeutung. Dieser von den Vereinten Nationen an seine Mitgliedstaaten gerichtete Bildungsauftrag für nachhaltige Entwicklung besteht seit zwei Jahrzehnten. Seither wurden in Deutschland und anderen Staaten sowohl auf wissenschaftlicher als auch auf bildungsadministrativer Ebene Maßnahmen ergriffen, um die Implementation der 1992 verabschiedeten Agenda 21 voranzubringen (vgl. Kapitel 3 und 4). Aus Sicht der Wissenschaft bedarf es jedoch – für eine differenzierte Einschätzung bisheriger Erfolge – Standortbeschreibungen im Sinne der Surveyforschung (vgl. DGfE, 2004). Denn erst auf dieser Grundlage kann weiterer Handlungsbedarf herausgearbeitet werden. Daher wurde in der vorliegenden Untersuchung in einem ersten Schritt für das Bundesland Nordrhein-Westfalen eine Standortbestimmung zum Ist-Zustand der Implementation des Konzepts BNE an weiterführenden Schulen vorgenommen.

Zusammenfassend zeigt sich, dass nicht von einem flächendeckenden Bewusstsein für den Bildungsauftrag zur nachhaltigen Entwicklung unter den Lehrkräften an weiterführenden Schulen in Nordrhein-Westfalen ausgegangen werden kann (vgl. Kapitel 8.1). Gleichzeitig wird anhand der Ergebnisse aber auch ersichtlich, dass die Inhalte, die mit BNE einhergehen, dennoch durch einen Großteil der Lehrkräfte vermittelt werden (vgl. Kapitel 8.2). Als stärkste Veranlassung dafür erweist sich die curriculare Verankerung des hier interessierenden Bildungsauftrags. Allerdings führt die Einbindung auf curricularer Ebene nicht unbedingt zu einer expliziten Befassung der Lehrkräfte mit dem Bildungskonzept für nachhaltige Entwicklung. Vielmehr findet in vielen Fällen eine implizite Einbindung dieses Bereichs in den Unterricht statt, wie auch die qualitativen Ergebnisse bestätigen (vgl. Kapitel 8.5.2). Eine mögliche Erklärung dafür könnte sein, dass in den Curricula weder eine Definition von BNE gegeben wird, noch detailliert auf diesen Bildungsauftrag eingegangen wird. Vor dem Hintergrund, dass der Begriff Nachhaltigkeit in allen gesellschaftlichen Bereichen Verwendung findet (vgl. Kapitel 3.1), ist zu vermuten, dass die Nutzung des Begriffs Nachhaltigkeit in den Curricula ohne weitere Ausführungen nicht das dahinter stehende bildungspolitische bzw. wissenschaftstheoretische Konzept vermittelt. Zumal in einigen Curricula der Begriff Nachhaltigkeit auch im Sinne von Dauerhaftigkeit und nicht auf Grundlage der Agenda 21 verwendet wird.

Betrachtet man das wissenschaftstheoretische Konzept zu BNE, wie es von den Vereinten Nationen für den Bildungsauftrag erarbeitet wurde (vgl. Kapitel 3.3), so wird zudem deutlich, dass die Novität dieser Innovation gerade in der Verknüpfung der ökologischen, ökonomischen und sozialen Dimension liegt. Einzelne Aspekte wie Umweltbildung und Eine-Welt-Bildung waren bereits vor der Formulierung des Bildungsauftrags für nachhaltige Entwicklung Bestandteil des Unterrichts. Erst das Wissen um diese Verknüpfung ermöglicht eine ganzheitliche Vermittlung dieses Bildungsauftrags. Wird demnach BNE als bedeutsam anerkannt, dann sollte auch eine explizite Auseinandersetzung mit dieser Innovation stattfinden.

Des Weiteren stellt sich die Frage, ob BNE in möglichst vielen Fächern umgesetzt werden soll oder ob es genügt, wenn die Schülerinnen und Schüler Wissen und Kompetenzen für ein nachhaltigkeitsbezogenes Bewusstsein und nachhaltigkeitsrelevantes Verhalten in einigen ausgewählten Unterrichtsfächern vermittelt bekommen, wie die Ergebnisse der vorliegenden Studie widerspiegeln (vgl. Kapitel 8.2). Betrachtet man das Konzept der BNE, so wird deutlich, dass es in seinen inhaltlichen Ausdifferenzierungen sowie den damit verbundenen Kompetenzerwartungen fächerübergreifend anzusiedeln ist. Es verlangt also statt einer additiven Integration in wenige Fachcurricula eine umfassende fächerübergreifende Implementation, um der Komplexität der Themen und dem Anspruch auf Vernetzung gerecht werden zu können (vgl. Kapitel 3.3). Die bildungspolitischen Rahmenbedingungen für die Umsetzung von BNE in der Schule sind dabei derzeit eher ambivalent: Zwar sprechen sich sowohl die KMK als auch das Schulministerium des Landes Nordrhein-Westfalens dafür aus, dass BNE für alle Unterrichtsfächer eine zentrale Rolle einnehmen soll, eine curriculare Einbindung wurde jedoch – wie bereits aufgezeigt – nur für einige Fächer vorgenommen (vgl. Kapitel 4.4).

Die in Kapitel 8.3 dargestellten Latent-Class-Analysen zur Bestimmung verschiedener Lehrertypen hinsichtlich ihrer Einstellungen zu BNE lassen auf eine hohe Bereitschaft zur Auseinandersetzung mit und Umsetzung von BNE unter den Lehrkräften schließen: Wenn – neben dem Viertel der Lehrkräfte, die diesen Bildungsauftrag bereits umsetzen – etwa die Hälfte aller befragten Lehrkräfte tendenziell die Bereitschaft zeigt, diesen Bildungsauftrag auch bei erhöhtem Aufwand zu unterrichten, bisher aber noch nicht zu einer Implementation angeregt wurde, so spricht dies dagegen, dass diese Innovation allein aus zeitlichen Gründen oder durch fehlendes Engagement der Lehrkräfte scheitern würde. Vielmehr deuten die Ergebnisse an, dass durch eine stärkere Verbreitung von BNE ein großer Beitrag zur Förderung der Umsetzung dieses Bildungsauftrags geleistet werden könnte.

Das Ziel einer Verankerung von BNE zieht die Frage nach sich, welche Wege einen erfolgreichen Transfer ermöglichen. Ein Transfer auf der Makroebene bedeutet – wie in Kapitel 2 beschrieben – für die Einzelschule jedoch den Implementationsprozess der Innovation, individuell angepasst an die Gegebenheiten der eigenen Schule, zu durchlaufen (vgl. Hall & Hord, 2006). Daher ist es wichtig für die Förderung der Umsetzung dieses Bildungsauftrags über Informationen darüber zu verfügen, auf welche Art und Weise eine solche Implementation stattfinden kann. Durch die beiden bundesweit angelegten Modellprogramme – das BLK-Programm „21" und das Projekt Transfer-21 – wurden in diesem Zusammenhang bereits Erkenntnisse gewonnen (vgl. Nickolaus et al., 2011; Rode, 2005). Allerdings bestand ein großes Forschungsdesiderat darin, inwieweit eine Implementation auch außerhalb von Modellversuchen unter ‚Realbedingungen' möglich ist (vgl. Kapitel 5.2). Auch dazu wurden in der vorliegenden Studie Antworten gesucht, die im Folgenden resümierend erörtert und reflektiert werden.

Wie anhand der quantitativen und qualitativen Analysen aufgezeigt wurde, bestehen auch ohne eine spezielle Unterstützung, wie sie in Modellprogrammen erfolgt, verschiedene Wege um an Schulen BNE zu implementieren. Neben einer unterrichtlichen Einbindung des Bildungskonzepts bieten insbesondere Arbeitsgemeinschaften und Projekte Möglichkeiten für eine handlungsorientierte Vermittlung. Die Schaffung von Verbindungen zwischen den einzelnen umgesetzten Elementen verhilft wiederum zu einer ganzheitlichen Implementation dieses Bildungsauftrags. Die Auszeichnung ‚Schule der Zukunft' durch das Landesministerium in Nordrhein-Westfalen unterstützt die Schulen bspw. darin, ihr Profil in diesem Bereich herauszuarbeiten und damit eine bewusste Einbindung vorzunehmen (vgl. Kapitel 8.5). Allerdings ist anzunehmen, dass für Schulen, die den Bildungsauftrag bisher noch wenig (auch außerhalb des Unterrichts) umsetzen, die Maßnahme nicht niedrigschwellig genug ist, das heißt, dass der für die Erlangung einer Auszeichnung zu betreibende Aufwand vermutlich als zu hoch eingeschätzt würde und in Folge dessen eine Beteiligung an Attraktivität für die eigene Schule verlieren würde (vgl. Kapitel 8.5.2).

Abgesehen von dem hier identifizierten Förderbedarf stellt sich die generelle Frage nach den bildungsadministrativen Zielen, die mit dem Transferprozess von BNE verknüpft werden. Unklarheit besteht darüber, inwieweit in Unterrichtsfächern, in denen keine explizite curriculare Verankerung stattfindet, eine Einbindung von nachhaltigkeitsbezogenen Themen erwartet wird. Die qualitativen Interviews haben diese Unsicherheit deutlich werden lassen und zwar im Hinblick darauf, welcher Mindeststandard bei der Vermittlung von BNE über alle weiterführenden Schulen hinweg erreicht werden soll. Aufgrund der verschiedenen Aufgaben, die an die Schulen herangetragen werden, und die Profilbildung, die an den Schulen stattfindet, kann es zu der Wahrnehmung kommen, dass BNE eine weitere Möglichkeit der Profilierung darstellt (vgl. Kapitel 8.6). Demnach kann einer bewussten Auseinandersetzung an Schulen dadurch ausgewichen werden, dass BNE als ein optionaler Schwerpunkt gesehen wird, der an einigen Schulen gesetzt wird, wohingegen andere Schulen andere Bereiche fokussieren. Wird dagegen der hier interessierende Bildungsauftrag für alle Schülerinnen und Schüler als relevant erachtet – und dafür spricht, dass bspw. die Inhalte im Schulgesetz des Landes Nordrhein-Westfalens in Form von Bildungszielen verankert sind (vgl. Kapitel 4.3) – so sollte eine Förderung der Implementation auch derart stattfinden, dass BNE nicht nur an ausgewählten Schulen umgesetzt wird. Grundsätzlich sind demnach Möglichkeiten gegeben, diesen Bildungsauftrag außerhalb von Modellversuchen an weiterführenden Schulen zu implementieren. Es besteht jedoch noch wenig Klarheit darüber, welche Erwartungen von bildungsadministrativer Seite an die Schulen gerichtet werden. Dies ist auch vor dem Hintergrund von Bedeutung, dass die Befunde der vorliegenden Studie auf fehlende zeitliche Ressourcen als ein Hemmnis für die Umsetzung von BNE verweisen (vgl. Kapitel 8.6.3).

Da – auch wenn die Ziele nicht hinreichend klar definiert sind – die Richtung aber grundsätzlich deutlich ist, werden im Folgenden die bisherigen bildungsadministrativen Maßnahmen auf dem Weg zu einer Umsetzung dieses Bildungsauftrags an weiterführenden Schulen mit Bezug auf die Ergebnisse der vorliegenden Studie resümierend diskutiert.

9.2 Bildungsadministrative Förderung von BNE

Die Ergebnisse der vorliegenden Untersuchung verweisen darauf, dass weitere Unterstützung von bildungsadministrativer Seite nötig sein wird, damit der Transfer auf weitere Schulen erfolgreich gelingen kann. Abbildung 9.01 zeigt den idealtypischen Verlauf der bildungsadministrativen Förderung der Implementation von BNE an weiterführenden Schulen, wie er sich auf Basis der hier berichteten Befunde darstellt. Vorausgesetzt wird dabei die Bereitschaft des Schulpersonals für ein Engagement, da ohne sie die Umsetzung einer Innovation nicht möglich wäre (vgl. z.B. Hall & Hord, 2006). Die Ergebnisse liefern Hinweise dazu, dass die Umsetzung weniger an der Bereitschaft der Lehrkräfte scheitert (vgl. Kapitel 8.3). Da die Lehrkräfte ergänzend angeben, dass sie sich vorrangig mehr Unterstützung von außen wünschen (vgl. Kapitel 8.6.1), wird der Fokus hier auf die bildungsadministrative Ebene gelegt, die einen Beitrag dazu leisten kann, den Weg für möglichst viele Schulen zu ebnen.

Ein positives Innovationsklima an Schulen, dies haben die hier gewonnenen Befunde gezeigt, steht im Zusammenhang mit der Umsetzung von BNE (vgl. Kapitel 8.5.4 und Kapitel 8.7). Damit bestätigen die Ergebnisse bisherige Erkenntnisse über die Bedeutung des Innovationsklimas an der Schule für die Implementation von Innovationen (vgl. Schramm, 2007). Als bildungsadministrative Stütze wäre es in diesem Bereich sinnvoll, zu überlegen, wie besonders Schulleitungen darin gefördert werden können, innerschulische Prozesse erfolgreich zu gestalten. Denn der überwiegende Teil, der in den qualitativen Interviews berichteten Projekte, welche an den Schulen im Zuge der BNE durchgeführt werden, wurde von Schülerinnen und Schüler sowie von einzelnen Lehrkräften angeregt. Der Schulleitung kam dabei die Rolle zu, diese Anregungen aufzugreifen, zu genehmigen und zu unterstützen (vgl. Kapitel 8.5.2). Daher erscheint es sinnvoll weitere Strategien zu entwickeln, wie solche Bottom-Up-Elemente verstärkt in dem Transferprozess Berücksichtigung finden können.

Abbildung 9.01: Idealtypischer Verlauf der bildungsadministrativen Förderung der Umsetzung des Bildungsauftrags für nachhaltige Entwicklung an weiterführenden Schulen

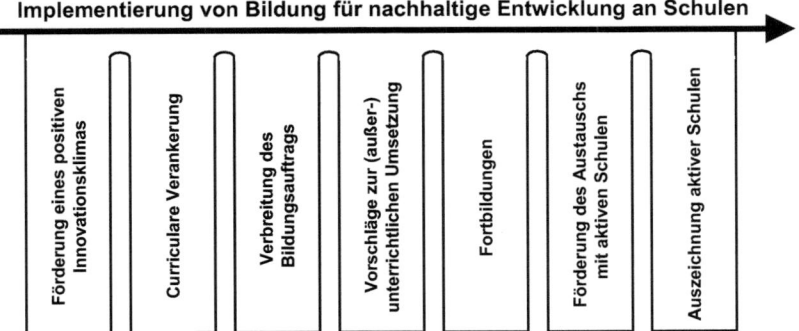

Die zweite wichtige Säule für die Unterstützung der Implementation von BNE stellt die curriculare Verankerung des damit verbundenen Bildungsauftrags dar. In diesem Bereich zeigen die Befunde eindeutig, dass die Lehrkräfte die Lehrpläne als Hauptanlass für eine Implementation ansehen (vgl. Kapitel 8.2.2). Sie stellen mithin für die befragten Schulen bereits heute eine bedeutende Stütze dar. Inwieweit explizite curriculare Verankerungen auf weitere Unterrichtsfächer ausgeweitet werden sollten, wäre – wie bereits erörtert – zu überdenken.

Die Ergebnisse verweisen auch darauf, dass die Verankerung von BNE in
den Lehrplänen nicht ausreicht, um eine aktive Auseinandersetzung der Lehrkräfte mit dem Bildungskonzept für nachhaltige Entwicklung zu gewährleisten
(vgl. Kapitel 8.5.2). Dies bestätigen sowohl Befunde bisheriger Forschungen
(vgl. u.a. Hauenschild, Rode & Bolscho, 2010; Rieß & Mischo, 2008b) als auch
für Nordrhein-Westfalen die Ergebnisse der vorliegenden Untersuchung. Aufgrund des damit einhergehenden Informationsdefizits (vgl. Kapitel 8.1) wäre es
wichtig, von bildungsadministrativer Seite den Stellenwert dieses Bildungsauftrags deutlich zu machen, wie die dritte Säule visualisiert. Dieser Aspekt
schließt an Fullan (2007) an, der die Klarheit der Vermittlung sowie die Ver-
deutlichung der Notwendigkeit einer Innovation als förderliche Merkmale für
die Steigerung der Akzeptanz unter den Beteiligten charakterisiert.

Die vierte in Abbildung 9.01 dargestellte stützende Säule umfasst die Zur-
verfügungstellung von konkreten Vorschlägen und Materialien zur unterrichtlichen und außerunterrichtlichen Umsetzung dieses Bildungsauftrags. Dazu wurde
u. a. durch die bundesweit angelegten Modellversuche ein Beitrag geleistet (vgl.
Abel, 2006; Programm Transfer-21, 2009). Da es jedoch den befragten Lehrkräften, welche bereits Inhalte der BNE in ihren Unterricht einbinden, besonders
hierbei an Unterstützung fehlt (vgl. Kapitel 8.6.1), wäre sowohl zu überlegen,
wie den Lehrkräften diese Materialien leichter zugänglich gemacht werden können, als auch, inwieweit ein Ausbau dieser Stütze möglich wäre. Denn, wie
Kriegesmann et al. (2006) verdeutlichen, ist die Weitergabe von derartigem expliziten Wissen Grundvoraussetzung für einen erfolgreichen Transfer.

Des Weiteren wird konform zu bisherigen Erkenntnissen aus dem Bereich
der Innovationsforschung (vgl. Hunneshagen, 2005) von den hier befragten Experten die Fortbildung der Lehrkräfte im Hinblick auf den Bildungsauftrag für
nachhaltige Entwicklung als förderlich für seine bewusste und ganzheitliche
Umsetzung angesehen (vgl. Kapitel 8.5.4). Bei dem Projekt Transfer-21 erwies
es sich als besonders effektiv, Schulen direkt über Schulberater auf die Umsetzung des Bildungsauftrags anzusprechen (vgl. Programm Transfer-21, 2009).
Als eine Grundlage für den Transfer wurden zudem Multiplikatoren entsprechend ausgebildet (vgl. Kapitel 4.3). Ein intensiverer Einsatz des Multiplikatorensystems könnte diese Säule der Unterstützung stärken.

Die qualitativen Befunde verweisen zudem darauf, dass sich die Lehrkräfte
insbesondere durch Kolleginnen und Kollegen anderer Schulen anregen lassen,
die über Erfahrungen mit der Implementation von BNE verfügen (vgl. Kapitel
8.5.4). Eine intensivere Förderung in diesem Bereich würde nicht nur den Trans-

fer von explizitem Wissen, sondern auch von implizitem Wissen stützen, indem Erfahrungen und Problemlösestrategien weitergetragen werden, die in offiziellen Konzepten und Dokumenten nicht enthalten sind (vgl. Kriegesmann et. al., 2006; Staudt, 1996).

Die Auszeichnung von Schulen für besonderes Engagement bei der Umsetzung von BNE stellt für sie eine Anerkennung und Würdigung ihrer Leistung dar und einen Anlass die Umsetzung an der eigenen Schule noch stärker voranzutreiben. Wie die hier gewonnenen qualitativen Ergebnisse zeigen, können Schulen dadurch zu einer stärkeren Selbstreflexion angeregt und insbesondere schulinterne Transferprozesse begünstigt werden (vgl. Kapitel 8.5.2). Eine solche Auszeichnung von Schulen besteht in Nordrhein-Westfalen bereits seit vielen Jahren (vgl. Kapitel 4.3).

Insgesamt zeigt sich, dass die Schulen die curriculare Verankerung und die Auszeichnungen der Schulen als die bisher wirksamsten Instrumente zur Implementation von BNE wahrnehmen. Zwischen der Einbindung von nachhaltigkeitsbezogenen Themen in einzelnen Unterrichtsfächern aufgrund von curricularen Vorgaben und einer ganzheitlichen Umsetzung von BNE an der Schule liegt allerdings ein weiter Weg, der ebenfalls der Unterstützung bedarf.

9.3 Forschungsdesiderate

In der vorliegenden Studie wurden Möglichkeiten zur Umsetzung des Bildungsauftrags BNE im schulischen Alltag analysiert und erörtert. Es muss an dieser Stelle jedoch auch auf Grenzen der vorliegenden Studie verwiesen werden, die sich aufgrund der fehlenden Repräsentativität der Stichprobe und den zum Teil geringen Fallzahlen bezüglich der Schulformen und Fachlehrkräfte ergeben. Daher bedarf es anschließender Forschung, um die Umsetzung dieses Bildungsauftrags weiter voranzubringen.

In Kapitel 5 wurden Forschungsbereiche für BNE mit Rekurs auf die vier von der DGfE (2004) aufgestellten Forschungsfelder vorgestellt: Lehr-Lern-Forschung, Innovationsforschung, Qualitätsforschung und Surveyforschung. Dabei wurde ersichtlich, dass in allen Bereichen noch erheblicher Forschungsbedarf besteht. Dies ist auch der recht kurzen Historie des Bildungsauftrags für nachhaltige Entwicklung geschuldet. Die hier vorgestellte Studie fokussiert die Teilbereiche Innovations- und Surveyforschung. Für den Forschungszusammenhang zur BNE als Innovation bestand ein besonders großes Forschungsdesiderat darin zu untersuchen, wie BNE an weiterführenden Schulen außerhalb von Modellversuchen implementiert werden kann (vgl. Kapitel 5.2). Mit den in dieser Studie behandelten Forschungsfragen, die anhand der Analyse von Experteninterviews und mit der Methode der Strukturgleichungsmodellierung bearbeitet wurden, wurde speziell diesem Desiderat begegnet. Dabei konnte gezeigt werden, dass auch außerhalb von Modellversuchen zahlreiche Möglichkeiten bestehen, BNE in Schule und Unterricht zu integrieren. Anhand der quantitativen und qualitativen Untersuchungen wurden darüber hinaus bildungsadministrative Bereiche aufgedeckt, die für die Unterstützung des Transferprozesses relevant sind. Unabhängig von dem Themenbereich BNE liegen für Transferprozesse von Innovationen im Schulsystem bisher nur wenige Forschungserkenntnisse vor (vgl. Kapitel 2.2 sowie Kapitel 5.2), womit sich ein an diese Studie anknüpfendes Forschungsdesiderat ergibt. Denkbare Fragestellungen sind hierbei, wie Innovationen im Bereich Bildung, die politisch gewollt und wissenschaftstheoretisch ausgearbeitet sind, so an die Schulen herangetragen werden können, dass sie wahrgenommen und umgesetzt werden. Übertragen auf den Bildungsauftrag für nachhaltige Entwicklung lassen sich daraus weitere Fragen ableiten, wie z.B. welche Möglichkeiten bestehen, Lehrkräfte und Schulleitungen über diesen Bildungsauftrag in Kenntnis zu setzen, aber auch, wie bereits erarbeitete Vorschläge und Materialien dem Lehrpersonal zugänglicher gemacht werden können. Dabei sollten Transferprozesse sowohl für den Bereich der BNE im Speziellen, als auch für die Umsetzung von Innovationen an Schulen im Allgemeinen stärker in den Fokus des Forschungsinteresses rücken.

Darüber hinaus lässt sich im Forschungsfeld der BNE insbesondere ein Forschungsdesiderat bei der Surveyforschung ausmachen (vgl. Kapitel 5.3). Indem die Kenntnis und die Umsetzung des damit verbundenen Bildungsauftrags anhand von Befragungen der Lehrkräfte und Schulleitungen von weiterführenden Schulen in Nordrhein-Westfalen untersucht wurde, konnte auch für diesen Bereich mit der vorliegenden Studie die bestehende Forschungslücke verringert werden. Der Rahmen dieser Studie ließ jedoch lediglich eine Befragung von wenigen Schulen zu und es musste auf eine repräsentative Auswahl verzichtet werden (vgl. Kapitel 7.2.1). Das bedeutet, dass es für die Gewinnung von weiteren Erkenntnissen im diesem Bereich zielführend wäre, mit Hilfe von repräsentativen Befragungen den Stand der Implementierung von BNE zu ermitteln. Dazu wäre es wünschenswert, eine größere Fallzahl an Schulen sowie möglichst das gesamte Kollegium der jeweiligen Schulen zu diesem Kontext zu befragen, um so den Stand des internen und externen Transfers einschätzen zu können.

Hierfür könnten die fünf in dieser Studie mittels Latent-Class-Analysen ermittelten Lehrertypen genutzt werden. Zum einen könnte dadurch, dass in den Lehrertypen die Wahrnehmung der Umsetzung an der eigenen Schule mit enthalten ist, der interne Transfer gemessen werden. An Schulen, an denen viele Lehrkräfte einen hohen Stellenwert für den Bildungsauftrag für nachhaltige Entwicklung im Kollegium wahrnehmen, weist dies auf eine ganzheitliche Verankerung hin. Weitere Hinweise zum internen Transfer werden zudem über die eigene Beteiligung der Lehrkräfte gegeben. Zum anderen würde die Möglichkeit der Messung des externen Transfers darin bestehen, eine repräsentative Anzahl an Schulen im Hinblick auf die Verteilung ihrer Lehrkräfte auf die fünf Lehrertypen zu analysieren.

Im Rahmen einer solchen repräsentativen Befragung der Lehrkräfte wäre es zudem sinnvoll, auch die Schülerinnen und Schüler zu untersuchen. Hier stellen sich Fragen wie z.B. welche Aspekte der BNE die Heranwachsenden an der eigenen Schule wahrnehmen. Letztendlich sollte aber auch – sofern davon ausgegangen werden kann, dass die Lehrkräfte diesen Bildungsauftrag kennen und umsetzen – untersucht werden, inwieweit die Schülerinnen und Schüler Wissen in diesem Bereich erlangen und entsprechende Kompetenzen erlernen. Auch in diesem Zusammenhang liegen vorwiegend nur Erkenntnisse vor, die im Rahmen von Projekten gewonnen wurden. Forschung dazu, inwiefern durch die curricularen Vorgaben die Schulen bei der Umsetzung unterstützt werden, steht dagegen noch aus. Zur Messung von nachhaltigkeitsrelevanten Kompetenzen bedarf es – wie in Kapitel 5.4 erläutert – zunächst jedoch der Entwicklung entsprechender Messinstrumente.

Insgesamt lässt sich konstatieren, dass ein großer Forschungsbedarf im Bereich der BNE im schulischen Kontext besteht. Gleichsam sei an dieser Stelle noch einmal zu betonen, dass die gewonnenen Erkenntnisse von der Bildungsadministration genutzt werden müssen, damit die schulische Umsetzung dieses Bildungsauftrags unterstützt wird. BNE stellt auf globaler Ebene ein zentrales Thema dar. Für die Umsetzung sind jedoch lokale Einrichtungen und Akteure wie der Schulkontext von Bedeutung. Wenn demnach eine weltweite Entwicklung in Richtung Nachhaltigkeit vorangebracht werden soll, muss die lokale Ebene gestärkt und unterstützt werden. Daher ist an die bildungsadministrative Ebene zu appellieren, die Umsetzung weiter voranzubringen, um den Schülerinnen und Schülern eine Bildung zu ermöglichen, mit der sie darin gefördert werden, die Gesellschaft aktiv auf nachhaltige Weise gestalten zu können.

10 Verzeichnisse

10.1 Literaturverzeichnis

Abel, M. (2006). Transferstrategien und Transfermaßnahmen im Modellversuchsprogramm. Bildung für eine nachhaltige Entwicklung (BLK 21). In R. Nickolaus & C. Gräsel (Hrsg.), *Innovation und Transfer. Expertisen zur Transferforschung* (S. 163–185). Baltmannsweiler: Schneider Verlag Hohengehren.

Abrami, P. C., Poulsen, C. & Chambers, B. (2004). Teacher motivation to implement an educational innovation: Factors differentiating users and non-users of cooperative learning. *Educational Psychology, 24* (2), 201–216.

Akaike, H. (1987). Factor analysis and AIC. *Psychometrika, 52* (3), 317–332.

Altrichter, H. (2006). Schulentwicklung: Widersprüche unter neuen Bedingungen? Bilanz und Perspektiven nach 15 Jahren Entwicklung von Einzelschulen. *Pädagogik, 58* (3), 6–10.

Altrichter, H. & Wiesinger, S. (2005). Implementation von Schulinnovationen – aktuelle Hoffnungen und Forschungswissen. *Journal für Schulentwicklung, 9* (4), 28–36.

Apel, H. (2006). Qualitätssicherung im Kontext einer Bildung für nachhaltige Entwicklung (BNE). In W. Rieß & H. Apel (Hrsg.), *Bildung für eine nachhaltige Entwicklung. Aktuelle Forschungsfelder und -ansätze.* Wiebaden: VS Verlag für Sozialwissenschaften.

Baumert, J., Bos, W. & Lehmann, R. (Hrsg.). (2000). *TIMSS/III. Dritte Internationale Mathematik- und Naturwissenschaftsstudie – Mathematische und naturwissenschaftliche Bildung am Ende der Schullaufbahn. Bd. 1: Mathematische und naturwissenschaftliche Grundbildung am Ende der Schulpflichtzeit.* Opladen: Leske + Budrich.

Baumert, J., Klieme, E., Neubrand, M., Prenzel, M., Schiefele, U., Schneider, W., Stanat, P., Tillmann, K.-J. & Weiß, M. (Hrsg.). (2001). *PISA 2000. Basiskompetenzen von Schülerinnen und Schülern im internationalen Vergleich.* Opladen: Leske + Budrich.

Becker, G. (2001). *Urbane Umweltbildung im Kontext einer nachhaltigen Entwicklung. Theoretische Grundlagen und schulische Perspektiven.* Opladen: Leske + Budrich.

Becker, G. (2008). Bildung für nachhaltige Entwicklung als reale Utopie. In D. Gottschlich, U. Rolf, R. Werning & E. Wollek (Hrsg.), *Reale Utopien. Perspektive für eine friedliche und gerechte Welt.* Köln: PappyRossa.

Birdsall, S. (2006). „Sustainability means something clean and tidy, doesn't it?" Developing and assessing students' conceptual understanding of sustainability. In S. Wooltorton & D. Marinova (Hrsg.), *Sharing wisdom for our future. Environmental education in action: Proceedings of the 2006 Conference of the Australian Association of Environmental Education* (S. 261–269). Sydney: AAEE.

Bitan-Friedlander, N., Dreyfus, A. & Milgrom, Z. (2004). Types of „teachers in training": The reactions of primary school science teachers when confronted with the task of implementing an innovation. *Teaching and Teacher Education, 20* (6), 607–619.

BLK – Bund-Länder-Kommission für Bildungsplanung und Forschungsförderung (Hrsg.). (1998). *Bildung für eine nachhaltige Entwicklung. Orientierungsrahmen. Materialien zur Bildungsplanung und zur Forschungsförderung.* Heft 69, Bonn.

BLK – Bund-Länder-Kommission für Bildungsplanung und Forschungsförderung (Hrsg.). (2004). *Bildung für eine nachhaltige Entwicklung („21") Abschlussbericht des Programmträgers zum BLK-Programm.* Heft 123, Bonn.

BMBF – Bundesministerium für Bildung und Forschung. (Hrsg.). (2002). *Bericht der Bundesregierung zur Bildung für eine nachhaltige Entwicklung.* Frechen: Ritterbach.

BMBF – Bundesministerium für Bildung und Forschung. (Hrsg.). (2009). *Bericht der Bundesregierung zur Bildung für eine nachhaltige Entwicklung.* Verfügbar unter: https://www.bmbf.de/pub/bericht_fuer_nachhaltige_entwicklung_2009.pdf [09.11.2011].

BMZ/KMK – Bundesministerium für wirtschaftliche Zusammenarbeit und Entwicklung & Ständige Konferenz der Kultusminister der Länder der Bundesrepublik Deutschland. (Hrsg.). (2008). *Orientierungsrahmen für den Lernbereich Globale Entwicklung im Rahmen einer Bildung für nachhaltige Entwicklung.* Bonn.

Bolscho, D. & Seybold, H. (1996). *Umweltbildung und ökologisches Lernen. Ein Studien- und Praxisbuch.* Berlin: Cornelsen.

Bonsen, M. (2011). Zwischen Innovation und Überbürdung. Neue Aufgaben und Herausforderungen für Schulleitungen. *Lernende Schule, 14* (53), 7–9.

Bos, W., Lankes, E.-M., Prenzel, M., Schwippert, K., Walther, G. & Valtin, R. (2003). *Erste Ergebnisse aus IGLU. Schülerleistungen am Ende der vierten Jahrgangsstufe im internationalen Vergleich.* Münster: Waxmann.

Bos, W., Stubbe, T. C., Buddeberg, M., Dohe, C., Kasper, D., Müller, S. & Walzebug, A. (2014). *Framework for the Panel Study at the Research School ‚Education and Capabilities' in North Rhine-Westphalia (PARS).* Manuskript in Vorbereitung.

Breiting, S., Mayer, M. & Mogensen, F. (2005). *Qualitätskriterien für BNE-Schulen. Bildung für Nachhaltige Entwicklung in Schulen. Leitfaden zur Entwicklung von Qualitätskriterien.* Wien: Bundesministerium für Bildung, Wissenschaft und Kultur.

Bundestagsdrucksache 13/11200. (26. Juni 1998). *Konzept Nachhaltigkeit. Vom Leitbild zur Umsetzung. Abschlußbericht der Enquete-Kommission „Schutz des Menschen und der Umwelt – Ziele und Rahmenbedingungen einer nachhaltig zukunftsverträglichen Entwicklung".* Bonn.

Bundestagsdrucksache 15/6012. (04. Oktober 2005). *Unterrichtung durch die Bundesregierung. Bericht der Bundesregierung zur Bildung für eine nachhaltige Entwicklung für den Zeitraum 2002 bis 2005.* Berlin.

Bundestagsdrucksache 17/14325. (03. Juli 2013). *Unterrichtung durch die Bundesregierung. Bericht der Bundesregierung zur Bildung für eine nachhaltige Entwicklung – 17. Legislaturperiode –.* Berlin.

Burnham, K. P. & Anderson, D. R. (2004). Multimodel inference. Understanding AIC and BIC in model selection. *Sociological Methods & Research, 33* (2), 261–304.

Burns, J. M. (1978). *Leadership.* New York: Harper & Row.

Cantrell, S. C. & Callaway, P. (2008). High and low implementers of content literacy instruction: Portraits of teacher efficacy. *Teaching and Teacher Education, 24* (7), 1739–1750.

Capaul, R. (2002). Über die Bedeutung der Schulleitung bei der Gestaltung von Schulinnovationsprozessen. *Zeitschrift für Berufs- und Wirtschaftspädagogik, 98*, 56–70.

Capaul, R. (2005). *Innovationen in schulischen Kontexten: Ansatzpunkte für berufsbegleitende Lernprozesse bei Lehrkräften.* Verfügbar unter: http://www.bwpat.de/spezial2/capaul.shtml [09.11.2011].

Clark, S. L. & Muthén, B. (2009). *Relating latent class analysis results to variables not included in the analysis*. Verfügbar unter: http://www.statmodel.com/download/relatin-lca.pdf [08.12.2011].

Coburn, C. E. (2003). Rethinking scale: Moving beyond numbers to deep and lasting change. *Educational Researcher, 32* (6), 3–12.

Cohen, J. (1960). A coefficient of agreement for nominal scales. *Educational and Psychological Measurement, 20,* 37–46.

Collins, L. M., Schafer, J. L. & Kam, C.-M. (2001). A comparison of inclusive and restrictive strategies in modern missing data procedures. *Psychological Methods, 6* (4), 330–351.

Dalin, P. (1999). *Theorie und Praxis der Schulentwicklung*. Neuwied: Luchterhand.

de Haan, G. (2001). Was meint „Bildung für nachhaltige Entwicklung" und was können eine globale Perspektive und neue Kommunikationsmöglichkeiten zur Weiterentwicklung beitragen? In O. Herz, H. Seybold & G. Strobl (Hrsg.), *Bildung für eine nachhaltige Entwicklung. Globale Perspektiven und neue Kommunikationsmedien* (S. 29–45). Opladen: Leske + Budrich.

de Haan, G. (2002). Die Kernthemen der Bildung für eine nachhaltige Entwicklung. *Zeitschrift für internationale Bildungsforschung und Entwicklungspädagogik, 25* (1), 13–20.de Haan, G. (2008). Gestaltungskompetenz als Kompetenzkonzept der Bildung für nachhaltige Entwicklung. In I. Bormann & G. de Haan (Hrsg.), *Kompetenzen der Bildung für nachhaltige Entwicklung. Operationalisierung, Messung, Rahmenbedingungen, Befunde* (S. 23–44). Wiesbaden: VS Verlag für Sozialwissenschaften.

de Haan, G. (2008). Gestaltungskompetenz als Kompetenzkonzept für Bildung für nachhaltige Entwicklung. In I. Bormann & G. de Haan (Hrsg.), *Kompetenzen der Bildung für nachhaltige Entwicklung. Operationalisierung, Messung, Rahmenbedingungen, Befunde* (S. 23–44). Wiesbaden: VS Verlag für Sozialwissenschaften.

de Haan, G., Brand, K.-W., Hartmuth, G. & Scheuerlein, H. G. (1998). *Konzeptionelle Weiterentwicklung der CSD-Nachhaltigkeitsindikatoren. Teilvorhaben Umweltbildung/ Umweltbewußtsein. Kapitel 36 der Agenda 21. Schlußbericht erstellt im Auftrag des Umweltbundesamts*. Berlin: Bundesministerium für Umwelt, Naturschutz und Reaktorsicherheit.

de Haan, G. & Harenberg, D. (1999). *Bildung für eine nachhaltige Entwicklung. Gutachten zum Programm. Materialien zur Bildungsplanung und Forschungsförderung. Heft 72,* Bonn.

DGfE – Deutsche Gesellschaft für Erziehungswissenschaft. (Hrsg.). (2004). *Forschungsprogramm „Bildung für eine nachhaltige Entwicklung"*. Verfügbar unter: http://www.umweltbildung.uni-osnabrueck.de/pub/uploads/Dgfe-bne/bfn_forschungsprogramm2004.pdf [11.12.2011].

Deutsche UNESCO-Kommission. (Hrsg.). (2008). *UN-Dekade „Bildung für nachhaltige Entwicklung" 2005–2014. Nationaler Aktionsplan für Deutschland*. Bonn: DruckVerlag Kettler.

Di Giulio, A. (2004). *Die Idee der Nachhaltigkeit im Verständnis der Vereinten Nationen. Anspruch, Bedeutung und Schwierigkeiten*. Münster: LIT Verlag.

Ditton, H. (n.d.). *Materialien – QualitätsSicherung in Schule und Unterricht*. Verfügbar unter: http://www.quassu.net/seite4.htm [11.12.2011].

Dobson, P. (2000). An investigation into the relationship between neuroticism, extraversion and cognitive test performance in selection. *International Journal of Selection and Assessment, 8* (3), 99–109.

Durdel, A. (2002). *Der Bildungsbegriff als Konstruktion. Orientierungs- und handlungsleitendes Potential des Bildungsbegriffes.* Hamburg: Verlag Dr. Kovač.

Ebner, H. G. (2005). *Management von Innovationsprozessen in Schulen.* Verfügbar unter: http://www.bwpat.de/spezial2/ebner_spezial2-bwpat.pdf [09.11.2011].

Eggert, S. (2008). *Bewertungskompetenz für den Biologieunterricht – Vom Modell zur empirischen Überprüfung* (Dissertation, Georg-August-Universität Göttingen). Verfügbar unter: http://webdoc.sub.gwdg.de/diss/2008/eggert/ eggert.pdf [11.12.2011].

Eggert, S. & Bögeholz, S. (2006). Göttinger Modell der Bewertungskompetenz – Teilkompetenz „Bewerten, Entscheiden und Reflektieren" für Gestaltungsaufgaben nachhaltiger Entwicklung. *Zeitschrift für Didaktik der Naturwissenschaften, 12,* 177–197.

Eickelmann, B. (2010). *Digitale Medien in Schule und Unterricht erfolgreich implementieren.* Münster: Waxmann.

Enders, C. (2001). The performance of the full information maximum likelihood estimator in multiple regression models with missing data. *Educational and Psychological Measurement, 61* (5), 713–740.

Enders, C., Dietz, S., Montague, M. & Dixon, J. (2006). Modern alternatives for dealing with missing data in special education research. In T. E. Scruggs & M. A. Mastropieri (Hrsg.), *Applications of Research Methodology* (S. 101–129). Amsterdam: Elsevier.

Engelhard, K. (Hrsg.). (1998). *Umwelt und nachhaltige Entwicklung. Ein Beitrag zur Lokalen Agenda 21.* Münster: Waxmann.

Engler, S. (2003). Zur Kombination von qualitativen und quantitativen Methoden. In B. Friebertshäuser & A. Prengel (Hrsg.), *Handbuch Qualitative Forschungsmethoden in der Erziehungswissenschaft* (S. 118–130). Weinheim: Juventa.

Eulefeld, G., Bolscho, D., Rode, H., Rost, J. & Seybold, H. (1993). *Entwicklung der Praxis schulischer Umwelterziehung in Deutschland – Ergebnisse empirischer Studien.* Kiel: IPN.

Eulefeld, G., Bolscho, D., Rost, J. & Seybold, H. (1988). *Praxis der Umwelterziehung in der Bundesrepublik Deutschland. Eine empirische Studie.* Kiel: IPN.

Euler, D. (2001). *Transferförderung in Modellversuchen. Dossier zum Modellversuchprogramm KOLIBRI.* St. Gallen: Institut für Wirtschaftspädagogik.

Euler, D. & Sloane, P. F. E. (1998). Implementation als Problem der Modellversuchsforschung. *Unterrichtswissenschaft: Zeitschrift für Lernforschung, 26* (4), 312–326.

Fend, H. (2008). *Schule gestalten. Systemsteuerung, Schulentwicklung und Unterrichtsqualität.* Wiesbaden: VS Verlag für Sozialwissenschaften.

Fishman, B. J. & Krajcik, J. (2003). What does it mean to create sustainable science curriculum innovations? A commentary. *Science education, 87* (4), 564–573.

Flick, U. (2008). *Triangulation. Eine Einführung* (2. Aufl.). Wiesbaden: VS Verlag für Sozialwissenschaften.

Formann, A. K. (1984). *Die Latent-Class-Analyse. Einführung in Theorie und Anwendung.* Weinheim: Beltz.

Fullan, M. (2007). *The new meaning of educational change* (4. Auflage). New York: Teachers College Press.

Geijsel, F., Sleegers, P., Leithwood, K. & Jantzi, D. (2003). Transformational leadership effects on teachers' commitment and effort toward school reform. *Journal of Educational Administration, 41* (3), 228–256.

Geijsel, F., Sleegers, P. & van den Berg, R. (1999). Transformational leadership and the implementation of large-scale innovation programs. *Journal of Educational Administration, 37* (4), 309–328.

Geijsel, F., Sleegers, P., van den Berg, R. & Kelchtermans, G. (2001). Conditions fostering the implementation of large-scale innovation programs in school: Teacher's perspektives. *Educational Administration Quarterly, 37* (1), 130–166.

Geiser, C. (2010). *Datenanalyse mit Mplus. Eine anwendungsorientierte Einführung.* Wiesbaden: VS Verlag für Sozialwissenschaften.

Gerhold, L., Basova, N., Behrend, S., Groneberg, M., Kiefer, B., Tajzich, J., Schmidt, A., Wagner, C. & Westphal, N. (2009). *Bildung für nachhaltige Entwicklung 2020. Ergebnisse einer Delphi-Studie zu wahrscheinlichen und wünschbaren Entwicklungen der Bildung für nachhaltige Entwicklung in Deutschland.* Verfügbar unter: http://www.institut futur.de/BNE2020.pdf [09.11.2011].

Ghaith, G. & Yaghi, H. (1997). Relationships among experience, teacher efficacy, and attitudes toward the implementation of instructional innovation. *Teaching and Teacher Education, 13* (4), 451–458.

Gollwitzer, M. (2008). Latent-Class-Analysis. In H. Moosbrugger & A. Kelava (Hrsg.), *Testtheorie und Fragebogenkonstruktion* (S. 279–306). Berlin: Springer.

Graham, J. W. (2003). Adding missing-data-relevant variables to FIML-based structural equation models. *Structural Equation Modeling: A Multidisciplinary Journal, 10* (1), 80–100.

Gräsel, C. (2009). Umweltbildung. In R. Tippelt & B. Schmidt (Hrsg.), *Handbuch Bildungsforschung* (2. Aufl., S. 845–859). Wiesbaden: VS Verlag für Sozialwissenschaften.

Gräsel, C. (2010). Stichwort: Transfer und Transferforschung im Bildungsbereich. *Zeitschrift für Erziehungswissenschaft, 13* (1), 7–20.

Gräsel, C. & Parchmann, I. (2004). Implementationsforschung – oder: der steinige Weg, Unterricht zu verändern. *Unterrichtswissenschaft, 32* (3), 196–214.

Groeben, N. & Scheele, B. (2010). Das Forschungsprogramm Subjektive Theorien. In G. Mey & K. Mruck (Hrsg.), *Handbuch Qualitative Forschung in der Psychologie* (S. 151–165). Wiesbaden: VS Verlag für Sozialwissenschaften.

Haenisch, H. (1994). *Bedingungen für eine erfolgreiche Umsetzung curricularer Innovationen in der Schule.* Soest: Landesinstitut für Schule und Weiterbildung.

Hall, G. E. & Hord, S. (1987). *Change in schools. Facilitating the process.* Albany, NY: State University of New York Press.

Hall, G. E. & Hord, S. M. (2006). *Implementing change. Patterns, principles, and potholes* (2. Aufl.). Boston: Pearson Education.

Hamann, S. (2004). *Schülervorstellungen zur Landwirtschaft im Kontext einer Bildung für nachhaltige Entwicklung* (Dissertation, Pädagogischen Hochschule, Ludwigsburg). Verfügbar unter: http://opus.bsz-bw.de/phlb/volltexte/2004/2090/pdf/hamann_diss.pdf [11.12.2011].

Harenberg, D. (2001). Bildung für nachhaltige Entwicklung – Entdeckungen im schulischen Alltag und gemeinsames Reformbemühen. In H. Gärtner & G. Hellberg-Rode (Hrsg.), *Umweltbildung & nachhaltige Entwicklung. 1. Band: Grundlagen* (S. 103–117). Hohengehren: Schneider.

Hauenschild, K. (2002). Kinder in nachhaltigkeitsrelevanten Handlungssituationen. Eine Studie zur Kontrollwahrnehmung. In D. Bolscho & G. Michelsen (Hrsg.), *Umweltbewusst-*

sein unter dem Leitbild Nachhaltig Entwicklung. Ergebnisse empirischer Untersuchung und pädagogische Konsequenzen (S. 85–125). Opladen: Leske + Budrich.

Hauenschild, K. (2006). Survey-Forschung. In W. Rieß & H. Apel (Hrsg.), *Bildung für eine nachhaltige Entwicklung. Aktuelle Forschungsfelder und -ansätze* (S. 163–170). Wiebaden: VS Verlag für Sozialwissenschaften.

Hauenschild, K. & Bolscho, D. (2007). *Bildung für Nachhaltige Entwicklung in der Schule. Ein Studienbuch* (2. durchgesehene Aufl.). Frankfurt a.M.: Peter Lang.

Hauenschild, K., Rode, H. & Bolscho, D. (2010). Bildung für Nachhaltige Entwicklung – eine Chance für die Grundschule? In K.-H. Arnold, K. Hauenschild, B. Schmidt & B. Ziegenmeyer (Hrsg.), *Zwischen Fachdidkatik und Stufendidaktik. Perspektiven für die Grundschulpädagogik* (S. 173–176). Wiebaden: VS Verlag für Sozialwissenschaften.

Hauff, V. (Hrsg.). (1987). *Unsere gemeinsame Zukunft. Der Brundtland-Bericht der Weltkommission für Umwelt und Entwicklung.* Greven: Eggenkamp.

Hauschildt, J. & Chakrabarti, A. K. (1988). Arbeitsteilung im Innovationsmangement – Forschungsergebnisse – Kriterien und Modelle. *Zeitschrift Führung und Organisation, 57* (6), 378–389.

Hauschildt, J. & Salomo, S. (2007). *Innovationsmanagement* (4. überarbeitete Aufl.). München: Verlag Franz Vahlen.

Hellberg-Rode, G. (2006). Potentiale nachhaltiger Umweltbildung für eine Veränderung der Lernkultur. In B. Hiller & M. Lange (Hrsg.), *Bildung für nachhaltige Entwicklung – Perspektiven für die Umweltbildung* (S. 121–130). Münster: ZUFO.

Hens, L. & Nath, B. (2005). The Johannesburg Conference. In L. Hens & B. Nath (Hrsg.), *The World Summit on Sustainable Development. The Johannesburg Conference* (S. 1–33). Dordrecht: Springer.

Herzog, W. & Künzli David, C. (2007). Nachhaltigkeit in der Erziehungswissenschaft. Schlaglichter auf einen unabgeschlossenen Diskurs. In Schweizerische Akademie der Geistes- und Sozialwissenschaften (Hrsg.), *Nachhaltigkeitsforschung – Perspektiven der Sozial- und Geisteswissenschaften* (S. 281–304). Bern: SAGW.

Hiller, B. & Lange, M. (2006). *Bildung für nachhaltige Entwicklung.* Münster: ZUFO.

Hitzler, R. (1994). Wissen und Wesen des Experten: ein Annäherungsversuch – zur Einleitung. In R. Hitzler, A. Honer & C. Maeder (Hrsg.), *Expertenwissen. Die institutionalisierte Kompetenz zur Konstruktion von Wirklichkeit* (S. 13–30). Opladen: Westdeutscher Verlag.

Holtappels, H. G. (1995a). Innere Schulentwicklung: Innovationsprozesse und Organisationsentwicklung. In H.-G. Rolff (Hrsg.), *Zukunftsfelder von Schulforschung* (S. 327–354). Weinheim: Deutscher Studien Verlag.

Holtappels, H. G. (1995b). Zeitgestaltung und Schulqualität: Entwicklung der Lernkultur in „Vollen Halbtagsschulen" Niedersachsens. In H. G. Holtappels (Hrsg.), *Ganztagserziehung in der Schule* (S. 209–229). Opladen: Leske + Budrich.

Huckle, J. (2009). Consulting the UK ESD community on an ESD indicator to recommend to government: An insight into the micro-politics of ESD. *Environmental Education Research, 15* (1), 1–17.

Hunneshagen, H. (2005). *Innovationen in Schulen: Identifizierung implementationsfördernder und -hemmender Bedingungen des Einsatzes neuer Medien.* Münster: Waxmann.

Jäger, M. (2004). *Transfer in Schulentwicklungsprojekten.* Wiesbaden: VS Verlag für Sozialwissenschaften.

Kandler, M. (2011). Bildung für künftige Generationen – Bildung für nachhaltige Entwicklung. In T. Eckert, A. von Hippel, M. Pietraß & B. Schmidt-Hertha (Hrsg.), *Bildung der Generationen* (S. 171–184). Wiesbaden: VS Verlag für Sozialwissenschaften.

Kelle, U. & Erzberger, C. (1999). Integration qualitativer und quantitativer Methoden. Methodologische Modelle und ihre Bedeutung für die Forschungspraxis. *Kölner Zeitschrift für Soziologie und Sozialpsychologie, 51*, 509–531.

Klieme, E. & Bos, W. (2000). Mathematikleistung und mathematischer Unterricht in Deutschland und Japan: Triangulation qualitativer und quantitativer Analysen am Beispiel der TIMS-Studie. *Zeitschrift für Erziehungswissenschaft 3*(3), 359–379.

KMK – Kultusministerkonferenz. (Hrsg.). (2005a). *Bildungsstandards der Kultusministerkonferenz. Erläuterungen zur Konzeption und Entwicklung.* Neuwied: Luchterhand.

KMK – Kultusministerkonferenz. (Hrsg.). (2005b). *Bildungsstandards im Fach Biologie für den Mittleren Schulabschluss, Beschluss vom 16.12.2004.* Neuwied: Luchterhand.

KMK – Kultusministerkonferenz. (Hrsg.). (2005c). *Bildungsstandards im Fach Chemie für den Mittleren Schulabschluss, Beschluss vom 16.12.2004.* Neuwied: Luchterhand.

KMK/DUK – Ständige Konferenz der Kultusminister der Länder der Bundesrepublik Deutschland & Deutsche UNESCO-Kommission. (Hrsg.). (2007). *Bildung für nachhaltige Entwicklung (Empfehlung).* Verfügbar unter: http://www.kmk.org/fileadmin/ veroeffentlichungen_beschluesse/2007/2007_06_15_Bildung_f_nachh_Entwicklung.pdf [12.10.2008].

Knörzer, M. (2004). *Schulentwicklung in Salem. Evaluation eines nachhaltigen Bildungsprozesses an der Schule Schloss Salem.* Bad Heilbrunn: Klinkhardt.

Knörzer, M. (2005). Können Bildungskonzepte für eine nachhaltige Entwicklung erfolgreich sein? In M. Schrenk & W. Holl-Giese (Hrsg.), *Bildung für nachhaltige Entwicklung. Ergebnisse empirischer Untersuchungen* (S. 143–157). Hamburg: Verlag Dr. Kovac.

Koch, B. (2011). *Wie gelangen Innovationen in die Schule? Eine Studie zum Transfer von Ergebnissen der Praxisforschung.* Wiesbaden: VS Verlag für Sozialwissenschaften.

Konferenz der Vereinten Nationen für Umwelt und Entwicklung. (Hrsg.). (1992). *AGENDA 21.* Verfügbar unter: http://www.un.org/depts/german/conf/agenda21/agenda_21.pdf [08.12.2011].

Kriegesmann, B., Kerka, F., Sieger, C. A., Striewe, F. & Yaldizli, F. (2006). *Perspektiven für den Wissenstransfer in Schulen und Schulsystemen. Lehren aus dem institutionalisierten Wissens- und Technologietransfer.* Hohengehren: Schneider.

Krüger, H.-H. & Pfaff, N. (2008). Triangulation quantitativer und qualitativer Zugänge in der Schulforschung. In W. Helsper & J. Böhme (Hrsg.), *Handbuch der Schulforschung* (S. 157–179). Wiesbaden: VS Verlag für Sozialwissenschaften.

Krumm, V. (1996). „Wann tut ihr endlich, was ich sage, und nicht, was ich mache?" Anmerkungen zum Versagen der Umweltbildung und was man dagegen tun kann. In W. Seyd & R. Witt (Hrsg.), *Situation, Handlung, Persönlichkeit. Kategorien wirtschaftspädagogischen Denkens. Festschrift für Lothar Reetz* (S. 24–44). Hamburg: Feldhaus.

Künzli, C. & Bertschy, F. (2008). *Didaktisches Konzept. Bildung für eine nachhaltige Entwicklung.* Verfügbar unter: http://www.ikaoe.unibe.ch/forschung/bineu/BNE_ Didaktisches_Konzept_Feb08.pdf [09.11.2011].

Künzli David, C. (2007). *Zukunft mitgestalten. Bildung für eine nachhaltige Entwicklung – Didaktisches Konzept und Umsetzung in der Grundschule.* Stuttgart: Haupt.

Lamnek, S. (2005). *Qualitative Sozialforschung. Lehrbuch* (4. vollständig überarbeitete Aufl.). Weinheim: Beltz.

Langeheine, R., Pannekoek, J. & van de Pol, F. (1996). Bootstrapping goodness-of-fit measures in categorial data analysis. *Sociological Methods & Research, 24* (4), 492–516.

Lauer, A. (2006). *Möglichkeiten und Grenzen von Innovationen im Lehrplan – evaluiert am Beispiel der Jahrgangsstufe 6 im Fach Mathematik* (Dissertation, Universität Augsburg). Verfügbar unter: http://opus.bibliothek.uni-augsburg.de/volltexte/2006/381/pdf/Promotion_Abgabe_020806.pdf [09.11.2011].

Lauströer, A. (2008). *Bewertungskompetenz durch Bildung für eine nachhaltige Entwicklung. Evaluation einer Unterrichtseinheit zum Thema Massentourismus für die Sekundarstufe I.* Saarbrücken: Verlag Dr. Müller.

Lazarsfeld, P. F. & Henry, N. W. (1968). *Latent structure analysis.* Boston: Houghton Mifflin.

Leithwood, K., Tomlinson, D. & Genge, M. (1996). Transformational school leadership. In K. Leithwood, J. Chapman, D. Corson, P. Hallinger & A. Hart (Hrsg.), *International handbook of education leadership and administration* (S. 785–840). Dordrecht: Kluwer Academic.

Liebold, R. & Trinczek, R. (2009). Experteninterview. In S. Kühl, P. Strodtholz & A. Taffertshofer (Hrsg.), *Handbuch Methoden der Organisationsforschung. Quantitative und qualitative Methoden* (S. 32–56). Wiesbaden: VS Verlag für Sozialwissenschaften.

Lo, Y., Mendell, N. R. & Rubin, D. B. (2001). Testing the number of components in a normal mixture. *Biometrika, 88* (3), 767–778.

Luchte, K. (2005). *Implementierung pädagogischer Konzepte in sozialen Systemen. Ein systemtheoretischer Beratungsansatz.* Weinheim: Beltz.

Lüdtke, O., Robitzsch, A., Trautwein, U. & Köller, O. (2007). Umgang mit fehlenden Werten in der psychologischen Forschung: Probleme und Lösungen. *Psychologische Rundschau, 58* (2), 103–117.

Luhmann, N. (1986). *Ökologische Kommunikation. Kann die moderne Gesellschaft sich auf ökologische Gefährdungen einstellen?* (2. Aufl.). Opladen: Westdeutscher Verlag.

MacKinnon, D. P., Lockwood, C. M. & Williams, J. (2004). Confidence limits for the indirect effect: Distribution of the product and resampling methods. *Multivariate Behavioral Research, 39*, 99–128.

Mathison, S. (1988). Why triangulate? *Educational Researcher, 17* (2), 13–17.

Mayring, P. (2001). *Kombination und Integration qualitativer und quantitativer Analyse: Forum Qualitative Sozialforschung / Forum Qualitative Social Research, 2 (1).* Verfügbar unter: http://nbn-resolving.de/urn:nbn:de:0114-fqs010162 [06.12.2011].

McLaughlin, M. W. (1990). The rand change agent study revisited: Macro perspectives and micro realities. *Educational Researcher, 19* (9), 11–16.

Meuser, M. & Nagel, U. (1991). ExpertInneninterviews – vielfach erprobt, wenig bedacht. Ein Beitrag zur qualitativen Methodendiskussion. In D. Garz & K. Kraimer (Hrsg.), *Qualitativ-empirische Sozialforschung. Konzepte, Methoden, Analysen* (S. 441–471). Opladen: Westdeutscher Verlag.

Meuser, M. & Nagel, U. (1997). Das ExpertInneninterview – Wissenssoziologische Voraussetzungen und methodische Durchführung. In B. Friebertshäuser & A. Prengel (Hrsg.), *Handbuch Qualitative Forschungsmethoden in der Erziehungswissenschaft* (S. 481–491). Weinheim: Juventa.

Meuser, M. & Nagel, U. (2008). ExpertInneninterview: Zur Rekonstruktion spezialisierten Sonderwissens. In R. Becker & B. Kortendiek (Hrsg.), *Handbuch Frauen und Geschlechterforschung. Theorie, Methoden, Empirie* (2. erweiterte und aktualisierte Aufl., S. 368–371). Wiesbaden: VS Verlag für Sozialwissenschaften.

Meuser, M. & Nagel, U. (2009a). Das Experteninterview – konzeptionelle Grundlagen und methodische Anlage. In S. Pickel, G. Pickel, H.-J. Lauth & D. Jahn (Hrsg.), *Methoden der vergleichenden Politik- und Sozialwissenschaft. Neue Entwicklungen und Anwendungen* (S. 465–480). Wiesbaden: VS Verlag für Sozialwissenschaften.

Meuser, M. & Nagel, U. (2009b). Experteninterview und der Wandel der Wissensproduktion. In A. Bogner, B. Littig & W. Menz (Hrsg.), *Das Experteninterview. Theorien, Methoden, Anwendungsfelder* (3. Aufl., S. 35–61). Wiesbaden: VS Verlag für Sozialwissenschaften.

Michelsen, G. (2002). Umweltbildungsforschung in unterschiedlichen pädagogischen Kontexten. In D. Bolscho & G. Michelsen (Hrsg.), *Umweltbewusstsein unter dem Leitbild Nachhaltig Entwicklung. Ergebnisse empirischer Untersuchungen und pädagogische Konsequenzen* (S. 7–12). Opladen: Leske + Budrich.

Michelsen, G. (2006a). Von der Umweltbildung zur Bildung für eine nachhaltige Entwicklung: Historische Entwicklung, Inhalte und Selbstverständnis. In B. Hiller & M. Lange (Hrsg.), *Bildung für nachhaltige Entwicklung – Perspektiven für die Umweltbildung* (S. 13–28). Münster: ZUFO.

Michelsen, G. (2006b). Bildung für eine nachhaltige Entwicklung: Meilensteine auf einem langen Weg. In E. Tiemeyer & K. Wilbers (Hrsg.), *Berufliche Bildung für nachhaltiges Wirtschaften* (S. 17–32). Bielefeld: Bertelsmann.

Michelsen, G. (2008a). Kompetenzen und Bildung für eine nachhaltige Entwicklung. In T. Lucker & O. Kolsch (Hrsg.), *Naturschutz und Bildung für nachhaltige Entwicklung. Fokus: Lebenslanges Lernen.* (S. 45–57). Bonn: Bundesamt für Naturschutz.

Michelsen, G. (2008b). Nachhaltigkeit als Herausforderung. Mentalitätswandel ist die Aufgabe von Bildung. *Erziehung und Wissenschaft* (6), 6–9.

Michelsen, G. (2008c). Nachhaltigkeitskommunikation und Bildungsprozesse. In D. Bolscho & K. Hauenschild (Hrsg.), *Ökonomische Bildung mit Kindern und Jugendlichen* (S. 145–151). Frankfurt a.M.: Peter Lang.

Michelsen, G., Adomßent, M., Bormann, I., Burandt, S. & Fischbach, R. (2011). *Indikatoren der Bildung für nachhaltige Entwicklung – ein Werkstattbericht.* Bad Homburg: VAS-Verlag.

Michelsen, G. & Overwien, B. (2008). Nachhaltige Entwicklung. In T. Coelen & H.-U. Otto (Hrsg.), *Grundbegriffe Ganztagsbildung* (S. 299–307). Wiesbaden: VS Verlag für Sozialwissenschaften.

MSW NRW – Ministerium für Schule und Weiterbildung des Landes Nordrhein-Westfalen. (Hrsg.). (1999). *Richtlinien und Lehrpläne für die Sekundarstufe II – Gymnasium/Gesamtschule in Nordrhein-Westfalen. Englisch.* Frechen: Ritterbach.

MSW NRW – Ministerium für Schule und Weiterbildung des Landes Nordrhein-Westfalen. (Hrsg.). (2008). *Kernlehrplan für das Gymnasium – Sekundarstufe I in Nordrhein-Westfalen. Biologie.* Frechen: Ritterbach.

MSW NRW – Ministerium für Schule und Weiterbildung des Landes Nordrhein-Westfalen. (Hrsg.). (2011a). *Bildung für eine nachhaltige Entwicklung.* Verfügbar unter: http://www.schulministerium.nrw.de/BP/Schulsystem/BildungNachhaltige Entwicklung.html [09.11.2011].

MSW NRW – Ministerium für Schule und Weiterbildung des Landes Nordrhein-Westfalen (Hrsg.). (2011b). *Kernlehrplan für die Hauptschule in Nordrhein-Westfalen. Gesellschaftslehre. Erdkunde, Geschichte/Politik.* Düsseldorf.

MUNLV NRW – Ministerium für Umwelt und Naturschutz Landwirtschaft und Verbraucherschutz des Landes Nordrhein-Westfalen. (Hrsg.). (2006). *Zukunft Lernen. Aktionsplan für die UN-Dekade „Bildung für nachhaltige Entwicklung 2005 bis 2014" in Nordrhein-Westfalen.* Düsseldorf: Basis Druck.

Muthén, L. K. & Muthén, B. O. (2010). *Mplus. Statistical analysis with latent variables. User's Guide* (6. Aufl.). Los Angeles: Muthén & Muthén.

Nickolaus, R., Gönnenwein, A. & Petsch, C. (2011). *Effekte des Modellversuchs Programms Transfer-21 auf die Unterrichtsgestaltung und die kognitiven Merkmale der Schüler. Abschlussbericht der vom BMBF geförderten Evaluationsstudie zum Modellversuchsprogramm Transfer-21.* Stuttgart: Institut für Erziehungswissenschaft und Psychologie an der Universität Stuttgart.

Nikel, J. (2007). Making sense of education „responsibly": Findings from a study of student teachers' understanding(s) of education, sustainable development and education for sustainable development. *Environmental Education Research, 13* (5), 545–564.

Nikel, J. & Müller, S. (2008). Indikatoren einer Bildung für nachhaltige Entwicklung. In I. Bormann & G. de Haan (Hrsg.), *Kompetenzen der Bildung für nachhaltige Entwicklung. Operationalisierung, Messung, Rahmenbedingungen, Befunde* (S. 233–252). Wiesbaden: VS Verlag für Sozialwissenschaften.

Nylund, K. L., Asparouhov, T. & Muthén, B. O. (2007). Deciding on the number of classes in latent class analysis and growth mixture modeling: A monte carlo simulation study. *Structural Equation Modeling, 14* (4), 535–569.

OECD – Organisation for Economic Co-operation and Development. (Hrsg.). (2005). *Definition und Auswahl von Schlüsselkompetenzen. Zusammenfassung.* Verfügbar unter: http://www.oecd.org/dataoecd/36/56/35693281.pdf.

Programm Transfer-21. (Hrsg.). (2009). *Programm Transfer-21. Bildung für eine nachhaltige Entwicklung. Abschlussbericht des Programmträgers.* Verfügbar unter: http://www.transfer-21.de/daten/T21_Abschluss.pdf [09.11.2011].

Quellenberg, H. (2009). *Studie zur Entwicklung von Ganztagsschulen (StEG) ausgewählte Hintergrundvariablen, Skalen und Indices der ersten Erhebungswelle.* Frankfurt a.M.: Gesellschaft zur Förderung Pädagogischer Forschung / Deutsches Institut für Internationale Pädagogische Forschung. (Materialien zur Bildungsforschung, Band 24).

Rait, E. (1995). Against the current. Organizational learning in schools. In S. B. Bacharach & B. Mundell (Hrsg.), *Images of schools: Structures and roles in organizational behaviour* (S. 71–107). Thousand Oaks: Corwin Press.

Rauch, F. & Pfaffenwimmer, G. (2010). Education for sustainable development in Austria. Networks for development and research. Verfügbar unter: http://seri.at/wp-content/uploads/2011/01/ESD-in-Austria_proofed.pdf [09.11.2011].

Reichel, N. (2006). Bildung für eine nachhaltige Entwicklung. Eine kurze Bestandsaufnahme zu Beginn der UN-Dekade zu einer Erfolgsgeschichte, die vielleicht gar keine ist. In B. Hiller & M. Lange (Hrsg.), *Bildung für nachhaltige Entwicklung. Perspektiven für die Umweltbildung* (S. 91–98). Münster: ZUFO.

Reinecke, J. (2005). *Strukturgleichungsmodelle in den Sozialwissenschaften.* München: Oldenbourg.

Reinecke, J. & Pöge, A. (2010). Strukturgleichungsmodelle. In C. Wolf & H. Best (Hrsg.), *Handbuch der sozialwissenschaftlichen Datenanalyse* (S. 775–804). Wiesbaden: VS Verlag für Sozialwissenschaften.

Reinmann-Rothmeier, G. & Mandl, H. (1998). Wenn kreative Ansätze versanden: Implementation als verkannte Aufgabe. *Unterrichtswissenschaft. Zeitschrift für Lernforschung, 1,* 292–311.

Rieckmann, M. & Stoltenberg, U. (2011). Partizipation als zentrales Element von Bildung für eine nachhaltige Entwicklung. In H. Heinrichs, K. Kuhn & J. Newig (Hrsg.), *Nachhaltige Gesellschaft. Welche Rolle für Partizipation und Kooperation?* (S. 117–131). Wiesbaden: VS Verlag für Sozialwissenschaften.

Rieß, W. (2010). *Bildung für nachhaltige Entwicklung. Theoretische Analysen und empirische Studien.* Münster: Waxmann.

Rieß, W. & Mischo, C. (2008a). Entwicklung und erste Validierung eines Fragebogens zur Erfassung des systemischen Denkens in nachhaltigkeitsrelevanten Kontexten. In I. Bormann & G. de Haan (Hrsg.), *Kompetenzen der Bildung für nachhaltige Entwicklung. Operationalisierung, Messung, Rahmenbedingungen, Befunde* (S. 215–232). Wiesbaden: VS Verlag für Sozialwissenschaften.

Rieß, W. & Mischo, C. (2008b). *Evaluationsbericht „Bildung für nachhaltige Entwicklung (BNE) an weiterführenden Schulen in Baden-Württemberg". Maßnahme Lfd. 15 im Aktionsplan Baden-Württemberg.* Verfügbar unter: http://www2.um.baden-wuerttemberg.de/servlet/is/43211/ [09.02.2010].

Rode, H. (2005). *Motivation, Transfer und Gestaltungskompetenz. Ergebnisse der Abschlussevaluation des BLK-Programms „21". 1999-2004.* Berlin: Verein zur Förderung der Ökologie im Bildungsbereich e.V.

Rode, H. (2006). *Bildung für eine nachhaltige Entwicklung außerhalb von Modellversuchen und Kampagnen. Beobachtungen zu Stand und Schnittstellen für die weitere Entwicklung.* Lüneburg: Universität Lüneburg. (INFU-Diskussionsbeiträge 31/06).

Rode, H. & Michelsen, G. (2008). Levels of indicator development for education for sustainable development. *Environmental Education Research, 14* (1), 19–33.

Rogers, E. M. (2003). *Diffusion of innovations* (5. Aufl.). New York: The Free Press.

Rolff, H.-G. (1991). Schulentwicklung als Entwicklung von Einzelschulen? Theorien und Indikatoren von Entwicklungsprozessen. *Zeitschrift für Pädagogik, 23,* 865–886.

Rost, J. (2002). Umweltbildung – Bildung für eine nachhaltige Entwicklung: Was macht den Unterschied? *Zeitschrift für internationale Bildungsforschung und Entwicklungspädagogik, 25* (1), 7–12.

Rost, J. (2004). *Lehrbuch Testtheorie – Testkonstruktion* (2. Aufl.). Bern: Huber.

Rubin, D. B. (1976). Inference and missing data. *Biometrika, 63* (3), 581–592.

Rürup, M. (2007). *Innovationswege im deutschen Bildungssystem. Die Vorbereitung der Idee „Schulautonomie" im Ländervergleich.* Wiesbaden: VS Verlag für Sozialwissenschaften.

Rychen, D. S. (2008). OECD Referenzrahmen für Schlüsselkompetenzen. Ein Überblick. In I. Bormann & G. de Haan (Hrsg.), *Kompetenzen der Bildung für nachhaltige Entwicklung. Operationalisierung, Messung, Rahmenbedingungen, Befunde* (S. 15–22). Wiesbaden: VS Verlag für Sozialwissenschaften.

Rychen, D. S. & Salganik, L. H. (Hrsg.). (2003). *Key competencies for a successful life and a well-functioning society.* Göttingen: Hogrefe & Huber.

Schaumburg, H., Prasse, D. & Blömeke, S. (2009). Implementation von Innovationen in der Schule. In S. Blömeke, T. Bohl, L. Haag, G. Lang-Wojtasik & W. Sacher (Hrsg.), *Handbuch Schule* (S. 596–600). Bad Heilbrunn: Klinkhardt.

Schellenbach-Zell, J. (2009). *Motivation und Volition von Lehrkräften in Schulinnovationsprojekten* (Dissertation, Bergische Universität Wuppertal). Verfügbar unter: http://deposit.ddb.de/cgi-bin/dokserv?idn=99600534x&dok_var=d1&dok_ext=pdf& filename=99600534x.pdf [09.11.2011].

Schellenbach-Zell, J. & Gräsel, C. (2009). *Fördernde und hemmende Bedingungen auf die Motivation von Lehrkräften bezüglich eines Engagements in Schulinnovationsprojekten. 72. Tagung der Arbeitsgruppe für Empirische Pädagogische Forschung.* Verfügbar unter: http://www.ifb.uni-wuppertal.de/fileadmin/zbl/Projektsammelordner/Transfer_21/ Bedingungen_Motivation_JSZ_ende.pdf [08.12.2011].

Schellenbach-Zell, J. & Gräsel, C. (2010). Strategien überdauernden Engagements von Lehrkräften in Schulinnovationsprojekten. In F. H. Müller, A. Eichenberger, M. Lüders & J. Mayr (Hrsg.), *Lehrerinnen und Lehrer lernen. Konzepte und Befunde zur Lehrerfortbildung* (S. 463–479). Münster: Waxmann.

Schramm, E. (2007). *Möglichkeiten und Grenzen von Innovationen durch Lehrpläne. Evaluation am Beispiel der sechsten Klasse im Fach Deutsch* (Dissertation, Universität Augsburg). Verfügbar unter: http://opus.bibliothek.uni-augsburg.de/volltexte/2007/678/pdf/ Schramm_Lehrplaene.pdf [09.11.2011].

Schütz, A. (1972). Der gut informierte Bürger. Ein Versuch über die soziale Verteilung des Wissens. In A. Brodersen (Hrsg.), *Alfred Schütz. Gesammelte Aufsätze. Studien zur soziologischen Theorie* (S. 85–101). Den Haag: Martinus Nijhoff.

Schuler, S. (2005). Umweltwissen als Subjektive Theorie – Eine Untersuchung von Schülervorstellungen zum globalen Klimawandel. In M. Schrenk & W. Holl-Giese (Hrsg.), *Bildung für nachhaltige Entwicklung. Ergebnisse empirischer Untersuchungen* (S. 97–112). Hamburg: Verlag Dr. Kovač.

Schwarz, G. (1978). Estimating the dimension of a model. *The Annals of Statistics 6*(2), 461–464.

Schwarzer, R. & Jerusalem, M. (1999). *Skalen zur Erfassung von Lehrer- und Schülermerkmalen. Dokumentation der psychometrischen Verfahren im Rahmen der Wissenschaftlichen Begleitung des Modellversuchs Selbstwirksame Schulen.* Verfügbar unter: http://userpage.fu-berlin.de/~health/self/skalendoku_selbstwirksame_schulen.pdf [07.12.2011].

Scolve, L. S. (1987). Application of model-selection criteria to some problems in multivariate analysis. *Psychometrika, 52*, 333–343.

Senge, P. M. (1990). *Die Fünfte Disziplin. Kunst und Praxis der lernenden Organisation.* Stuttgart: Klett-Cotta.

Seybold, H. (2006a). Bedingungen des Engagements von Lehrern für Bildung für nachhaltige Entwicklung. In W. Rieß & H. Apel (Hrsg.), *Bildung für eine nachhaltige Entwicklung. Aktuelle Forschungsfelder und -ansätze* (S. 171–184). Wiebaden: VS Verlag für Sozialwissenschaften.

Seybold, H. (2006b). Zur Situation der Bildung für nachhaltige Entwicklung in der Schule – konzeptionelle Ansätze und empirische Befunde. In B. Hiller & M. Lange (Hrsg.), *Bildung für nachhaltige Entwicklung – Perspektiven für die Umweltbildung* (S. 111–120). Münster: ZUFO.

Seybold, H. & Rieß, W. (2005). Von der Umweltbildung zu einer Bildung für nachhaltige Entwicklung? Erhebung des Ist-Standes an baden-württembergischen Grundschulen. In M. Schrenk & W. Holl-Giese (Hrsg.), *Bildung für nachhaltige Entwicklung. Ergebnisse empirischer Untersuchungen* (S. 215–234). Hamburg: Verlag Dr. Kovac.

Seybold, H. & Rieß, W. (2006). Research in environmental education and education for sustainable development in Germany: The state of the art. *Environmental Education Research, 12* (1), 47–63.

Sherry, L. (2002). Sustainability of innovations. *Journal of Interactive Learning Research, 13* (3), 209–236.

Siemer, S. H., Rammel, C. & Elmer, S. (2006). *Pilotstudie zu Indikatoren einer Bildung für nachhaltige Entwicklung.* Verfügbar unter: http://www.kunz-portal.de/modules/tinycontent/content/bne_pilot_siemerforum_060619.pdf [07.12.2011].

Skamp, K., Boyes, E. & Stannistreet, M. (2009). Global warming responses at the primary secondary interface: 1 students' beliefs and willingness to act. *Australian Journal of Environmental Education, 25,* 15–30.

Sprondel, W. M. (1979). „Experte" und „Laie": Zur Entwicklung von Typenbegriffen in der Wissenssoziologie. In W. M. Sprondel & M. Grathoff (Hrsg.), *Alfred Schütz und die Idee des Alltags in den Sozialwissenschaften* (S. 140–154). Stuttgart: Enke.

Staudt, E. (1996). Kompetenz zur Innovation. Defizite der Forschungs-, Bildungs-, Wirtschafts- und Arbeitsmarktproblematik. In E. Staudt (Hrsg.), *Berichte aus der angewandten Innovationsforschung.* Bochum: Institut für angewandte Innovationsforschung e.V.

Stengel, O., Liedtke, C., Baedeker, C. & Welfens, M.-J. (2008). Theorie und Praxis eines Bildungskonzepts für eine nachhaltige Entwicklung. *Umweltpsychologie, 12* (2), 29–42.

Summers, M., Corney, G. & Childs, A. (2003). Teaching sustainable development in primary schools: An empirical study of issues for teachers. *Environmental Education Research, 9* (3), 327–346.

Tabachnick, B. G. & Fidell, L. S. (2007). *Using Multivariate Statistics (5th ed.).* New York: Allyn and Bacon.

Tarnai, C. & Rost, J. (1991). Die Auswertung inhaltsanalytischer Kategorien mit Latent-Class Modellen. *ZA-Information/Zentralarchiv für Empirische Sozialforschung, 28,* 75–87.

Tilbury, D. & Cooke, K. (2005). *A national review of environmental education and its contribution to sustainability in Australia: Frameworks for sustainability.* Canberra: Australian Government Department of the Environment and Heritage and Australian Research Institute in Education for Sustainability.

Trempler, K. (2009). *Die Bedeutung der Lehrermotivation für die Verankerung der „Bildung für nachhaltige Entwicklung" an Schulen. Vortrag bei dem Workshop „Transfer-21: Effekte auf Lehrer-, Schul- und Systemebene".* Verfügbar unter: http://www.ifb.uni-wuppertal.de/fileadmin/zbl/Projektsammelordner/Transfer_21/Motivationsstudie.pdf [08.12.2011].

Trisch, O. (2005). *Globales Lernen. Chancen und Grenzen ausgewählter Konzepte: Eine theoretische Aufarbeitung.* Oldenburg: BIS-Verlag.

Uitto, A., Juuti, K., Lavonen, J., Byman, R. & Meisalo, V. (2011). Secondary school students' interests, attitudes and values concerning school science related to environmental issues in Finland. *Environmental Education Research, 17* (2), 167–186.

UNECE – United Nations Economic Commission for Europe. (Hrsg.). (2006). *UNECE Strategy for Education for Sustainable Development, Guidance for Reporting.* Verfügbar unter: http://www.unece.org/env/esd/inf.meeting.docs/EGonInd/Guidance.for.reporting. final.e.pdf [11.12.2011].

UNESCO – United Nations Educational, Scientific and Cultural Organization. (Hrsg.). (2012). *Shaping the Education of Tomorrow. 2012 Report on the UN Decade of Education for Sustainable Development, Abridged.* Verfügbar unter: http://unesdoc.unesco.org/ images/0021/002166/216606e.pdf [07.03.2013].

van den Akker, J. (1992). Die Grundschule unterwegs: Ergebnisse aus der Innovationsforschung anderer OECD-Länder. In U. Hameyer, R. Lauterbach & J. Wiechmann (Hrsg.), *Innovationsprozesse in der Grundschule. Fallstudien, Analysen und Vorschläge zum Sachunterricht.* (S. 306–317). Bad Heilbrunn: Klinkhardt.

von Rosenstiel, L. & Wastian, M. (2001). Wenn Weiterbildung zum Innovationshemmnis wird: Lernkultur und Innovation. In Arbeitsgemeinschaft Betriebliche Weiterbildungsforschung/Projekt Qualifikations-Entwicklungs-Management (Hrsg.), *Kompetenzentwicklung 2001. Tätigkeit – Lernen – Innovation* (S. 203–247). Münster: Waxmann.

Warner, L. M. & Schwarzer, R. (2009). Selbstwirksamkeit bei Lehrkräften. In O. Zlatkin-Troitschanskaia, K. Beck, D. Sembill, R. Nickolaus & R. Mulder (Hrsg.), *Lehrprofessionalität. Bedin-gungen, Genese, Wirkungen und ihre Messung* (S. 629–640). Weinheim: Beltz.

Weiber, R. & Mühlhaus, D. (2010). *Strukturgleichungsmodellierung. Eine anwendungsorientierte Einführung in die Kausalanalyse mit Hilfe von AMOS, SmartPLS und SPSS.* Heidelberg: Springer.

Weinert, F. E. (2002). Vergleichende Leistungsmessung in Schulen – eine umstrittene Selbstverständlichkeit. In F. E. Weinert (Hrsg.), *Leistungsmessungen in Schulen* (2. Aufl., S. 17–32). Weinheim: Beltz.

Wiechmann, J. (2002). Der Innovationstransfer in der Breite des Schulwesens. Rahmenbedingungen der Zielentscheidung von Schulen. *Zeitschrift für Erziehungswissenschaft, 5* (1), 95–117.

Witte, E. (1973). *Organisation für Innovationsentscheidungen – Das Promotoren-Modell.* Göttingen: Schwartz.

Yang, C.-C. (2006). Evaluating latent class analysis models in qualitative phenotype identification. *Computational Statistics & Data Analysis, 50* (4), 1090–1104.

Zachariou, A. & Kadji-Beltran, C. (2009). Cypriot primary schools principales' understanding of education for sustainable development key terms and their opinions about factors affecting its implementation. *Environmental Education Research, 15* (3), 315–342.

10.2 Abbildungsverzeichnis

10.3 Tabellenverzeichnis

10.4 Abkürzungsverzeichnis

BLK	Bund-Länder-Kommission für Bildungsplanung und Forschungsförderung
BMBF	Bundesministerium für Bildung und Forschung
BNE	Bildung für nachhaltige Entwicklung
CF	Change Facilitator
CSD	Commission on Sustainable Development
DBU	Deutsche Bundesstiftung Umwelt
DGfE	Deutsche Gesellschaft für Erziehungswissenschaft
DGU	Deutsche Gesellschaft für Umwelterziehung e.v.
DUK	Deutsch UNESCO-Kommision
IGLU	Internationale Grundschul-Lese-Untersuchung
KMK	Ständige Konferenz der Kultusminister der Länder in der Bundesrepublik Deutschland
MSW NRW	Ministerium für Schule und Weiterbildung des Landes Nordrhein-Westfalens
MUNLV NRW	Ministerium für Klimaschutz, Umwelt, Landwirtschaft, Natur- undVerbraucherschutz des Landes Nordrhein-Westfalen
NE	Nachhaltige Entwicklung
OECD	Organisation for Economic Co-operation and Development
PARS	Panel Study at the Research School ‚Education and Capabilities‘in North-Rhine Westphalia
PARS-F	Förderschulspezifische Ergänzung zu PARS
PISA	Programme for International Student Assessment
RSU	Rat von Sachverständigen für Umweltfragen
SEED	School Development through Enviromental Education
TIMSS	Trends in International Mathematics and Science Study
UN	United Nations
UNCED	United Nations Conference on Environment and Development
UNECE	United Nations Economic Commission for Europe
UNESCO	United Nations Educational, Scientific and Cultural Organization
WCED	Weltkommission Umwelt und Entwicklung
WGBU	Wissenschaftliche Beirat der Bundesregierung: Globale Umweltveränderungen